校企合作经济管理精品教材

互联网 + 教育改革新理念教材

物流
设施与设备

主　编　刘　明　刘　慧　刘芳芳

副主编　石　淼　刘　琴　袁　霞

　　　　张　莉　许　婕

中国商业出版社

图书在版编目（CIP）数据

物流设施与设备 / 刘明，刘慧，刘芳芳主编．-- 北京：中国商业出版社，2023.7（2025.12 重印）
ISBN 978-7-5208-2545-0

Ⅰ．①物… Ⅱ．①刘… ②刘… ③刘… Ⅲ．①物流－设备管理 Ⅳ．①F252

中国国家版本馆 CIP 数据核字（2023）第 132335 号

责任编辑：黄世嘉

中国商业出版社出版发行
（www.zgsycb.com　100053　北京广安门内报国寺1号）
总编室：010-63180647　编辑室：010-63033100
发行部：010-83120835/8286
新华书店经销
河北昌联印刷有限公司印刷
*
787 毫米 × 1092 毫米　16 开　15.75 印张　323 千字
2023 年 7 月第 1 版　2025 年 12 月第 2 次印刷
定价 49.80 元
* * * *
（如有印装质量问题可更换）

前　言

物流是国民经济的重要组成部分，也是我国经济发展新的增长点。加快现代物流发展，对于调整经济结构、促进产业升级、优化资源配置、改善投资环境、增强综合国力和企业竞争能力、提高经济运行质量与效益、实现可持续发展战略、推进我国经济体制与经济增长方式的根本性转变，具有重要而深远的意义。

在国家战略的支持下，借助互联网、云计算、物联网、大数据、人工智能、区块链等技术，物流业正发生着翻天覆地的变化。物流设施与设备的现代化水平也随之不断提高，朝着自动化、集成化和智能化的方向发展。

物流设施与设备是物流系统的重要组成部分，物流作业的整个过程必须通过相应的设施和设备来完成。物流设施的规划和布局、物流设备的选择和合理配置，都直接关系着物流功能的实现，并影响整个物流系统的效率。

正确理解物流设施与设备的地位和作用，掌握各类设备的概念、分类、特点和用途，正确使用和管理物流设施与设备，是对每一个从事物流管理的专业技术人员的基本要求。对于物流专业的学生来说，对设施与设备的熟悉和掌握是非常重要的，学习“物流设施与设备”课程十分必要。

本书以物流职能为主线，紧密结合物流活动的特征和基本流程，分别对物流七大职能领域的设施与设备进行介绍。本着“产学协同”的理念，增加了集装单元设备的内容，介绍了物流产业前沿的智能化设施与设备，重点突出了物流生产中的主流设备。本书内容主要包括：物流设施设备认知、运输设施与设备、仓储设施与设备、装卸搬运设备、包装设备、集装单元设备、流通加工设备和物流信息技术设备。

本书主要面向高等院校的物流管理与工程类专业学生，也适合物流领域专业硕士研究生使用，还可供相关从业人员阅读参考。

本书由刘明、刘慧、刘芳芳担任主编；石淼、刘琴、袁霞、张莉、许婕担任副主编。具体编写分工如下：刘明负责编写项目三、项目四；刘慧负责编写项目一、项目二；刘芳芳负责编写项目五；项目六、项目七由石淼、刘琴、袁霞共同编写；项目八由张莉、许婕共同编写。刘明负责全书的策划和统稿。

本书在编写过程中，参考了大量书籍、论文等，在此深表感谢！由于编者水平有限，书中难免存在不妥之处，敬请批评指正。为方便教学，本书还配有教学资料包，可联系bhhwbook@163.com。

编　者

目录 CONTENTS

项目一

物流设施设备认知

【项目目标】

知识目标

- 了解物流设施设备的构成、特点及概念；
- 理解物流设施设备在物流系统中的地位与作用；
- 掌握物流设施设备的分类，了解物流设施设备的发展趋势。

能力目标

- 能根据物流设施设备选型原则分析物流设施与设备选型存在的问题。

素质目标

- 正确认识我国物流设施设备的发展情况，增强专业自豪感和民族自豪感；
- 认识物流的发展历史和肩负的责任，用综合的思维认识事物。

【导入案例】

冬奥运，无人配送悄然成熟

奥运物流（Olympic Logistics）是由运输、存储、包装、装卸、配送、流通加工和信息处理等物流基本活动构成的，与举办奥运会相关的物品从供应地到接收地间的实体流动过程。

冬奥会是全球范围内规模最大的冬季体育赛事。北京 2022 年冬奥会物资涉及两地三赛区 40 余个场馆，55 个业务领域，28 个类别，数量巨大，品类繁杂。北京冬奥组委物流部科学制定配备标准，精准配备物资，保证刚性需求。

在冬奥期间，智能无人配送机器人也将在鸟巢为大家服务。配送机器人能在复杂的工作场景中自由穿梭，拥有超大空间，密闭式仓门，全流程无接触式配送；自主导航避障将所需物品配送到指定位置，节省人力物力，是场内工作人员不可或缺的快递小帮手，让配送不仅有速度还有温度。它的出现减少了人与人之间的非必要接触，给人员复杂的场馆提供了一层无形的保护伞，如图 1-1 所示。

运动员携带的超规行李非常多，物流部门专门为特种行李设计了车辆，如悬臂式的行李车，可以放置长达 2 米的滑雪板，并且可以由运动员自行推送。

智能且可爱的小车背后，实际上呈现的是当前最前沿的无人配送行业的智慧成果。

（资料来源：https：//www. shangyexinzhi. com/article/4589837. html）

图 1-1 智能无人配送机器人

案例思考

1. 该款快递机器人具备哪些功能？
2. 你还知道哪些无人派送设备？

任务一 了解物流设施设备

物流是为了满足客户的需要，通过运输、保管、配送等方式，实现原材料、半成品、成品及相关信息由商品的产地到商品的消费地所进行的计划、实施和管理的全过程。物流管理是指在社会再生产过程中，根据物质资料实体流动的规律，应用管理的基本原理和科学方法，对物流活动进行计划、组织、指挥、协调、控制和监督，使各项物流活动实现最佳的协调与配合，以降低物流成本，提高物流效率和经济效益。《2017—2018 罗戈物流行业年报》指出，物流行业是超过 10 万亿元抗经济周期的基础产业，而且随着科技的进步，物流行业的创新和服务能力的提升会改变商业的流通格局和商业模式。

一、物流设施设备概念

物流设施设备是进行各项物流活动和物流作业所需要的设施与设备的总称。它贯穿于整个物流系统，深入每个作业环节，是实现物流各项作业功能的物质基础，也是物流服务水平的重要体现。

物流设施设备包括各种装卸设备、运输工具，也包括货运站场、运输港口、仓库和通信设施等基础设施。物流设施设备随着物流的产生和现代科技的应用蓬勃发展，高度发达的物流设施设备是现代物流的特征之一。

二、物流设施设备的地位和作用

物流已经成为我国经济发展的重要产业和新的经济增长点。物流设施设备是物流系统的重要内容，先进的物流设施设备是物流全过程高效、优质、低成本运行的保证。因此，正确理解物流设施设备在物流系统中的地位与作用，掌握物流设施设备的概念、分类、特点及用途，合理选择与配置物流设施设备，正确使用和科学管理物流设施设备，是对每一个从事物流管理的专业技术人员的基本要求。

物流设施设备在物流系统中的地位和作用可以概括为以下几个方面。

（一）物流活动的物质技术基础

物流设施设备是进行物流活动的物质技术基础，是实现物流功能的技术保证，是实现物流智能化、科学化、自动化的重要手段。

（二）物流系统的重要资产

物流设施设备是物流系统的主要组成部分，也是物流企业服务能力的主要体现。物流设备资产在物流系统中占据较大的比重，一般为60%~70%，特别是大型、重型、高精度、全自动成套的设备，技术含量和价值更高。

（三）影响物流活动各个环节的作业效率

物流设施设备贯穿于物流系统的全过程，深入每个作业环节，包括包装、运输、储存、装卸、搬运、流通加工、配送等。物流设施的布局、物流设备的选择与配置是否合理直接影响着物流功能的实现，影响着各个环节的作业效益。

（四）物流技术水平的主要标志

一个高效的物流系统离不开先进的物流技术和先进的物流管理。而物流设施设备是物流技术水平的主要标志，物流设备的普及程度直接反映着一个国家的现代化程度和技术水平。

任务二　物流设施设备的分类

一、物流基础设施

物流基础设施是在供应链的整体服务功能上和供应链的某些环节上，满足物流组织与管理需要的、具有综合或单一功能的场所或组织的统称，主要包括公路、铁路、港口、机场、流通中心及网络通信基础等。

2021 年我国社会物流总费用占 GDP 的 16.7%，而美国只有 7% ~8%，日本不到 5%。物流基础设施的提升，将极大提高我国物流业对国民经济和其他产业的贡献率。

以交通运输条件为例，交通基础设施的建设是物流基础设施的一大核心。近年来，我国把交通投资先行作为国民经济发展的重要战略之一，各地纷纷致力于交通设施建设，国民经济的"可动性"大大提高，这对降低运输成本有着积极作用。

二、物流设备

物流设备是指进行各项物流活动所需的机械设备、器具等可供长期使用，并且在使用中基本保持原有实物形态的物质资料，不包括建筑物、装卸站台等物流基础设施。

物流设备门类全，型号规格多，品种繁杂，一般以设备所完成的物流作业为标准，把物流设备分为以下几类。

（一）运输设备

运输在物流行业的独特地位对运输设备提出了更高的要求，要求运输设备具有智能化、标准化、节能化和安全可靠的特性，以提高运输的作业效率，降低运输成本，并且使运输设备得到最优的利用。根据运输方式的不同，运输设备可分为载货汽车、铁道货车、水运设备、航空设备和管道设备等。

（1）载货汽车，如厢式货车、罐式货车、自卸车、半挂牵引车、冷藏车、大件运输车。

（2）铁道货车，如平车、罐车、粮食漏斗车、敞车、篷车、保温车、特种车、长大货物车。

（3）水运设备，如杂货船、散货船、冷藏船、油轮、液化气船、集装箱船、滚装船、载驳船。

（4）航空设备，如货机、航空集装箱、集装板、助航灯光、仪表着陆系统。

（5）管道设备，如管道、吊管器、对口器、泵机组、阀门组、计量设备、加热设备。

（二）仓储设备

仓储设备主要包括存储设备、物料搬运设备、单元输送设备、分拣设备、计量设备、数据采集设备和安全设备等，这些设备可以组成自动化、半自动化、智能化的仓库，来堆放、存取和分拣物品。

（1）存储设备，如货架（托盘式货架、悬臂式货架、重力式货架、旋转式货架、阁楼式货架）、堆垛机、提升机、水平式回转自动库、垂直式回转自动库。

（2）物料搬运设备，如搬运机器人、AGV。

（3）单元输送设备，如重力式输送机、动力式输送机、综合输送系统。

（4）分拣设备，如堆块式分拣系统、交叉带分拣系统、轨道台车分拣机、摇臂式分拣系统、斜导轮式分拣机、垂直式分拣系统、智能分拣机器人。

（5）计量设备，如电子台秤、地中衡、轨道衡、自动检重秤。

（6）数据采集设备，如条码识别系统、无线射频识别（RFID）系统、数据终端。

（7）安全设备，如火灾自动报警设备、防盗报警设备、消防器材。

（三）集装单元器具

集装单元器具主要有集装箱、托盘、周转箱和其他集装单元器具。货物经过集装单元器具的集装或组合包装后，具有较高的灵活性，利于实现储存、装卸搬运、运输和包装的一体化，达到物流作业的机械化和标准化。

（四）装卸搬运设备

装卸搬运设备是指用来搬移、升降、装卸和短距离输送物料的设备，是物流设备的重要组成部分。从用途和结构特征来看，装卸搬运设备主要包括起重机械、输送机械、装卸机械、工业车辆、管道气力输送装置等。

（1）起重机械，如轻型起重设备、门式起重机、桥式起重机、悬臂式起重机、垂直提升机械。

（2）输送机械，包括辐式、轮式、皮带式、链式、悬挂式等各种输送机。

（3）装卸机械，如汽车吊、塔吊、桥吊、门吊、浮吊、叉车、铲车、装载机。

（4）工业车辆，如起升车辆、固定平台搬运车、牵引车、推顶车、电动平车。

（5）管道气力输送装置，如液体和气体管道气力输送机、散料管道气力输送机。

（五）流通加工设备

流通加工设备主要包括金属加工设备（如激光切割机、冲孔机、剪板机、折弯机、刨槽机、滚圆机、焊接机）、搅拌混合设备（如混凝土搅拌机、干粉混合搅拌机）、木材加工设备及其他流通加工设备。

（六）包装设备

包装设备是指完成全部或部分包装过程的机器设备，是使产品包装实现机械化、自动化的根本保证，主要包括填充设备、罐装设备、封口设备、裹包设备、贴标设备、清洗设备、干燥设备、杀菌设备等。

任务三　物流设施设备的现状及发展趋势

一、物流设施设备的现状

（一）物流基础设施的现状

根据《2021 年交通运输行业发展统计公报》，物流基础设施情况如下。

1. 铁路

截至 2021 年底，全国铁路营业里程达到 15. 0 万千米，其中高铁营业里程达到 4 万千米。铁路复线率为 59. 5%，电化率为 73. 3%。全国铁路路网密度 156. 7 千米/万平方千米，如图 1-2 所示。

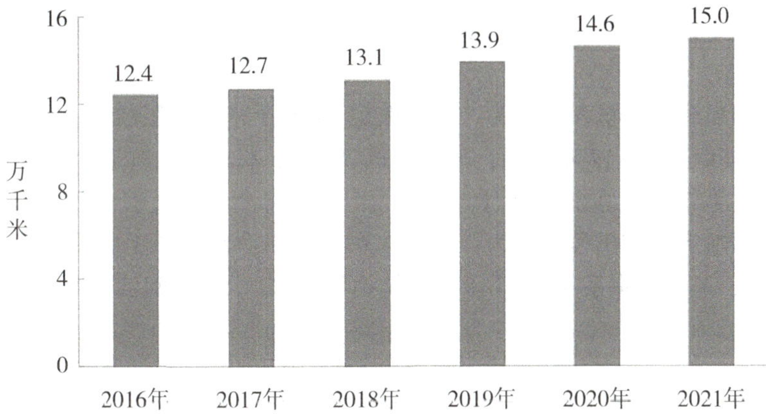

图 1-2　2016—2021 年全国铁路营业里程

2. 公路

截至 2021 年底，全国公路总里程 528. 07 万千米，比上年末增加 8. 26 万千米。公路密度 55. 01 千米/百平方千米，增加 0. 86 千米/百平方千米。公路养护里程 525. 16 万千米，占公路总里程比重为 99. 4%，如图 1-3 所示。

截至 2021 年底，国道里程 37. 54 万千米，省道里程 38. 75 万千米。农村公路里程 446. 60 万千米，其中县道里程 67. 95 万千米、乡道里程 122. 30 万千米、村道里程 256. 35 万千米。

截至 2021 年底，全国公路桥梁 96. 11 万座、7380. 21 万延米，其中特大桥梁 7417 座、1347. 87 万延米，大桥 13. 45 万座、3715. 89 万延米。全国公路隧道 23268 处、2469. 89 万延米，增加 1952 处、269. 96 万延米，其中特长隧道 1599 处、717. 08 万延米，长隧道 6211 处、1084. 43 万延米。

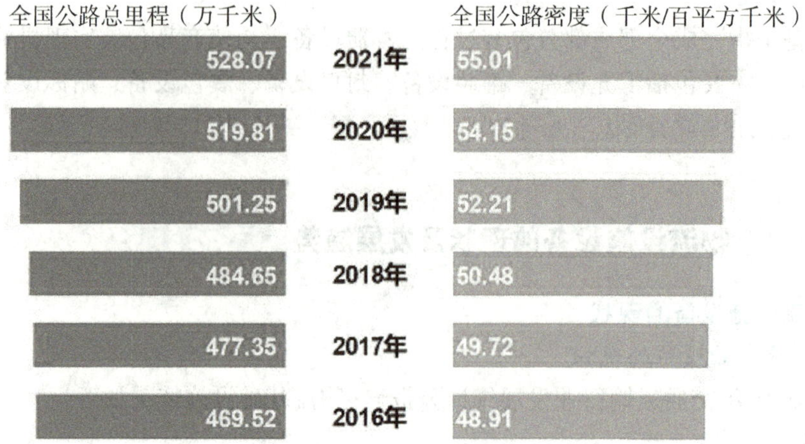

图 1-3　2016—2021 年全国公路总里程及公路密度

3. 水路

（1）内河航道

截至 2021 年底，全国内河航道通航里程 12.76 万千米，等级航道通航里程 6.72 万千米，占总里程比重为 52.7%，其中三级及以上航道通航里程 1.45 万千米，占总里程比重为 11.4%。

各等级内河航道通航里程分别为：一级航道 2106 千米，二级航道 4069 千米，三级航道 8348 千米，四级航道 11284 千米，五级航道 7602 千米，六级航道 16849 千米，七级航道 16946 千米。等外级航道 6.04 万千米。

各水系内河航道通航里程分别为：长江水系 64668 千米，珠江水系 16789 千米，黄河水系 3533 千米，黑龙江水系 8211 千米，京杭运河 1423 千米，闽江水系 1973 千米，淮河水系 17500 千米。

（2）港口

截至 2021 年底，全国港口生产用码头泊位 20867 个。其中，沿海港口生产用码头泊位 5419 个，内河港口生产用码头泊位 15448 个。

全国港口万吨级及以上泊位 2659 个。从分布结构看，沿海港口万吨级及以上泊位 2207 个，内河港口万吨级及以上泊位 452 个。从用途结构看，专业化万吨级及以上泊位 1427 个，通用散货万吨级及以上泊位 596 个，通用件杂货泊位 421 个。

4. 民航

截至 2021 年底，颁证民用航空运输机场 248 个，其中定期航班通航机场 248 个，定期航班通航城市（或地区）244 个。

2021 年，全年旅客吞吐量达到 100 万人次以上的机场 96 个，其中全年旅客吞吐量达到 1000 万人次以上的机场 29 个。全年货邮吞吐量达到 10000 吨以上的机场 61 个。

（二）物流设备的现状

1. 铁路

2021 年，年末全国拥有铁路机车 2.2 万台，其中内燃机车 0.8 万台、电力机车 1.4 万台。拥有铁路客车 7.8 万辆，其中动车组 4153 标准组、33221 辆。拥有铁路货车 96.6

万辆。

2. 公路

2021 年，年末全国拥有公路营运汽车 1231.96 万辆，比上年末增长 5.2%。分结构看，拥有载客汽车 58.70 万辆、1751.03 万客位，分别下降 4.2%和 4.9%；拥有载货汽车 1173.26 万辆、17099.50 万吨位，分别增长 5.7%和 8.3%，其中，普通货车 406.94 万辆、4923.43 万吨位，分别下降 1.7%和增长 5.6%，专用货车 60.39 万辆、718.76 万吨位，分别增长 19.2%和 20.5%，牵引车 346.68 万辆、增长 11.5%，挂车 359.25 万辆、增长 7.4%，如图 1-4 所示。

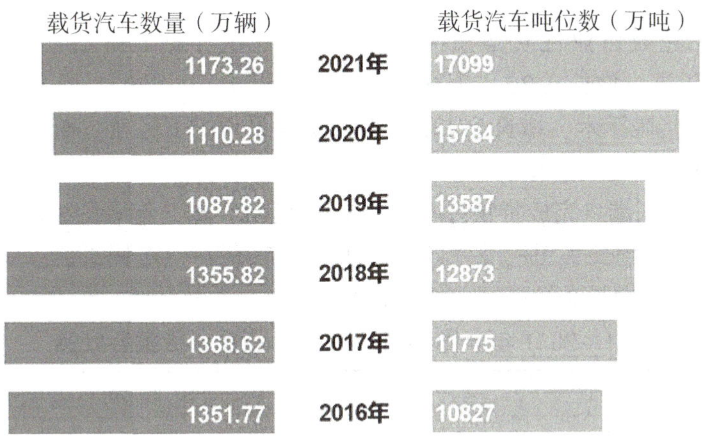

图 1-4　2016—2021 年全国载货汽车数量

3. 水路

2021 年，年末全国拥有水上运输船舶 12.59 万艘，比上年末下降 0.7%，其中净载重量 28433 万吨、增长 5.1%，载客量 85.78 万客位、下降 0.3%，集装箱箱位 288.43 万标准箱、下降 1.6%，如图 1-5 所示。

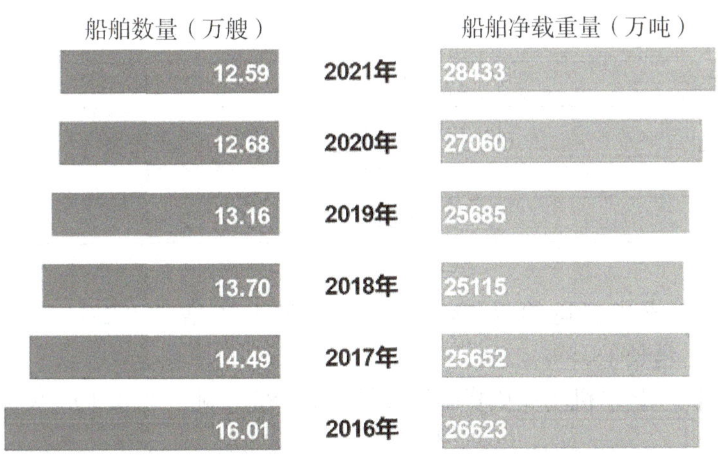

图 1-5　2016—2021 年全国水上运输船舶数量

（三）运输服务现状

2021 年，完成营业性货运量 521.60 亿吨、增长 12.3%，完成货物周转量 218181.32

亿吨千米、增长10.9%。

（1）铁路

2021年全年完成货物总发送量47.74亿吨，比上年增长4.9%，完成货物总周转量33238.00亿吨千米、增长8.9%。

（2）公路

2021年全年完成营业性货运量391.39亿吨，比上年增长14.2%，完成货物周转量69087.65亿吨千米、增长14.8%。机动车年平均交通量为14993辆/日，比上年增长4.9%，年平均行驶量为348692万车千米/日、增长3.6%。

（3）水路

2021年全年完成营业性货运量82.40亿吨，比上年增长8.2%，完成货物周转量115577.51亿吨千米、增长9.2%。其中，内河货运量41.89亿吨、增长9.8%，内河货物周转量17735.99亿吨千米、增长11.3%；海洋货运量40.51亿吨、增长6.6%，海洋货物周转量97841.51亿吨千米、增长8.8%。

2021年全年全国港口完成货物吞吐量155.45亿吨，比上年增长6.8%。其中，内河港口完成55.73亿吨、增长9.9%，沿海港口完成99.73亿吨、增长5.2%。完成集装箱铁水联运量754万TEU，增长9.8%。如表1所示。

表1　2021年全国港口分内外贸及重点货类吞吐量

类　别	单　位	吞吐量	比上年增长%
货物吞吐量	亿吨	155.45	6.8
按内外贸分			
外　贸	亿吨	46.97	4.5
内　贸	亿吨	108.48	7.9
按主要货类分			
其中：煤炭及制品	亿吨	28.31	10.8
石油、天然气及制品	亿吨	13.16	0.5
金属矿石	亿吨	23.99	2.5
集装箱	亿TEU	2.83	7.0
内河	亿TEU	0.33	11.3
沿海	亿TEU	2.49	6.4

（4）民航

2021年全年完成货邮运输量731.84万吨，比上年增长8.2%，完成货邮周转量278.16亿吨千米、增长15.8%。

2021年全年民航运输机场完成货邮吞吐量1782.80万吨、增长10.9%。

（5）邮政

2021年全年完成邮政行业业务总量13698.3亿元，比上年增长25.1%。

2021年全年完成邮政函件业务10.9亿件，比上年下降23.3%，完成包裹业务1822.9万件、下降10.2%，完成报纸业务163.9亿份、下降0.9%，完成杂志业务6.9亿份、下降3.6%，完成汇兑业务646.0万笔、下降32.8%。

2021年全年完成快递业务量1083.0亿件，比上年增长29.9%。完成快递业务收入10332.3亿元、增长17.5%，占邮政行业业务收入比重为81.7%、提高2.0个百分点。

二、物流设施设备的发展趋势

（一）实用化和柔性化

物流设备是物流现代化、自动化的重要物质技术基础。物流设备要求使用方便，容易维护、操作，具有优异的耐久性、无故障性和良好的经济性，以及较高的安全性、可靠性。因此，今后会更加注重开发使用性能好、成本低、可靠性高、柔性化的物流机械设备。

（二）自动化和智能化

将机械技术和电子技术相结合，将先进的微电子技术、电力电子技术、光缆技术、液压技术、模糊控制技术应用到机械的驱动和控制系统，实现物流设备的自动化和智能化将是今后的发展方向。例如，大型高效起重机的新一代电气控制装置将发展为全自动数字化控制系统，可使起重机具有更高的柔性，以提高单机综合自动化水平，自动化仓库中的送取货小车、智能式搬运车、公路运输智能交通系统（ITS）的开发和应用已引起各国的广泛重视。此外，卫星通信技术及计算机、网络等多项高新技术结合起来的物流车辆管理技术正在逐渐得到应用。

（三）专用化和通用化

随着物流的多样化发展，物流设备的品种越来越多且不断更新。物流活动的系统性、一致性、经济性、机动性、快速化，要求一些设备向专用化方向发展，又需要有一些设备向通用化、标准化方向发展。通用化主要以集装箱运输的发展为代表。大型集装箱拖车可运载海运、空运、铁运的所有尺寸的集装箱，还有正在研究的载客管道运输等。通用化设备实现物流作业的快速转换，极大地提高了物流作业效率。

（四）成套化和系统化

只有当组成物流系统的设备成套、匹配时，物流系统才是最有效、最经济的。

在物流设备单机自动化的基础上，通过计算机把各种物流设备组成一个集成系统，通过中央控制室的控制，与物流系统协调配合，形成不同机种的最佳匹配和组合，将会取长补短，发挥最佳效用。为此，成套化和系统化物流设备具有广阔的发展前景，以后将重点发展的有工厂生产搬运自动化系统、货物配送集散系统、集装箱装卸搬运系统、货物自动分拣与搬运系统等。

（五）绿色化

“绿色”即达到环保要求，这涉及两个方面：一是与牵引动力的发展及制造、辅助材料等有关，二是与使用有关。

对于牵引动力的发展，一是要提高牵引动力；二是要有效利用能源，减少污染排放，使用清洁能源及新型动力。对于使用因素，包括对各物流设施设备的维护、合理调度、恰当使用等。

生态环境保护一直以来都是我国政府高度重视的问题，推进节能减排、可持续发展是关乎国计民生的大事。目前我国整个物流行业存量有超过2000万辆燃油物流车，新能源物流车。当前市场渗透率只有2%，新能源物流车替代燃油物流车拥有巨大的市场容量。有业内人士预计，从市场发展规模和投入的资源比例来看，新能源物流车潜在的市场空间可达300万辆。

任务四 物流设施设备选型基本原则

一、系统性原则

按系统性原则配置与选择物流设施设备，就是在配置、选择过程中用系统的观点和方法，对物流设施设备运用所涉及的各环节进行系统分析，根据物流系统总目标的要求，把物流设施设备与物流作业任务等有机地结合起来，改善各个环节的技能，使其配置、选择最佳，使物流设施设备发挥最大的效能，并且使物流系统的整体效益最优。

二、适用性原则

适用性是指物流设施设备在配置与选择时，应充分注意到与物流作业的实际需要和发展规划相适应，应符合货物的特性，适应货运量的需要，适应不同的工作条件和多种作业性能要求，操作使用灵活方便。

例如，叉车的功能就是短距离物料搬运，一般仓库的最普通搬运选用手动搬运叉车，室外作业可选用普通内燃叉车，室内作业一般选用电动叉车，集装箱等大吨位搬运要选用大吨位叉车，高架立体库要选择高架叉车，易燃易爆环境要选择防爆叉车等。因此，在配置与选择叉车设备时应根据物流作业的特点，找到必要功能，选择相应的设备。这样的物流技术装备才有针对性，才能充分发挥其功能。

三、技术先进性原则

技术先进性是指配置与选择的物流设施设备能够反映当前科学技术的先进成果，在主要技术性能、自动化程度、结构优化、环境保护、操作条件、现代新技术的应用等方面具有技术上的先进性，并且在时效性方面能满足技术发展的要求。

四、低成本原则

物流设施设备成本主要有原始费用和运行费用两大部分。

原始费用是指购置设备发生的一切费用，包括设备购置价格、运输费、安装调试费、备品备件购置费、人员培训费等；运行费用是指维持设备正常运转所发生的费用，包括间接或直接劳动费用、服务与保养费用、能源消耗费用、维修费用等。

在配置和选择设备时，只有同时考虑这两部分费用，才能取得良好的经济效益。

五、可靠性与安全性原则

随着物流作业现代化水平的提高，可靠性和安全性日益成为衡量设备质量的重要因素。

在配置与选择物流设施设备时，应充分考虑可靠性和安全性，以提高物流设施设备的利用率，防止人身事故，保证物流作业顺利进行。

六、节能环保原则

世界各国都在尽力把绿色物流的推广作为物流业发展的重点，积极开展绿色环保物流的专项技术研究。例如，在物流系统和物流活动的规划与决策中尽量采用对环境污染小的方案，企业在选用物流设施设备时，应优先选择对环境污染小的绿色、节能产品。

七、物流先行原则

物流设施设备的选择，应该本着物流先行的原则，在规划设计企业生产线之前，及时考虑物流系统配置问题，做好配送中心的选址与企业物流系统对接；然后根据物流配送中心的需求综合考虑货架系统、分拣系统、托盘及叉车等搬运设备及周边物流设备，在此基础上确定配送中心设施建设的设计要求。

案例 1-1

物流产业数字化新基建推进速度加快

随着5G、大数据中心、人工智能、工业互联网等“新基建”的推进以及各行各业有序复工复产，物流产业作为受疫情影响较大的行业之一，在推动商业升级变革上的基础场景作用越发明显。进一步加速物流产业数字化升级、提升物流产业效率、降低经济运行成本，既是供给侧结构性改革的重要方面，也是打破传统供应链诸多瓶颈，为现代物流服务业的加速发展注入新动能的需要。

业内人士表示，推动物流行业复工复产，加速物流数字化基础设施建设，实现全面发展，将对传统供应链智能化水平提升、经济平稳运行有重要意义。此外，依托于“新基建”而兴起的无人物流、网络货运、自动驾驶等也将再次带来物流行业的升级与变革。

技术驱动物流产业全链条数字化

当下，位置信息服务、车队安全管理服务、智能挂车与数字货舱、数字化结算服务……物流行业的数字化升级渗入全链条的每个要素中。

在G7智慧物联网CFO张杰龙看来，随着产业物联网的发展，物流行业的产品与服务创新，大多是IoT、AI等技术驱动行业进步的缩影。无论是大型物流企业，还是中小型车队或个体司机，数字化物流产品及服务需要满足每一个物流组织和个人近乎全部工作场景的需求，这就是当下整个公路物流全链条的生产要素数字化的基础设施。

物流产业全链条数字化核心是为物流企业降本增效，解决成本、时效、安全三个痛点。张杰龙表示，这些数字化产品与服务本质上将大幅地优化企业的资产负债，同时还可以满足物流车队一系列的日常高频需求。“赋能运输过程、实现上下游智能连接，并将保险公司，能源企业，金融公司等间接服务物流产业的组织起来，从而形成良性循环，推动传统行业数字化变革。”

新冠疫情凸显出交通物流行业的重要性。疫情发生初期，区域间物流畅通和产业链的有效组织受到的影响，再次说明畅达的交通运输和高效、智能化的物流产业对经济发展的重要意义。

“疫情的防控和复工复产的有序进行，催化了物流产业的数字化转型升级需求。”张杰龙认为，人工智能、大数据等技术可以帮助物流企业深度挖掘和处理海量信息，并通过建立信息库使运输设备快速识别接受信息，自主规划最优路线，甚至针对不同配送需求提供定制化的物流解决方案，做到运输流程可追踪、过程可控制和结果可预测。

另外，随着自动驾驶技术的发展，物流企业在运输配送环节的续航能力、承载能力、路况处理能力等得到改革、升级，保证货品安全送到每一位接收者手中，解决物流配送“最后一千米”的难题。

同时，自动驾驶技术应用在商用卡车上，将大幅改善人们的工作和生活状态，自动驾驶技术补充货运司机，将减轻工作强度，降低事故发生率。

（资料来源：乔雪峰、夏晓伦，物流产业数字化新基建推进速度加快．经济·科技．人民网 http：//finance. people. com. cn/n1/2020/0409/c1004-31667477. html）

案例思考

（1）物流产业数字化新基建包含哪些建设内容？

（2）“新基建”会给物流行业带来哪些升级与变革？

项目实训

以小组为单位，到多家物流企业实地参观和调查，初步了解和认识物流设备与设施的种类、作用和工作过程等。有条件的学校可在物流实训中心进行认知和简单操作。

项目检测

一、单项选择题

1. 以下属于物流设备的是（　　）。

A. 车站　　B. 货场　　C. 货架　　D. 仓库

2. 物流设施设备成本主要有原始费用和（　　）两大部分。

A. 运行费用　　B. 保养费用　　C. 维修费用　　D. 回收费用

二、填空题

1. 根据运输方式的不同，运输设备可分为载货汽车、铁道货车、水运设备、____________和管道设备等。

2. 物流设备选型的基本原则有：系统性原则、适用性原则、__________、__________、__________、节能环保原则和物流先行原则。

三、简答题

1. 简述物流设施设备的分类。

2. 简述物流设施设备的发展趋势。

课程案例

物流装备品牌的中国式诞生与崛起

在刚刚过去的2021年，中国物流业呈现出平稳、健康和可持续的发展，实现“十四五”良好开局。根据中国物流与采购联合会初步统计，2021全年社会物流总额将保持在300万亿元以上，物流业总收入将超过11万亿元，快递业务量首次突破1000亿件。

随着物流业的大发展，我国物流装备企业和品牌也在快速崛起。尤其是改革开放以来的40多年时间里，中国物流装备行业经历了从无到有、从小到大、从弱到强的跨越式发展，中国物流技术也从跟随、模仿的初级阶段，步入自主研发、技术创新的全新阶段，甚至在有些领域逐渐走到世界前沿，引领行业发展。

一、崛起之路

我国现代物流装备行业的起源发展，可以追溯至20世纪70年代，以北起院、北自所等研究院为代表，在国内率先开启自动化立体库的研究与应用，而各类邮件自动分拣系统也在邮政物流领域开始探索。

进入90年代，随着现代物流理念传入中国市场，各类现代化物流技术得到普及应用，特别是家电、烟草、钢铁等行业的自动化物流项目逐渐增多。

2000年之后，我国物流装备市场迎来蓬勃发展，市场主体逐步增多，既有具有国企背景的大型企业，也有来自欧美、日本的国际品牌，同时各类合资和民营的物流装备商也在快速涌现和成长。

最近10年来，我国物流装备市场进入风起云涌、快速发展的充分竞争阶段。电商、快递的爆发式增长，使市场需求居高不下，我国物流装备市场一跃成为全球最大的单一市场。在需求量快速增加的同时，市场对品质的要求也呈现出新态势，尤其是随着工业4.0、智能制造的兴起，使自动化、无人化、智能化成为物流装备行业的发展趋势。

纵览我国物流装备技术市场，从人工操作、机械化运作，一步步向自动化、智能化升级，成绩显而易见，各企业品牌的成长路径极具中国特色。不过，目前市场格局依然较为分散，竞争主体以国际知名的物流装备企业、拥有研究院所和国企背景的物流装备企业、具备技术实力的民营企业三大类为主，大多数的装备供应商仅在某些特定的细分领域具备客户资源和技术产品优势，低价竞争、同质化竞争依然普遍存在，真正具有影响力的品牌并不太多，本土企业的崛起之路依然任重道远。

二、见证与探索

值得欣喜的是，我们也拥有了一批优秀的物流装备企业，他们既是中国物流装备技术行业壮大发展的见证者，也是身体力行的探索者，他们伴随中国经济转型而诞生，紧紧围绕用户企业的需求和特点，认真打磨产品工艺和质量，注重技术创新和场景开拓，为中国的智能物流和智能制造发展贡献着自己的力量，其中许多做法和经验值得其他企业借鉴与参考。

三、续写精彩

中国物流正在急行军，市场机会太多，以至于让许多企业忘记思考，只顾匆匆向前。然而，时代观念正在悄然变化，简单的产品供应将无法适应市场发展的需要，无论目前的规模、效益、市场占有率等多么耀眼，都不足以让企业永远立于不败之地。

随着人口红利进一步衰退，“机器换人”大大提速，自动化、智能化的物流装备技术应迎来更大需求，市场竞争也将更加激烈，我国的物流装备“制造”亟须向“智造”转型。物流装备企业要更加积极地拥抱新技术、新方案、新思路，发挥工匠精神，努力成为价值链的核心，讲好中国物流装备品牌故事，唯有如此才能从国内市场走向国际市场，才能在将来续写属于自己的精彩。

（资料来源：林振强．物流装备品牌的中国式诞生与崛起［J］．物流技术与应用，2022，27（01）：88-90.）

项目二

运输设施与设备

【项目目标】

知识目标

- 掌握公路的含义、构成和分类，了解公路枢纽的作用，掌握货车的分类、特点和应用；
- 掌握铁路线路的基本构成，了解铁路枢纽和信号设备的分类及作用，掌握常见铁路运输设备的选择和简单使用；
- 掌握港口、码头的含义及分类，了解港口的组成及航道要求，掌握水运设备不同类型的选择及简单应用；
- 掌握航空港的含义、构成和内部设施，了解航线和航路的含义、分类和特点，掌握飞机的分类、特点和组成情况；
- 掌握管道运输的含义、特点和应用情况，掌握管道运输设施与设备的工作特征和优势，掌握常见的管道运输设施与设备；
- 了解智慧运输中无人机、无人驾驶车、智能机器人的发展趋势。

能力目标

- 能够正确识别和为不同货物选择对应类型的货运汽车；
- 能够正确识别和选择不同类型的铁路运输设备；
- 能够正确识别和选择不同类别的货运船舶；
- 能够正确识别飞机的结构组成和分类情况；
- 能够正确区分适合管道运输的货物。

素质目标

- 了解全国顶尖运输设施，增强学生的民族自豪感；
- 发挥青年的创造力，做优秀的社会主义接班人。

【导入案例】

解决物流配送"最后一千米"无人机即时配送悄然而至

无人机投包裹快递、无人机运防疫物资、无人机送奶茶外卖……随着新一代互联网技术的创新应用，一些旨在解决物流配送"最后一千米"的智能"配送员"轮番上阵，在疫情封控区、地形复杂山区以及城市末端配送等场景架起了空中物流通道，备受关注。

数据显示，截至2021年底，在无人机新兴业态领域，各类无人机日均飞行4.57万小时，持续在航拍、巡查、物流配送、城市空中交通领域发力。

"以无人机为代表的无人配送是物流配送的一个大趋势。"中国民航大学法学院副教授、蓝天青年学者刘胜军在接受记者采访时表示，随着我国物流配送网络的完善，公众对即时配送效率有更高的期待，这也意味着无人机配送服务将迎来巨大的市场需求。刘胜军分析说，对消费者而言，无人机即时配送不仅可以让消费者享受到收取快递、外卖的便捷服务，还可以在疫情防控期间极大程度减少人员接触，降低病毒传播的风险；对一般商户来说，可以扩大商品服务的覆盖范围，提高门店销售额，减小疫情对门店生意的冲击；对配送员来说，能提高配送效率，为更多消费者提供配送服务。

在物资运输压力剧增、无接触配送需求爆发的背景下，无人机展现出的便捷、安全、高效等配送价值令人瞩目。先是中国邮政速递物流水陆两栖无人机取得试飞成功，后是京东发布物流货运大型无人机，再有美团无人机在深圳常态化运营，为7个区域、8000多户居民提供即时配送服务……这些尝试推动了无人机配送服务领域的发展。

"科技的本质是为人服务，无人机也一样是为广大消费者提供配送服务。"据美团无人机业务负责人毛一年介绍，以美团外卖在深圳落地的航线为例，外卖骑手实际上是取餐员的角色，骑手去店里取餐、装箱，到附近的起飞场地装载好外卖后，无人机通过后台调度的航线，自己飞过去，降落在社区机场。社区机场卸载完餐箱，再把餐箱流转到用户手里，用户扫码打开取走。"整个流程里，无人机就是空中的快递员，云端的调度系统是调度员，社区的机场是社区服务员，这三个部分就像一套城市低空物流网络系统，为用户提供服务。"毛一年说。

值得关注的是，无人机配送除了"快"，更需要"稳"。"无人机的安全性是很多消费者关注的焦点。"刘胜军介绍，从目前的无人机应用技术来看，在无人机故障或意外情况发生时，会触发自动返航操作，缓慢降落地面。即使无人机的自动返航系统发生故障，还可以通过备份的安全系统——弹出无人机降落伞来避免坠落对地面上人或物造成损害。此外，为了避免无人机在配送过程中与城市障碍物或其他无人机发生碰撞，可以通过完备的探测和防撞系统来实现探测和避免碰撞。

无人机配送作为科技前沿领域，监管部门的及时介入、跟踪观测也必不可少。刘胜军建议，监管部门应当强制无人机配送企业投保责任保险，为受损害的人员和财产提供保险保障。同时，无人机配送企业内部也应建立安全运营的制度、程序和标准，事先防范和事中对应急情况进行标准化干预，事后对受损人员与财产进行第一时间的赔偿。无人机配送企业应报备固定运营路线，可以中途变更但每次变更时应进行报备，这样可以实现信息的公开和交互，防止碰撞发生。

让无人机配送商业化在我国尽快落地，还需要在政策完善与法律法规更新上及时跟进。深圳司法局去年10月发布的《深圳市民用无人机管理办法（征求意见稿）》，对城市中无人机的物流配送作出了明确规定。“这是无人机物流配送首次出现在地方立法中，意味着法律政策开始承认，无人机配送也有望从商业模式畅想，进入试点落地和逐步推广实施阶段。”刘胜军说。

（资料来源：https：//www. thepaper. cn/newsDetail_ forward_ 17125393）

案例思考

无人机配送有哪些优势？

任务一　公路运输设施与设备

一、公路

公路是指供汽车、单车、人力车等众多交通工具及行人通行的基础设施。

（一）公路的构成

公路主要由路基、路面、桥梁、涵洞、排水系统、防护工程和交通服务设施等构成。

1. 路基

路基是按照道路平面位置、设计高程和一定的技术要求修筑的带状构造物，是公路的基础，由土方或石方填高或挖低而成，如图2-1所示。

2. 路面

路面是用各种材料分层铺筑在路基顶面供车辆行驶的层状构造物。为保证车辆安全行驶，公路路面须具有足够的强度、刚度、平整度和粗糙度，如图2-2所示。

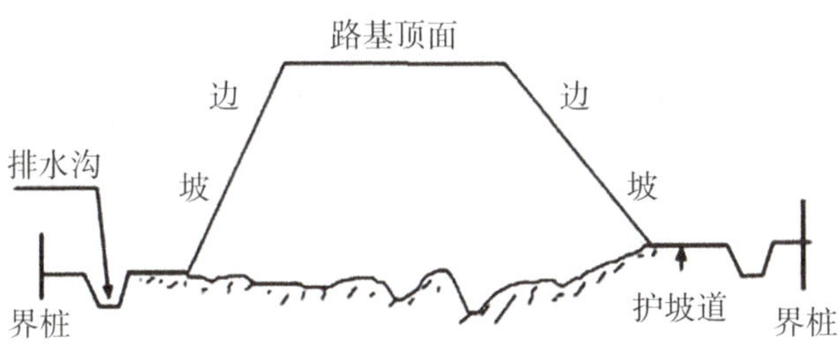

图2-1　路基截面图

图2-2　路面

3. 桥梁

桥梁是公路跨越河流、山谷或人工建筑物而建筑的构造物，如图2-3所示。

4. 涵洞

涵洞是排泄地面水流或为农田灌溉而设置的横穿路基的排水构造物，如图2-4所示。

图 2-3 桥梁

图 2-4 涵洞

(二) 公路的分类

1. 按公路技术标准分类

根据我国公路技术标准，公路被划分为五个等级，如表 2-1 所示。

表 2-1 公路等级分类

等级类别	描 述	日平均交通量
高速公路	全封闭、全立交，专供汽车高速行驶的多车道公路	25 000 辆以上
一级公路	有四条有效行车道，基本封闭，连接重要的政治、经济、文化中心和部分立交的干线公路	10 000~25 000 辆
二级公路	一般至少有两个有效行车道，基本封闭，连接政治、经济中心或大工矿区的干线公路或运输繁忙的城郊公路	2 000~10 000 辆
三级公路	沟通县或县以上城市的双车道支线公路	200~2 000 辆
四级公路	沟通县或镇、乡的地方公路	200 辆以下

2. 按公路行政等级分类

根据我国公路行政等级，公路被划分为国家干线公路（国道），省、自治区、直辖市干线公路（省道），县公路（县道），乡公路（乡道）和专用公路。

二、公路枢纽

公路枢纽是指在公路运输网络节点上形成的货物流、旅客流及客货信息流的转换中心，具有运输组织与管理、中转换乘与换装、装卸存储、多式联运、信息流通和辅助服务六大功能的综合性设施。作为交通运输的生产组织基地和公路运输网络中客货集散、转运及过境的场所，公路枢纽是由若干专用汽车、客、货车站和连接这些车站的公路及技术设备等构成的集合体，如图 2-5 所示。

图 2-5　公路枢纽

三、货运汽车

（一）普通货运汽车

普通货运汽车是指具有栏板式车厢，用于运载普通货物的汽车。按其最大总质量可以分为以下四类：微型货车，最大总质量小于 1.8t，如图 2-6 所示；轻型货车，最大总质量为 1.8~6t，如图 2-7 所示；中型货车，最大总质量为 6~14t，如图 2-8 所示；重型货车，最大总质量超过 14t，如图 2-9 所示。

图 2-6　微型货车

图 2-7　轻型货车

图 2-8　中型货车

图 2-9　重型货车

（二）专用货运汽车

专用货运汽车是指装置有专用设备、具备专用功能、承担专门运输任务的汽车。

1. 厢式货车

厢式货车通常指具有与驾驶室相对独立的封闭结构车厢，用于载运货物的汽车。厢式货车具备全封闭的厢式车身，以及便于装卸作业的车门。封闭式的车厢可以防止货物散落、丢失，安全性好，而且还可以使货物避免风吹、日晒、雨淋。由于具有结构简单、利用率高、适应性强的特点，厢式货车在物流领域应用较广，如图 2-10 所示。

2. 自卸货车

自卸货车是指载货部位具有自动倾卸装置的载货汽车，又称翻斗车。由汽车底盘、液压举升机构、货厢和取力装置等部件组成，如图 2-11 所示。自卸货车的动力和通过能力较强，是矿山和建筑工地上物流运输的常用车辆。

3. 罐式货车

罐式货车是指载货部位结构为密封性强的罐状容器的载货汽车，一般用于运送易挥发、易燃、危险品和粉状物料等货物，如图 2-12 所示。

4. 汽车列车

汽车列车是指由牵引车和一辆或一辆以上的挂车组成的车组。牵引车是一种有动力而无装载空间的车辆，如图 2-13 所示；挂车是无动力但有载货空间的车辆，分为半挂车和全挂车，如图 2-14、图 2-15 所示。双挂汽车列车是指由一辆半挂牵引车、一辆半挂车和一辆全挂车组合而成的汽车列车。

图 2-10 厢式货车

图 2-11 自卸货车

图 2-12 罐式货车

图 2-13 牵引车

图 2-14 半挂车

图 2-15 全挂车

5. 冷藏保温车

冷藏保温车是指装有冷冻或保温设备的厢式货车。它通过制冷装置为货物提供最适宜的温度和湿度条件，用来满足要求温度、湿度的货物运输需要，如图 2-16 所示。

6. 集装箱运输车

集装箱运输车是指专门用来运输集装箱的汽车，主要用于集装箱堆场与铁路货场、港口码头之间的运输，如图 2-17 所示。

图 2-16　冷藏保温车

图 2-17　集装箱运输车

（三）汽车的基本结构

汽车一般由发动机、底盘、车身和电气设备四部分组成。

1. 发动机

发动机是汽车的动力装置，是汽车的心脏，决定着汽车的动力性、经济性、稳定性和环保性。常见的汽油机和柴油机都属于往复活塞式内燃机，是将燃料的化学能转化为活塞运动的机械能并对外输出动力。发动机由曲柄连杆机构和配气机构两大机构，以及冷却、润滑、点火、燃料供给、起动系统等五大系统组成，如图 2-18 所示。柴油发动机比汽油发动机少一个点火系统。

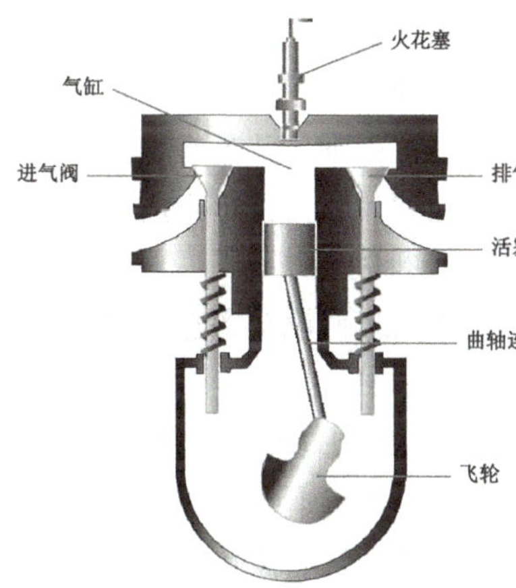

图 2-18　汽油发动机构造

（1）冷却系统

冷却系统使发动机在所有工况下都能保持在适当的温度范围内，既能防止发动机过热，也能防止冬季发动机过冷。汽车发动机采用两种冷却方式，即空气冷却和水冷却。一般汽车发动机多采用水冷却。

（2）润滑系统

润滑系统将润滑油不断地供给各零件的摩擦表面，减少零件的摩擦和磨损。润滑系统不参加发动机功能转换，但能保证发动机正常工作，使其具有较长的使用寿命。

（3）燃油供给系统

燃油供给系统不断供给发动机经过滤清的清洁燃料和空气，根据发动机不同工况的要求，将一定量的燃料以一定压力和喷油质量定时喷入燃烧室，使其与空气迅速混合并燃烧，做功后将燃烧废气排出气缸。

(4) 启动系统

启动系统由直流电动机产生动力，经传动机构带动发动机曲轴转动，从而实现发动机的启动。

(5) 点火系统

点火系统按照发动机的工作需要及时点燃气缸内的可燃混合气，使之迅速燃烧。

(6) 曲柄连杆机构

曲柄连杆机构是发动机的主要运动机构，功用是将活塞的往复运动转变为曲轴的旋转运动，同时将作用于活塞上的力转变为曲轴对外输出的转矩，以驱动汽车车轮转动。

(7) 配气机构

配气机构的作用是根据发动机的工作顺序和各缸工作循环的要求，及时地开启和关闭进、排气门，使可燃混合气（汽油发动机）或新鲜空气（柴油发动机）进入气缸，并将废气排入大气。

2. 底盘

底盘的功能包括支承、安装汽车车身、发动机及其它各部件及总成，形成汽车的整体造型，承受发动机动力，保证车辆正常行驶等。底盘由传动系统、行驶系统、转向系统、悬挂系统和制动系统五部分组成。

(1) 传动系统

传动系统将汽车发动机所发出的动力传递到驱动车轮。传动系统具有减速、变速、倒车、中断动力、轮间差速和轴间差速等功能，与发动机配合工作，能保证汽车在各种工况条件下正常行驶，并具有良好的动力性和经济性。传动系统主要由离合器、变速器、万向节、传动轴和驱动桥等组成。

(2) 行驶系统

行驶系统使汽车各总成及部件安装在适当位置，并对全车起支承作用，以保证汽车正常行驶。它由车架、车桥、悬架和车轮等部分组成。

(3) 转向系统

转向系统是汽车上用来改变或恢复其行驶方向的专设机构。转向系统的基本组成包括转向器、转向操纵机构、转向传动机构。

(4) 悬挂系统

悬挂系统是汽车的车架与车桥或车轮之间的一切传力连接装置的总称，其作用是传递作用在车轮和车架之间的力和力扭，并且缓冲由不平路面传给车架或车身的冲击力，并衰减由此引起的震动，以保证汽车能平顺地行驶。

(5) 制动系统

制动系统使行驶中的汽车按照驾驶员的要求进行强制减速甚至停车，使已停驶的汽车在各种道路条件下稳定驻车，使下坡行驶的汽车速度保持稳定。

3. 车身

汽车车身安装在底盘的车架上，用于驾驶员、旅客乘坐或装载货物。货车车身一般是由驾驶室和货厢两部分组成。

4. 汽车电气设备

汽车电气设备包括电源设备和用电设备。电源包括蓄电池、发电机、电压调节器，为全车电设备供电。用电设备包括起动系统、点火系统、照明系统、信号装置和仪表、微机控制系统和人工智能装置等。

（四）汽车的性能指标

汽车的性能是指在一定使用条件下，汽车以最高效率工作的能力。它是决定汽车利用效率和方便性的结构特性表征。通常用来评定汽车的性能指标主要包括动力性、燃油经济性、操控稳定性、舒适性以及通过性等。

1. 动力性

汽车的动力性用汽车在良好路面上直线行驶时所能达到的平均行驶速度来表示。汽车的动力性主要用三个方面的指标来评定：最高车速、加速时间和爬坡能力。

（1）最高车速

汽车的最高车速是汽车在平坦良好的路面上行驶时所能达到的最高速度。数值越大，动力性越好。

（2）加速时间

汽车的加速时间表示汽车的加速能力。它对汽车的平均行驶车速有很大的影响，常用原地起步加速时间以及超车加速时间来表示。

（3）爬坡能力

汽车的爬坡能力是指汽车在满载时于较良好的道路所能爬上的最大坡度。

2. 燃油经济性

汽车的燃油经济性常用一定工况下汽车行驶百千米的燃油消耗量或一定燃油量能使汽车行驶的里程来衡量。在我国及欧洲，汽车的燃油经济性指标的单位为 L/100km，即汽车行驶 100 千米所消耗的燃油升数，其数值越小，汽车的燃油经济性越好，汽车越省油。燃油经济性与很多因素有关，如行驶速度，当汽车在接近于低速的中等车速行驶时燃油消耗量最低，当汽车在高速行驶时油耗量随车速增加而迅速增加。另外，汽车的保养与调整也会影响到汽车的油耗量，进而影响燃油经济性。

3. 操控稳定性

汽车的操控稳定性是指在司机不感到紧张、疲劳的情况下，汽车能按照司机通过转向系统给定的方向行驶，当遇到外界干扰时，汽车仍能抵抗干扰而保持稳定行驶的能力。汽车的操控稳定性通常用汽车的稳定转向特性来评价。易操控的汽车应当有适当的不足转向特性，以防止汽车突然出现甩尾现象。

4. 舒适性

汽车的舒适性是保持汽车在行驶过程中，乘坐人员所处的震动环境具有一定的舒适度的性能。这与汽车的底盘参数、车身几何参数，以及汽车的动力性以及操控性等有密切关系。

5. 通过性

通过性是指车辆以一定的平均速度通过坡度、山路、河流等不良道路、无路地带和克服障碍的能力。

（五）汽车尺寸参数

汽车主要的尺寸参数包括车长、车宽、轮距、轴距、前悬、后悬等，如图 2-19 所示。

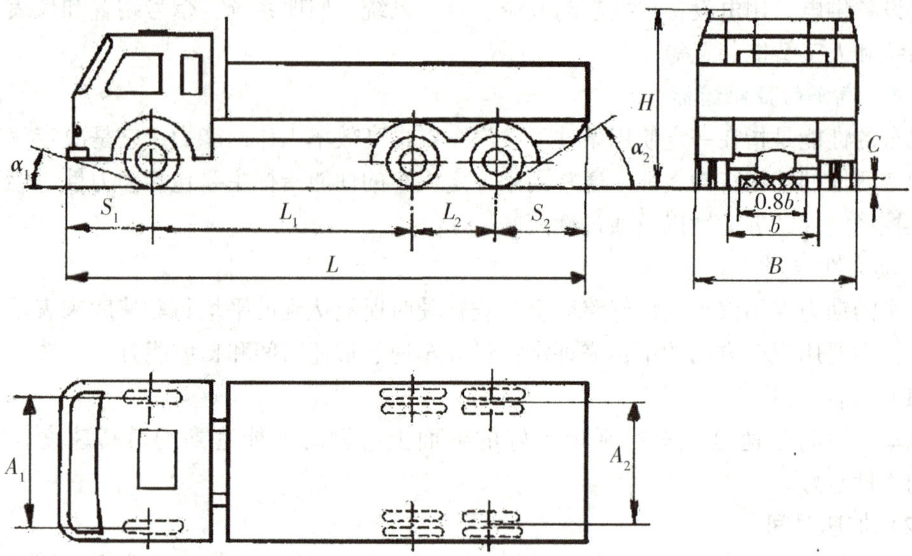

图 2-19 汽车主要尺寸参数

1. 车长

车长（L）是指垂直于车辆纵向对称平面并分别抵靠在车辆的最外端突出部位的两垂面之间的距离。

2. 车宽

车宽（B）是指平行于车辆纵向对称平面并分别抵靠在车辆两侧固定突出部位（除后视镜、侧位灯、示廓灯、转向指示灯等）的两平面之间的距离。

3. 车高

车高（H）是指在车辆无装载质量时，车辆支撑平面与车辆最高突出部位相抵靠的水平面之间的距离。

4. 轮距

轮距是（A_1、A_2）指同一轴上的两个车轮的对称平面之间的距离。若一个车轮有两个轮胎，则轮距是指通过两个轮胎间距的中点且平行于车辆纵向对称平面的两个平面之间的距离。

5. 轴距

轴距（L_1、L_2）是指通过车辆同侧相邻两车轮的轴心点并垂直于车辆纵向对称平面的两垂线之间的距离。对于三轴汽车，若二、三轴为双后轴，其轴距是指前轴轴线与双后轴中心线之间的距离。

6. 车辆前悬

车辆前悬（S_1）是指通过车辆前轮轴线的垂面与抵靠在车辆最前端（包括固定在车辆前部的任何刚性部件）并垂直于车辆的纵向对称平面的垂面之间的距离。

7. 车辆后悬

车辆后悬（S_2）是指通过车辆最后车轮轴线的垂面与抵靠在车辆最后端（包括牵引装置、车牌及固定在车辆后部的任何刚性部件）并垂直于车辆的纵向对称平面的垂面之间的距离。

8. 最小离地间隙

最小离地间隙（C）是指汽车在满载状态下，底盘下部（车轮除外）最低点与地面间的距离。

9. 接近角

接近角（α_1）是指在汽车满载静止时，汽车前端突出点向前轮所引切线与地面的夹角，即水平面与切于前轮轮胎外缘（静载）的平面之间的最大夹角。

10. 离去角

离去角（α_2）是指汽车在满载静止时，自车身后端突出点向后车轮引切线与路面之间的夹角，即水平面与切于车辆最后车轮轮胎外缘（静载）的平面之间的最大夹角。它表示汽车离开障碍物（如小丘、沟洼地等）时，不发生碰撞的能力。离去角越大，汽车的通过性越好。

一般地说，前悬过大将减小车辆的接近角，后悬过大将减小车辆的离去角，车辆的通过性能降低，使车辆在转弯时的通道宽度增大。前悬和后悬的值越小，汽车翻越路面凸起障碍物的能力越强，通过性越好。

（六）汽车质量参数

1. 整车整备质量

汽车整车整备的质量，包括整车完全装备好的空车质量，燃料、润滑油、冷却液、随车工具、备用轮胎及备品等的质量，但不包括货物、驾驶员、乘客及行李的质量。

2. 最大总质量

最大总质量即汽车在满载时的总质量，是汽车整车整备质量与所承载的货物和人员质量的总和。

3. 最大装载质量

最大装载质量指汽车满载时所能够装载的货物或人员的总质量，即最大总质量与整车整备质量之差。对于货运汽车，最大装载质量是人们重点关注的车辆参数。

4. 最大轴载质量

最大轴载质量指汽车单轴能够承载的最大总质量，与道路通过性有关。

案例 2-1

交通运输部印发《公路“十四五”发展规划》进一步推动公路交通高质量发展

交通运输部正式印发了《公路“十四五”发展规划》，这是我国出台的第一个公路交通领域的五年发展规划。

该规划紧紧围绕新阶段、新理念、新格局发展要求，突出公路交通高质量发展主题，从解决“有没有”转向重点解决“好不好”，更加注重推动“建管养运”协调发展，更加注重加强与其他运输方式、关联产业的融合发展，更加注重提升供给质量、服务品质和服务体验。规划明确了“十四五”时期我国公路交通发展的总体思路、发展目标、重点任务和政策措施，涵盖建设、管理、养护、运营、运输等多个领域，是指导“十四五”时期公路交通高质量发展的纲领性文件。

坚持四个基本原则 明确“十二字”发展思路

“十三五”时期，我国公路交通保持了较为平稳的发展态势，发展水平跃上新的大台阶，全国公路总里程接近520万千米，高速公路通车里程达到16.1万千米，“两通”兜底性目标全面实现，有力支撑了国家重大战略实施和全面建成小康社会目标如期实现，也为开启全面建设社会主义现代化国家新征程提供了良好基础。

规划提出，“十四五”时期公路交通发展要坚持“服务大局、共享发展，统筹协调、融合发展，深化改革、创新发展，绿色集约、安全发展”四个基本原则，进一步明确了“补短板、优供给、强服务、增动能”的“十二字”发展思路，为“十四五”时期公路交通高质量发展指明了方向和主要着力点。

立足新发展阶段 明确五大阶段性特征和发展目标

“十四五”时期，我国公路交通发展将呈现五大阶段性特征。

一是从需求规模和结构看，在运输量稳步增长的同时，随着运输结构的调整，公路中长途营业性客运和大运量长距离货运占比将逐步下降，机动、灵活、便利的个性化出行需求和高附加值、轻型化货物运输需求将持续增加。

二是从需求质量看，将由“十三五”时期以“保基本、兜底线”为主向“悦其行、畅其流”转变，即更加关注出行体验和运输效率。

三是从需求类型看，将在全国不同区域呈现出更加多样化、差异化的发展态势，公路主通道和城市群交通集聚效应不断增强，农村地区对外经济交通联系的规模和频率也将明显增长。

四是从发展重点看，基础设施仍需完善，建设任务仍然较重，同时提质增效升级和高质量发展要求更加迫切。

五是从发展动力看，公路交通发展中资金、劳动力、土地等传统要素投入的拉动作用将进一步减弱，将向更加注重创新驱动转变。

根据规划中提出的发展目标，到2025年，安全、便捷、高效、绿色、经济的现代化公路交通运输体系建设将取得重大进展，高质量发展迈出坚实步伐，设施供给更优质、运输服务更高效、路网运行更安全、转型发展更有力、行业治理更完善，有力支撑交通强国建设，高水平适应经济高质量发展要求，满足人民美好生活需要。

明确八项重点任务 助推公路交通高质量发展

围绕发展目标，规划提出“十四五”时期要实施八项重点任务，可概括为“四提升、两增强、两推进”。

一是提升基础设施供给能力和质量。以构建现代化高质量综合立体交通网络为导向，加强公路与其他运输方式的衔接，协调推进公路快速网、干线网和基础网建设。以沿边沿海公路、出疆入藏骨干通道、西部陆海新通道、革命老区公路等为重点，着力提升通道能力，优化路网结构，扩大覆盖范围，全面提升公路基础设施供给能力和质量。

二是提升公路养护效能。以提升路况水平为导向，加强养护实施力度，加快建成可靠耐久的供给体系、规范高效的管理体系、绿色适用的技术体系和长效稳定的保障体系，全面提升公路养护效能，深入推进公路养护高质量发展。

三是提升路网管理运行和服务水平。围绕治理完善、基础补强、管理升级、服务创新等，着力提升路网运行通畅水平和服务品质。

四是提升道路运输服务品质。落实高质量发展要求，加强公路与其他运输方式的融合发展，构建快速便捷的客运服务系统和经济高效的货运物流系统，有效促进从业人员群体稳定，不断提升道路运输服务品质。

五是增强创新发展动力。坚持创新驱动发展战略，注重科技创新赋能，促进公路交通数字化、智能化，推动公路交通发展由传统要素驱动向更加注重创新驱动转变，增强发展新动能。

六是增强安全应急保障能力。统筹发展和安全，牢固树立红线意识和底线思维，以提升运行安全水平、完善安全生产体系和强化应急救援能力为重点，增强公路交通安全和应急保障能力。

七是推进公路绿色发展。贯彻落实绿色发展理念，推动公路交通与生态保护协同发展，继续深化绿色公路建设，促进资源能源节约集约利用，加强公路交通运输领域节能减排和污染防治，全面提升公路行业绿色发展水平。

八是推进行业治理能力全面提升。贯彻落实全面深化改革要求，加快推动行业重点领域改革，综合应用法律法规、标准规范、规制机制、行政管理等手段，实现行业治理能力和水平全面提升。

此外，规划还提出了加强党的领导、加强协调协同、加强资金保障、加强跟踪考核等四个方面的政策措施，增强规划的可操作性，保障规划顺利实施。

（资料来源：张亚菁．交通运输部印发《公路“十四五”发展规划》进一步推动公路交通高质量发展［J］．交通旅游导报，2022-2-19）

案例思考

1. 我国公路交通发展的趋势有哪些？
2. 如何促进公路交通高质量发展？

任务二　铁路运输设施与设备

一、铁路运输设施

（一）铁路线路

铁路线路是为了进行铁路运输修建的固定路线，是在路基上铺设轨道，供机车车辆和列车运行的土工构筑物，是铁路固定基础设施的主体。

1. 铁路线路的构成

铁路线路一般由路基、桥隧建筑物和轨道组成。

（1）路基

路基是承受轨道和列车载荷的基础构筑物，是轨道的基础，是保证列车运行的重要建筑物，如图 2-20 所示。路基横断面有路堤、路堑和半路堑三种形式。路堤和路堑的边坡应筑成一定的坡度。为了消除或减轻地面和地下水对路基的危害，应设置地面和地下排水设施，使之远离路基。

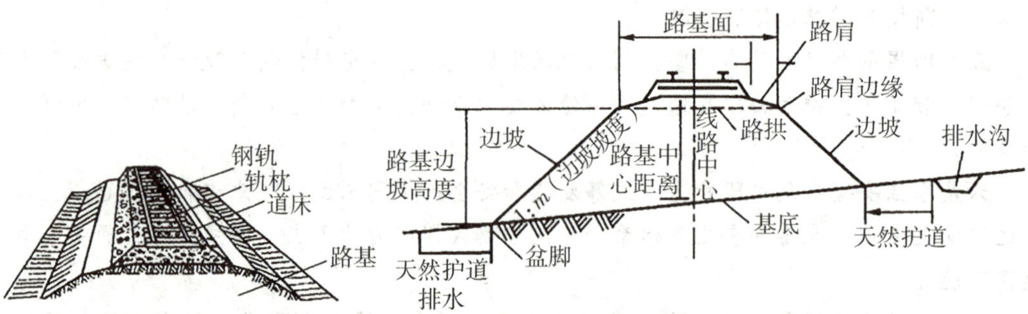

图 2-20 铁路路基

（2）桥隧建筑物

桥隧建筑物是铁路通过河流、沟壑、谷地和山岭等天然障碍物或跨越公路、其他铁路线路时所修筑的建筑物，是桥梁、隧道、涵洞、明渠、天桥、地道、跨线桥、调节河流建筑物等的总称，如图 2-21 所示。

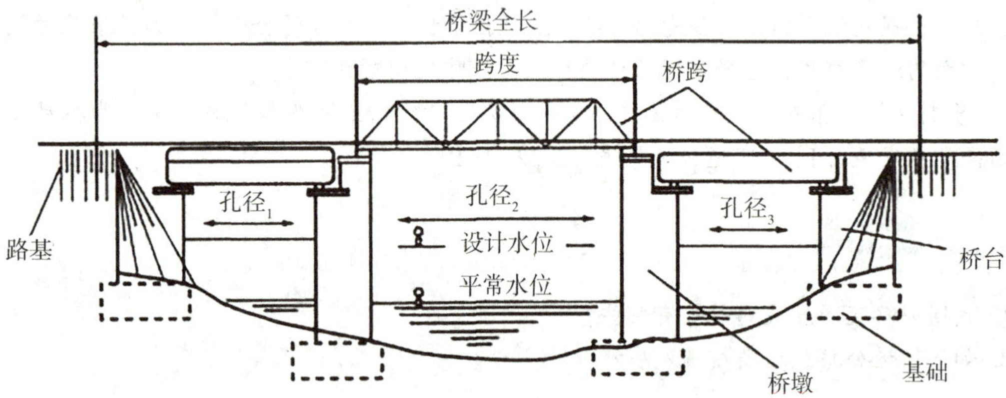

图 2-21 铁路桥梁

（3）轨道

轨道是指用条形钢材铺成的供火车、电车等行驶的路线，由道床、轨枕、钢轨、联结零件、防爬设备及道岔组成，如图 2-22 所示。铁路轨道通常由两条平行的钢轨组成。钢轨固定在轨枕上，采用稳定性良好的“工”字形宽底式钢轨。轨枕承受钢轨传来的压力并将其传递给道床，保持钢轨位置和轨距。联结零件负责钢轨与轨枕的联结。道床承受轨枕上的载荷并均匀传给路基，缓和车轮对钢轨的冲击，排除轨道中的雨水，保持轨道稳定性，一般采用不易风化的碎石道床。防爬设备可防止列车运行时产生的纵向力使钢轨产生纵向移动。道岔是铁路线路和线路间连接和交叉设备的总称。

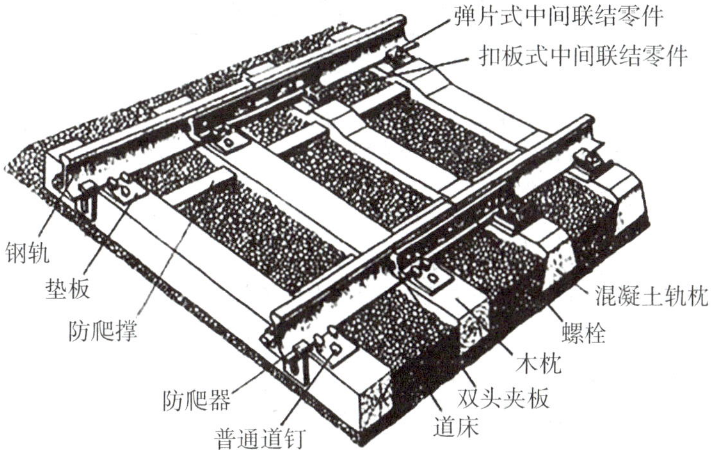

图 2-22　铁路轨道构成

2. 铁路线路的分类

根据《铁路线路设计规范》（GB-10098-2017）规定，铁路等级根据其在路网中的作用、性质、设计速度和客货运量确定，分为高速铁路、城际铁路、客货共线铁路、重载铁路。

客货共线铁路分为四个等级，如表 2-2 所示。

表 2-2　铁路线路分类

等级类别	特　点
Ⅰ级铁路	铁路网中起骨干作用的铁路，或近期年客货运量大于或等于 20Mt
Ⅱ级铁路	铁路网中起联络、辅助作用的铁路，或近期年客货运量小于 20Mt 且大于或等于 10Mt
Ⅲ级铁路	为某一地区或企业服务的铁路，近期年客货运量小于 10Mt 且大于或等于 5Mt
Ⅳ级铁路	为某一地区或企业服务的铁路，近期年客货运量小于 5Mt

高速铁路、城际铁路、客货共线Ⅰ级和Ⅱ级铁路、重载铁路的设计速度如表 2-3 所示。

表 2-3 设计速度（km/h）

铁路等级	高速铁路	城际铁路	客货共线Ⅰ级	客货共线Ⅱ级	重载铁路
设计速度	350；300；250	200；160；120	200；160；120	120；100；80	100；80

（二）铁路枢纽

铁路枢纽是指在铁路网的交会点或终端地区，由各种铁路线路、专业车站以及其他为运输服务的有关设备组成的总体。铁路枢纽的主要业务是办理各种货物的承运、装卸、发送、保管等，还要供应运输动力、进行机车车辆的检修等作业。

铁路枢纽按其在铁路网上的地位和作用可分为三大类，如表 2-4 所示。

表 2-4 铁路枢纽分类

枢纽类别	描　　述
路网性	承担任务涉及整个铁路网的枢纽，一般位于几条铁路干线交叉或衔接的大城市，办理大量的跨局通过车流和地方车流，其设备的规模和能力都很大，如沈阳、北京、武汉、上海等枢纽
区域性	主要为一定的区域范围服务，一般位于干线和支线交叉或衔接的大、中型城市，办理管辖内的通过车流和地方车流，设备规模不大，如长春、柳州等枢纽
地方性	主要为某一工业区或港湾等地方作业服务，一般位于大型工业企业和水陆联运地区，办理大量货物装卸和小运转作业，如大连、秦皇岛、大同等枢纽

（三）信号设备

信号设备可以保证列车运行与调车安全，提高铁路通过能力。信号设备包括铁路信号、联锁设备、闭塞设备等。

1. 铁路信号

铁路信号有广义和狭义两种含义。

广义的铁路信号是指在铁路运输系统中，为保证行车安全、提高区间和车站通过能力以及解编能力的手动控制、自动控制及远程控制技术的总称，它包括车站信号、区间信号、道口信号、驼峰信号等。

狭义的铁路信号是指在行车、调车工作中，用特定物体（包括信号灯、仪表、音响设备）的颜色、形状、位置和声音等向铁路司机传达有关前方路况、机车车辆运行条件、行车设备状态以及行车命令等信息的装置或设备，如图 2-23 所示。

图 2-23 铁路信号

2. 联锁设备

联锁设备是指控制车站的道岔、进路和信号，并实现它们之间联锁关系的设备。联锁设备可以分散控制，也可以集中控制。其主要作用是保证站内列车运行和调车作业的安全，提高车站的通过能力。联锁设备有继电联锁和计算机联锁两大类。

3. 闭塞设备

闭塞设备是指用来保证列车在区间内的运行安全，并提高区间通过的区间信号设备。闭塞设备保证一个区间同一时间只能允许一列列车占用，防止在线路一个区间内发生列车正面冲突或追尾事故。

行车基本闭塞法有三种：半自动闭塞、自动站间闭塞、自动闭塞。

（1）半自动闭塞

半自动闭塞就是人工办理闭塞手续，列车凭信号显示发车后，出站信号机自动关闭的闭塞方法。其特征为：站间或所间只准走行一列车；人工办理闭塞手续；人工确认列车完整到达和人工恢复闭塞。

（2）自动站间闭塞

自动站间闭塞就是在有区间占用检查的条件下，自动办理闭塞手续，列车凭信号显示发车后，出站信号机自动关闭的闭塞方法。其特征为：有区间占用检查设备；站间或所间区间只准走行一列车；办理发车进路时自动办理闭塞手续；自动确认列车到达和自动恢复闭塞。

（3）自动闭塞

自动闭塞就是根据列车运行及有关闭塞分区状态，自动变换通过信号机显示而司机凭信号行车的闭塞方法。其特征为：把站间划分为若干闭塞分区，有分区占用检查设备，一般设有通过信号机；站间能实现列车追踪；办理发车进路时自动办理闭塞手续，自动变换通过信号机的显示。

二、铁路运输设备

（一）机车

机车俗称火车头，是牵引或推送铁路车辆运行，本身不装载营业载荷的自推进车辆，是铁路运输的基本动力。从原动力来看，机车可分为蒸汽机车、内燃机车和电力机车。蒸汽机车通过蒸汽机把燃烧的热能转换成机械能，机动性较差，启动加速缓慢，已逐渐被淘汰，如图 2–24 所示。内燃机车以内燃机为原动力，具有热效率高、线路投资少、整备时间短、加速快、通行能力大等特点，但机车构造复杂，制造与维修较困难，如图 2–25 所示。电力机车靠顶部升起的受电弓从接触网上取得电能，并转换成机械能牵引列车运行，启动加速快、爬坡性能强，如图 2–26 所示。目前我国铁路运输以电力机车为主。

图 2–24　蒸汽机车

图 2-25　内燃机车

图 2-26　电力机车

（二）货车车辆

货车车辆是用于载运货物的运输工具。按其用途不同，可分为通用货车和专用货车。

1. 通用货车

通用货车是装运普通货物的车辆，货物类型多不固定，也无特殊要求。铁路货车中这类货车占的比重较大，包括有棚车、敞车、平车、罐车和保温车等。

（1）棚车

棚车是有侧墙、端墙、地板和车顶，在侧墙上有门和窗的货车车辆，用于运送怕日晒、雨淋、雪浸的货物，如图 2-27 所示。

（2）敞车

敞车是具有端墙、侧墙而无车顶的货车车辆，主要运送煤炭、矿石、矿建物资、木材、钢材等大宗货物，也可用来运送重量不大的机械设备，如图 2-28 所示。在所装运的货物上蒙盖防水帆布或其他遮篷物后，可代替棚车承运怕雨淋的货物。

图 2-27　棚车

图 2-28　敞车

（3）平车

平车是只有地板而没有侧墙、端墙和车顶的货车车辆，由于其具有便于装卸的特点，在铁路运输中应用较多，主要用于装运原木、钢材、建筑材料等长型货物和集装箱、机械设备等超宽、超长的货物，如图 2-29 所示。

（4）罐车

罐车是载货车体呈罐形的货车车辆，用来装运各种液体、液化气体和粉末状货物等，包括汽油、原油、各种黏油、植物油、液氨、酒精、水、各种酸碱类液体、水泥、氧化铅粉等，如图 2-30 所示。

图 2-29　平车

图 2-30　罐车

（5）保温车

保温车又称冷藏车，外形似棚车，周身遍装隔热材料，侧墙上有可密闭的外开式车门，车内有降温装置、加温装置，具有制冷、保温和加温性能，主要用于运送鱼肉、果蔬等易腐货物，如图 2-31 所示。

图 2-31　保温车

2. 专用货车

专用货车一般指只运送一种或很少几种货物的车辆，用途比较单一，大多以通用货车样式制造，同一种车辆要求装载的货物重量或外形尺寸比较统一。一般分粮食车、家畜车、长大货物车、毒品车、水泥车、特种车和矿石车等。

（1）粮食车

粮食车是指装运散装粮食的货车车辆。为了卸货方便，有的粮食车车体下部做成漏斗形，端墙向内侧倾斜或者端面呈大圆弧，下部装有漏斗，是全程封闭式列车，其装卸均采用机械化控制，如图 2-32 所示。

（2）家畜车

家畜车是用于装运家畜或家禽的货车车辆，结构与棚车类似，但侧墙、端墙由固定和活动栅格组成，可以调节开口，改变通风，如图 2-33 所示。

图 2-32 粮食车

图 2-33 家畜车

案例 2-2

2021 年“齐鲁号”欧亚班列开行数量突破 1800 列

欧亚班列被国家定位为“深化我国与沿线国家经贸合作的重要载体和推进‘一带一路’建设的重要抓手”。

山东省是“一带一路”的重要交汇枢纽，2018 年 10 月 17 日，山东通过《关于推动全省欧亚班列统筹发展的实施意见》。实施意见提出，按照“政府引导、统筹整合，企业主体、市场运作”的原则，以加快新旧动能转换为引领，以高质量发展为目标，着力优化运输组织，统筹班列运行路线，提高班列运行质量。由山东高速集团牵头统筹整合现有各运营主体、组建全省统一运行主体，做好班列全程服务、境内外业务拓展等事项，推动实现统一品牌、统一班次、统一平台、统一支持、统一对外宣传营销。

2021 年，“齐鲁号”欧亚班列累计开行 1825 列，与去年同期相比，开行数量增长 21.2%，累计进出口货值达到 183.0 亿元，同比增长 39.9%，其中，中亚去程 696 列、回程 22 列；中欧去程 436 列、回程 671 列。自 2018 年 10 月 31 日“齐鲁号”欧亚班列首发以来，已累计开行 4460 列。

（资料来源：山东省交通运输厅. http：//jtt. shandong. gov. cn/ort/2022/1/10/art_12459_ 10297229. html）

案例思考

1. 除了我们熟知的钢轨，铁路线路上还有哪些常见设施？
2. 在铁路运输中，众多产品应该如何选择货运车辆？

任务三　水路运输设施与设备

一、水路运输设施

（一）港口和码头

1. 定义

港口是具有水陆联运设备和条件、供船舶安全进出和停泊的运输枢纽，也是水陆交通的集结点和枢纽，工农业产品和外贸进出口物资的集散地，船舶停泊、装卸货物、上下旅客、补充给养的场所。

码头是供船舶停靠、装卸货物和上下旅客的水工建筑物，如图 2-34 所示。广泛采用的是直立式码头，便于船舶停靠和机械直接开到码头前沿，以提高装卸效率。

图 2-34　码头

2. 港口、码头的分类

（1）港口的分类

港口按用途可分为商港、渔港、工业港、军港、避风港等，如表 2-5 所示。

表 2-5　港口按用途分类

港口类别	描　述
商港	供商船进出使用的具有公共性质的港口，如青岛港、上海港
渔港	专供渔船和渔业辅助船停泊、使用的港口，如江苏吕泗渔港
工业港	固定为某一工业企业服务的港口，如广东湛江港
军港	专供军用舰船使用的港口，如旅顺港
避风港	供大风情况下船舶临时避风的港口，如太平洋的三大群岛

港口按所处位置可分为河口港、海港和河港等，如表 2-6 所示。

表 2-6　港口按地理位置分类

港口类别	描　述
河口港	位于河流入海口处的港口，可为海船和河船服务，如上海港等
海港	位于海岸线上的港口，如大连港、青岛港、连云港、基隆港等
河港	位于天然河流或人工运河上的港口，如长江上的南京港、武汉港

（2）码头的分类

常见码头的分类如表 2-7 所示。

表 2-7 常见码头分类

常见码头	特 点
散料码头	以装卸散货为主的码头。由于散货呈松散、颗粒状或块状的特性，且散料码头的散货是大宗的，因此可以采用专用的设备进行装卸，以提高装卸效率。
件杂货码头	以装卸件杂货为主的码头。由于件杂货具有批量较小、票数较多、包装形式不一、包装尺寸和重量相差很大的特点，在港口装卸作业中，件杂货占劳动力较多、劳动强度大、装卸效率低、难以采用专业机械化系统。
集装箱码头	专供集装箱船停靠和装卸作业的码头。通常有专门的装卸、运输设备，集运、贮放集装箱的宽阔货场，有供货物分类和拆装集装箱用的集装箱货运站。由于集装箱可以把各种繁杂的件货和包装杂货组成规格化的统一体，因此可以采用大型专门设备进行装卸、运输，保证货物装卸、运输质量，提高码头装卸效率。

3. 港口的组成

港口由水域和陆域两大部分组成。

（1）港口水域

港口水域主要供船舶进出港，在港内运转、锚泊和装卸作业，要求有足够的水深和面积，水面基本平静，流速和缓，以保证船舶安全操作，是港口最主要的组成部分。港外水域主要是指进港航道和港外锚地，港内水域包括港内航道、港内锚地、码头前沿水域和船舶掉头区等，如图 2-35 所示。

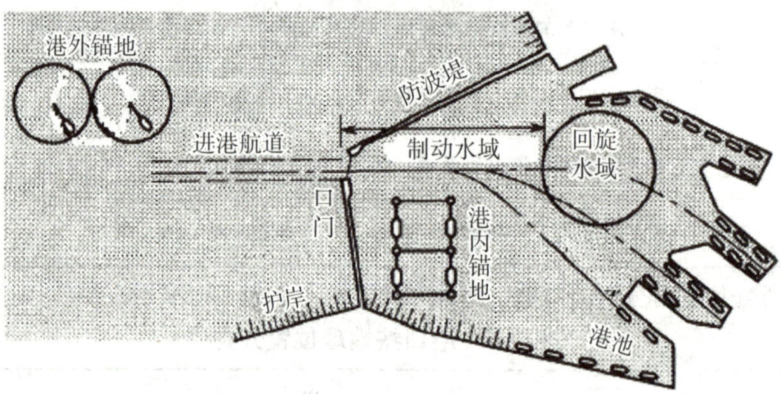

图 2-35 港口水域

（2）港口陆域

凡是在港口范围的陆地面积统称为港口陆域。港口陆域供旅客上下船，货物装卸、堆存、转运，必须有适当的高程、岸线长度和纵深，安置装卸设备、仓库和堆场、铁路、公路和各种必要的生产、生活设施等。主要包括码头与泊位、港口仓库和堆场、铁路及道路、起重运输机械以及港口辅助生产等设施。

（二）航道

航道是指以组织水运为目的所规定或设置的船舶航行通道。航道设置航行标志，以保证船舶安全航行。随着船舶运行密度和纵横水运网的形成，现代水上航道已不仅是天然航道，还是包括人工运河、进出港航道以及保证航行安全的航行标志系统和现代通信导航设备系统在内的工程综合体。

1. 航道的种类

（1）海上航道

海上航道属自然水道，通过能力几乎不受限制。每一海区的地理、水文情况都反映在海区的海图上。船舶每次运行都是根据海图，结合当时的气候条件、海况和船舶本身的技术性能进行计算并在海图上标出。经过人们千百年来的努力和探索，加上现代导航技术的应用，世界各国和地区间的海上航道已基本为人们所了解和掌握，如图 2-36 所示。

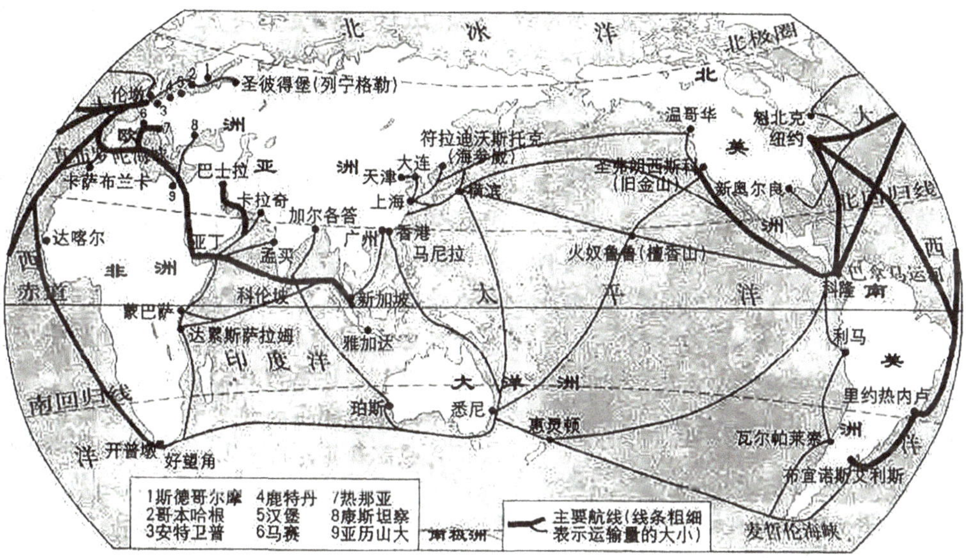

图 2-36 航道图

（2）内河航道

内河航道大部分是利用天然水道，再加上引航的航标设施。内河航道比海上航道的运行条件要差，主要表现为通航水深不同、通行时限不同、单双向通行方式不同。

世界上内河航道里程较长的国家有俄罗斯、中国、巴西、美国。内河航道货运密度即每千米航道完成的货物周转量，美国和西欧一些国家的货运密度高于其他国家，其中尤以美国和德国的较高。中国内河航道主要分布在长江、珠江、淮河及黑龙江水系。其中长江、珠江和淮河三个水系通航里程占全国通航总里程的 82.3%；长江水系航道的总体条件最好，里程达 7 万余千米，占全国通航里程的 70%，长江干线通航里程为 3638.5 千米，如图 2-37 所示。

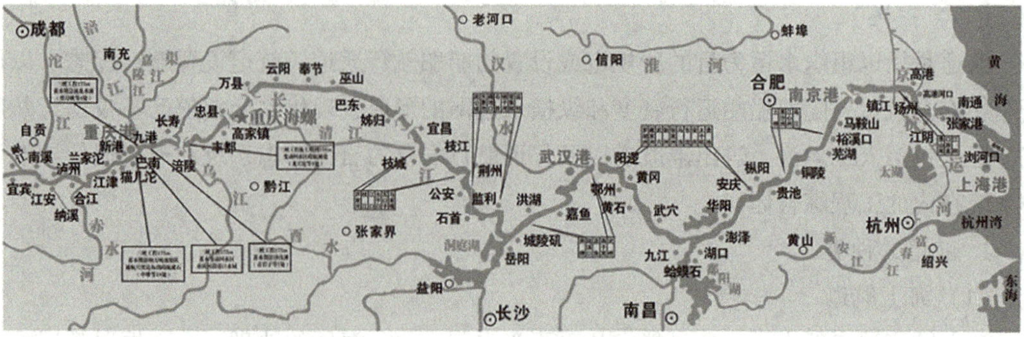

图 2-37　长江航运略图

（3）人工航道

人工航道是指人工开凿的，主要用于船舶通航的河流，又称运河。人工航道一般都开凿在几个水系或海洋的交界处，可以使船舶缩短航行路程，降低运输费用，方便人们生产和生活，扩大船舶航行范围，进而形成一定规模的水运网络。一些著名的国际通航运河，对世界航运的发展、船舶尺度的限制影响很大，其中主要有苏伊士运河、巴拿马运河、基尔运河。世界上最长、最古老的人工运河是我国的京杭大运河。

2. 航道的航行条件

海上航道的通过能力一般不受限制，因此，研究航道的航行条件只是针对内河航道。影响航道通过能力的因素有很多，主要有航道的深度、航道的宽度、弯曲半径、水流速度、潮汐及季节性水位、航道的气象条件等。这些因素对港口建设、船型选择及运输组织都有决定性的影响。为了保证安全，航道必须具备一定的航行条件。

（1）足够的航道深度

航道深度是指全航线中所具有的最小通航保证深度，它取决于航道上最困难的区段和浅滩上的水深。航道深度是河流通航的基本条件之一，是限制船舶吨位和通过能力的主要因素，也是选择船舶吃水量和载重量的主要因素。航道深度增加，可以选择吃水量深、载重量大的船舶，但会增加整治和维修航道的费用。

（2）足够的航道宽度

内河通航方式通常有单线航行、双线航行、三线航行。航道的宽度依据航道等级和通航方式的不同而定，公式如下：

航道宽度=同时交错的船队或船舶宽度之和+富余宽度

（3）适宜的航道转弯半径

航道转弯半径是指航道中心线上最小曲线半径。一般航道转弯半径是最大航行船舶长度的4~5倍，若受自然条件限制，航道转弯半径最低也不得小于船舶长度的3倍，否则，将会影响航行安全。

（4）合理的航道许可流速

航道许可流速是指航线上的最大水流速度。船舶航行速度与流速的关系如下。

顺水航行时：航速=船舶静水速度+流速

逆水航行时：航速=船舶静水速度−流速

（5）符合规定的水上外廓

水上外廓是指要保证船舶通过时，水面以上部分所需要的高度和宽度，其尺寸按航道的等级确定。一至四级航道上桥梁等建筑物的净空高度，取 20 年一遇的洪水期最高水位确定；五、六级航道则取 10 年一遇的洪水期最高水位确定。

二、水路运输设备

船舶是能航行或停泊于水域进行运输或作业的交通工具，按不同的使用要求而货船类型具有不同的技术性能、装备和结构型式。按照载运货物的不同，货船可分为以下几种。

（一）散货船

散货船是散装货船的简称，用以装载无包装大宗单一货物，一般多为单甲板船，驾驶室和机舱布置在尾部，货舱口宽大，专用于运送煤炭、矿沙、谷物、化肥、水泥、钢材等散装物资，如图 2-38 所示。散货船通常有好望角型船、巴拿马型船、轻便型散货船、大湖型散货船四个等级。按照装载物的不同，散货船可分为运煤船、矿砂船、运木船、水泥船等。

图 2-38　散货船

（二）杂货船

杂货船又称普通货船、通用干货船或统货船，是指定期航行于货运繁忙的航线，以装运零星杂货为主的船舶，主要用于装载一般包装、袋装、箱装和桶装的件杂货物，如图 2-39 所示。杂货船航行速度较快，船上配有足够的起吊设备，船舶构造中有多层甲板把船舱分隔成多层货柜，以适应装载不同货物的需要。

（三）冷藏船

冷藏船是使鱼、肉、水果、蔬菜等易腐食品处于冻结状态或某种低温条件下进行载运的专用运输船舶，如图 2-40 所示。其货舱为冷藏舱，常隔成若干个舱室，舱壁、舱门均为气密，并覆盖有泡沫塑料、铝板聚合物等隔热材料，使相邻舱室互不导热，以满足不同货种对温度的不同要求。冷藏舱的上、下层甲板之间或甲板和舱底之间的高度较其他货船的小，以防止货物堆积过高而压坏下层货物。

图 2-39　杂货船

图 2-40　冷藏船

（四）液货船

液货船是专门载运液态货物的船舶，如图 2-41 所示。液态货物主要有油、液化气、淡水和化学药液等，其中运量最大的是石油及其制品。按载运的货物不同，液货船又可分为原油船、成品油船、液体化学品船、液化气船等。

图 2-41　液货船

（五）集装箱船

集装箱船是一种专门载运集装箱的船舶，其全部或大部分船舱用来装载集装箱，往往在甲板或舱盖上也可堆放集装箱，如图 2-42 所示。集装箱船的货舱口宽而长，货舱的尺寸按载箱的要求规格化。集装箱船航速较快，大多数船舶本身没有起吊设备，需要依靠码头上的起吊设备装卸。

（六）滚装船

滚装船是利用车辆上下装卸货物的多用途船舶，又称滚上滚下船，如图 2-43 所示。它装运的货物主要是汽车和集装箱。这种船本身无须装卸设备，装卸时，在船的尾部、舷侧或首部，有跳板放到码头上，汽车或集装箱装在拖车上直接开进或开出船舱，实现货物的装卸。

（七）载驳船

载驳船是专门载运货驳的船舶，又称子母船，如图 2-44 所示。它的运输方式是在大船上搭载驳船，驳船内装载货物。其运输方式与集装箱运输方式相仿，因为货驳亦可视为能够浮于水面的集装箱。载驳船的主要优点是不受港口水深限制，不需要占用码头泊位，装卸货物均在锚地进行，装卸效率高。

图 2-42　集装箱船

图 2-43　滚装船

图 2-44　载驳船

案例 2-3

2020 年世界十大港口排行榜

1. 宁波舟山港

宁波舟山港位于长江三角洲和东部沿海要冲，背靠上海、杭州、宁波等大中城市，是长江三角洲综合运输网的重要节点。舟山港是中国大陆重要的集装箱远洋干线港，国内最大的铁矿石中转基地和原油转运基地，国内重要的液体化工储运基地和华东地区重要的煤炭、粮食储运基地，是主枢纽港之一。舟山港 2020 年完成货物吞吐量 11.72 亿吨，同比增长 4.7%；完成集装箱吞吐量 2872 万标准箱，同比增长 4.3%，运输生产实现了逆势增长，货物吞吐量连续 12 年保持全球第一，集装箱吞吐量继续位列全球第三。

2. 新加坡港

新加坡港位于新加坡的南部沿海，西临马六甲海峡的东南侧，南临新加坡海峡的北侧，是亚太地区第二大港口，世界沿海港口行业比较知名，也是世界较大的集装箱港口之一。该港扼太平洋及印度洋之间的航运要道，战略地位十分重要。它自13世纪开始便是国际贸易港口，已发展成为国际著名的转口港。新加坡港也是该国的经济、文化及交通的中心。2020年新加坡港集装箱吞吐量为3690万标准箱，较2019年同比下降0.9%。

3. 上海港

上海港是中国上海市港口，前通中国南北沿海和世界大洋，后贯长江流域和江浙皖内河、太湖流域；其主要港区沿黄浦江分布，三角洲地势平坦开阔，为港口建设提供了条件，集疏运渠道畅通，通过高速公路和国道、铁路干线及沿海运输网可辐射到长江流域甚至全国。上海港口经营业务主要包括装卸、仓储、物流、船舶拖带、引航、外轮代理、外轮理货、海铁联运、中转服务以及水路客运服务等。2020年，上海港货物吞吐量65105亿吨，集装箱吞吐量达到4350万标准箱。

4. 广州港

广州港位于珠江水系的东、西、北三江交汇点，是华南地区较大的国际贸易港，也是珠江三角洲水网运输中心和水陆运输枢纽。广州港由海港和内河港组成，已开辟集装箱班轮航线179条，已开通国际集装箱班轮航线131条；主要从事石油、煤炭、粮食、化肥、钢材、矿石、集装箱等货物装卸（包括码头、锚地过驳）和仓储、货物保税业务以及国内外货物代理和船舶代理等业务。2020年，广州港货物吞吐量6.36亿吨，其中内贸4.9亿吨；集装箱吞吐量2350.5万标准箱，全球第五，其中内贸1445万标箱。

5. 青岛港

青岛港始建于1892年，位于环渤海地区港口群、长江三角洲港口群和日韩港口群的中心地带，港阔水深、不冻不淤，是天然深水良港。青岛港主要从事集装箱、原油、铁矿石、煤炭、粮食等各类进出口货物的装卸、储存、代理、保税、分拨、加工、运输等综合物流服务和国际客运服务，与世界上的700多个港口有贸易往来。2020年青岛港完成货物吞吐量6.1亿吨，增长4.7%；外贸吞吐量4.5亿吨，增长5.9%；集装箱吞吐量2201万标准箱，增长4.7%。

6. 釜山港

釜山港位于韩国东南沿海，东南濒朝鲜海峡，西临洛东江，与日本对马岛相峙。始建于1876年，在20世纪初由于京釜铁路的通车而迅速发展起来。它是韩国海陆空交通的枢纽，又是金融和商业中心，在韩国的对外贸易中发挥重要作用。工业仅次于首尔，有纺织、汽车轮胎、石油加工、机械、化工、食品、木材加工、水产品加工、造船和汽车等，其中机械工业尤为发达，而造船、轮胎生产居韩国首位，水产品的出口在出口贸易中占有重要位置。2020年釜山港集装箱吞吐量达2181万标准箱。

7. 天津港

天津港是京津冀及“三北”地区的海上门户、雄安新区主要出海口，是“一带一路”的海陆交汇点、新亚欧大陆桥经济走廊的重要节点和服务全面对外开放的国际枢纽港，连续多年跻身世界港口前十强。天津港是国内重要的现代化综合性港口、世界人工深水大港，码头等级达30万吨级，航道水深-22米，拥有各类泊位192个，万吨级以上泊位128个，主要由北疆、东疆、南疆、大沽口、高沙岭、大港六个港区组成。2020年天津港完成货物吞吐量5.03亿吨，增长2.2%；集装箱吞吐量1835.31万标准箱，增长6.1%。

8. 苏州港

苏州港地处长江入海口的咽喉地带，西起长山（张家港与江阴交界处），东至浏河口南（太仓与上海交界处）。由原一类开放口岸张家港港、常熟港和太仓港三港合一组建成的新兴港口，原三个港口相应成为苏州港张家港港区、常熟港区和太仓港区。1968 年，张家港港区建港；1992 年，太仓港区开发建设；同年 8 月，常熟港区动工兴建；2002 年，原张家港港、常熟港和太仓港三港合一组建为苏州港。据网雪花君得知，2020 年苏州港完成货物吞吐量 5.54 亿吨，比上年增长 6%；集装箱吞吐量 629 万标箱，增长 4.3%。

9. 深圳港

深圳港位于广东省珠江三角洲南部，珠江入海口，伶仃洋东岸，毗邻香港，是珠江三角洲地区出海口之一。20 世纪 80 年代，深圳港建设散杂货专业泊位和通用码头泊位。从 2003 年开始，深圳港开展海铁联运工作。自 2006 年起，深圳港主要集装箱码头进行轮胎式龙门起重机“油改电”项目的试验和建设。2016 年底，深圳推出“深圳组合港-绿色港口链”项目。2020 年深圳港完成货物吞吐量 2.65 亿吨，比上年增长 2.8%；集装箱吞吐量 2654.77 万标箱，增长 3.0%，其中出口集装箱吞吐量 1294.50 万标箱，下降 0.5%。

10. 迪拜港

迪拜港位于阿联酋东北沿海，濒临波斯湾的南侧，又名拉希德港，并与 1981 年新建的米纳杰贝勒阿里港同属迪拜港务局管辖，是阿联酋最大的港口，也是集装箱大港之一。迪拜港口在世界港口行业比较闻名，该港地处亚欧非三大洲的交汇点，是中东地区最大的自由贸易港，尤以转口贸易发达而著称。它是海湾地区的修船中心，拥有名列前茅的百万吨级的干船坞。主要工业有造船、塑料、炼铝、海水淡化、轧钢及车辆装配等，还有年产 50 万吨的水泥厂。2020 年迪拜港集装箱吞吐量达 1349 万标准箱。

（资料来源：中国水运网，http://www.zgsyb.com/news.html?aid=536567）

案例思考

1. 目前货运港口是由哪几部分构成的？
2. 在水路运输中，货船都有哪些不同的船型？

任务四　航空运输

一、航空运输设施

（一）航空港

航空港是指位于航线上、为保证航空运输和专业飞行作业用的机场及其有关建筑物和设施的总称，是空中交通网的基地。航空港由飞行区、客货运服务区和机务维修区三部分组成。其中，飞行区是航空港面积最大的区域，设有指挥台、跑道、滑行道、停机坪、无线电导航系统等设施。航空港的主要任务是完成客货运输，保养与维修飞机，保证旅客、货物和邮件正常运送以及飞机安全起降，如图 2-45 所示。

图 2-45 航空港

通常来讲，航空港内配有以下设施。

1. 跑道与滑行道

跑道供航空器起降，滑行道是航空器在跑道与停机坪之间出入的通道。

2. 停机坪

停机坪是供飞机停留的场所。

3. 指挥塔或管制塔

航空器进出航空港的指挥中心，其位置应有利于指挥与航空管制，维护飞行安全。

4. 助航系统

助航系统是辅助航空器安全飞行的设施，包括通信、气象、雷达、电子及目视助航设备。

5. 输油系统

输油系统为航空器补充油料。

6. 维护修理基地

维护修理基地为航空器做归航以后或起飞以前的例行检查、维护、保养和修理。

7. 货运站

货运站为进出航空港的航空器提供装卸、组装、存储等与货运相关的服务。

8. 其他各种公共设施

其他各种公共设施包括水、电、通信交通、消防系统等。

航空港布局如图 2-46 所示。

（二）航线和航路

1. 航线

飞机飞行的路线称为空中交通线，简称航线。飞机的航线不仅确定了飞机飞行的具体方向、起讫点和经停点，而且还根据空中交通管制的需要，规定了航线的宽度和飞行高度，以维护空中交通秩序，保证飞行安全。

航线按起讫点的归属不同可分为国际航线、国内航线和地区航线三大类。国际航线是指飞行的路线连接两个国家或两个以上国家的航线。在国际航线上的运输，始发站、经停站、终点站有一点在外国领土上。国内航线是指在一个国家内部的航线，又可以分为干线、支线和地方航线三大类。地区航线是指在一个国家内，各地区与有特殊地位地区之间的航线，如上海到港澳台地区的航线。

2. 航路

航路是根据地面导航设施建立的供飞机作航线飞行用的具有一定宽度和高度的空域。该空域以连接各导航设施的直线为中心线，规定有上限和下限、高度和宽度。我国民用航路宽度为20km。划定航路的目的是维护空中交通秩序，提高空间利用率，保证飞行安全。

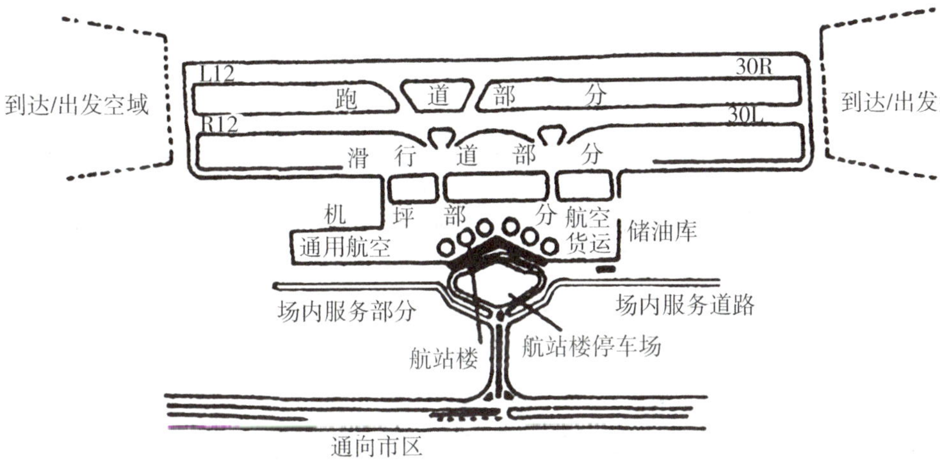

图 2-46　航空港布局

二、航空运输设备

航空运输设备是按运输要求完成货物运输任务的航空器，主要指飞机。

（一）飞机分类

1. 按发动机分类

飞机按发动机的不同可分为螺旋桨飞机和喷气式飞机。

（1）螺旋桨飞机

螺旋桨飞机是指用空气螺旋桨将发动机的功率转化为推进力的飞机，如图 2-47 所示。它利用螺旋桨的转动将空气向机后推动，借其反作用力推动飞机前进，螺旋桨转速越高，飞行速度越快，但到一定程度时，会遇到“空气阻碍”现象，飞机速度无法提升。螺旋桨飞机一般重量和尺寸不大、飞行速度较慢、高度较低，有良好的低速和起降性能。

（2）喷气式飞机

喷气式飞机是一种使用喷气发动机作为推进力来源的飞机，如图 2-48 所示。喷气式飞机所使用的喷气发动机靠燃料燃烧时产生的气体向后高速喷射的反冲作用使飞机向前飞行。喷气式飞机结构简单、维修方便、速度快、装载量大，目前已成为世界各国机群的主要机种。

图 2-47 螺旋桨飞机

图 2-48 喷气式飞机

2. 按航程远近分类

飞机按航程的远近分类如表 2-8 所示。

表 2-8 飞机按航程远近分类

飞机类别	特 点	应 用
近程飞机	航程小于 1 000km	国内支线航线
中程飞机	航程为 3 000km	国内、国际航线
远程飞机	航程为 11 000km，可中途不着陆的洲际跨洋飞行	国内、国际航线

（二）飞机的组成

飞机主要由机身、机翼、尾翼、起落装置、操纵系统和动力装置等六部分组成，如图 2-49 所示。

图 2-49 飞机结构图

（1）机身

机身主要用来装载人员、货物、燃油、武器和机载设备，并通过它将机翼、尾翼、起落架等部件连成一个整体。

（2）机翼

机翼是飞机上用来产生升力的主要部件，一般分为左、右两个翼面。

（3）尾翼

尾翼分垂直尾翼和水平尾翼两部分。垂直尾翼垂直安装在机身尾部，主要功能为保持飞机的方向平衡和操纵。水平尾翼水平安装在机身尾部，主要功能为保持俯仰平衡和俯仰操纵。

（4）起落装置

起落装置的功能在于使飞机在地面或水面进行起飞、着陆、滑行和停放。着陆时还通过起落装置吸收撞击能量，改善着陆性能。

（5）操纵系统

操纵系统包括从座舱中飞行员驾驶杆到水平尾翼、副翼、方向舵等操纵面，用来传递飞行员操纵指令，改变飞行状态的整个系统。

（6）动力装置

动力装置是用来产生拉力（螺旋桨飞机）或推力（喷气式飞机），使飞机前进的装置。

案例 2-4

我国航空物流行业发展现状及前景分析

航空物流行业发展现状

近年来，中国航空物流发展速度较快，对深度参与国际合作与分工、服务国家重大战略实施、实现经济结构转型升级发挥了重要意义。随着航空物流的发展，航空物流企业已不再是简单地提供物流运输服务，整个行业已形成航空货运服务链条。航空物流是现代物流的重要组成部分，完整的航空物流服务链已不仅仅局限于空中运输这一单一环节，而是以客户为中心，贯穿货源组织、地面运输、机场货站服务、空中运输、交付客户的全过程。

在全球经济稳步复苏和国内经济运行稳中向好的背景下，我国航空物流行业整体保持平稳较快增长。从需求端来看，随着国民经济和社会消费需求的快速增长以及跨境电商、冷链物流等新兴产业的涌现，国内航空物流业的市场需求不断增加；从供给端来看，我国航线条数、机场数目、运输飞机在册数目和民航固定资产投资额均稳定增长，民航业产能和运力也不断提升。

中国航空货运中全货机运量仅 30%，低于全球平均水平。并且，我国航司机队以窄体机和以中短程的国内航线为主。而客机腹舱运输载货能力远小于全货机，且难以匹配电子产品等高附加值空运需求。另外，对比中美近几年的航空货运吨千米收入情况来看，美国的货运量价也领先于我国且运价更加稳定。

航空物流发展前景分析

《“十四五”航空物流发展专项规划》提出，“十四五”时期，我国航空物流将重点推进实施“打造优质高效的服务体系、建设先进完备的保障体系、构建精准协同的治理体系”这三大任务，细化 12 项具体任务，并围绕三大任务提出三大重点工程。

长期以来，我国航空货运发展注重行业内引进吸收再创新及自主创新，为建设现代航空物流体系奠定了坚实的基础。“十四五”时期，航空物流发展需要更大范围、更宽领域、更深层次探索，力争形成航空物流高质量发展的“中国方案”。一方面，需要深入研究、学习 FedEx、UPS、DHL 等国际物流巨头和孟菲斯、路易斯维尔，安克雷奇等国际枢纽成长历程，放在经济社会发展特定阶段、产业发展规律中去解释，揭示其变革驱动、创新内涵，为我国航空物流企业及航空枢纽发展提供借鉴，为政府治理改革提供参考。另一方面，新时期经济体系的内在结构、运行特征发生了巨变，需要我们广泛开展试点方案，聚焦航空与多种交通方式衔接、航空物流与跨境电商等业态融合、临空经济区与自贸区等空间协同，按照“物流一张单”加强主体衔接、部门协同，包容审慎、鼓励创新，摸索系统性、协同性发展方案。

（资料来源：中研网. 航空物流行业发展现状航空物流发展前景分析. https：//www.chinairn. com/hyzx/20211124/23571039. shtml）

案例思考

1. 航空运输的常见设施有哪些？
2. 运输货物的飞机由哪几部分组成？

任务五 管道运输设施与设备

一、认识管道运输

（一）什么是管道运输

管道运输是用管道作为运输工具的一种长距离输送液体和气体物资的运输方式，是一种专门由生产地向市场输送石油、煤和化学产品的运输方式，是统一运输网中干线运输的特殊组成部分。

（二）运输什么货物

管道运输的运输对象受到限制，承运的货物比较单一，主要用来运输原油、成品油、天然气及固体煤浆等液体货物。

（三）怎样工作

管道运输不同于其他运输方式，驱动流体的输送工具是静止不动的泵机组、压缩机和管道。泵机组和压缩机给流体以压力能，使其在管道连续不断地流动，直至输到指定地点。

（四）有什么优势

与其他运输方式相比较，管道运输的优点有：①运输量大；②能耗少，运费低；③占地少，受地形、地貌影响小，缩短运输距离；④易于实现全面自动化管理；⑤安全密闭，受环境条件影响小；⑥基本不产生废渣废液，不会造成环境污染。

二、认识管道运输设施与设备

管道运输设施与设备主要由线路设施、管道站点和附属设施组成，如图 2-50 所示。

图 2-50　管道运输设施与设备

（一）线路设施

管道的线路设施是管道的主体，是指通过各种连接形式将多根管连接成管系，起到传递粉状、液体或气体物质的作用。它包括沿线阀室、穿越设备、管道防腐保护措施、供电和通信设施等。根据运输介质，线路设施分为输油管道、输气管道和输送固体料浆的管道。

（二）管道站点

管道站点是为实现管道运输而建立的各种作业站场。按位置不同，管道站点可分为首站、中间站和末站；按所输送介质不同，管道站点可分为输油站和输气站。输油站包括增压站（泵站）、加热站、热泵站、分输站和减压站等，输气站包括压气站、调压站和分输站等。

（三）附属设施

管道附属设施主要包括管道沿线的通信线路、供电线路、道路工程，管理、维修机构及生活基地等设施。

案例 2-5

管道运输行业发展前景

管道运输是用管道作为运输工具的一种长距离输送液体和气体物资的运输方式，是一种专门由生产地向市场输送石油、煤和化学产品的运输方式，是统一运输网中干线运输的特殊组成部分。

随着经济的发展，工业企业发展十分迅速，对于资源的利用需求也不断加大，一些石油和天然气等能源产业纷纷崛起，管道运输企业凭借其自身独有的优势成为新时期最主要的运输方式，管道运输货物周转量不断上升。

油气管道运输的方式和水路、公路相比之下自身存在很大的优势，石油本身就是易燃易爆的，在公路、水路的运输状况下很容易引发意外，管道运输的方式恰恰解决了这些问题，管道内部的密闭性很强，足够石油运输过程中保障安全，同时也能满足油气管道运输的需求。管道运输相比其他运输方式，还有占地少、建设周期短、费用低等优势。

随着中国石油工业的发展，管道运输业也得到了相应的发展。从 70 年代初开始，中国展开了大规模的长距离输油管道的建设，逐步实现了原油运输由铁路为主转向以管输为主。目前中国已建成的原油长输管道总长达 1 万多千米，各油田所产原油的 80% 由管道外输。天然气长输管道总长近万千米，承担着全国各油（气）田 100% 的天然气运输任务。

目前的管道运输业已成为继铁路、公路、水运、航空之后的第五大运输行业。

由于天然气是重要的清洁能源，因此近年来国家积极推进天然气的使用，天然气油气管道建设备受关注。目前，在建成的油气管道中，天然气管道里程数占比最高，约为58%。原油管道和成品油管道里程数均占据总油气管道里程数的21%。

随着中国经济的快速发展以及社会进程不断推进，经济体制趋于不断完善阶段，各行各业发展十分迅速，管道运输作为中国运输体系的重要分支，是能源运输的主要形式，为中国能源产业提供了强大的运输支持。

管道运输不仅运输量大、连续、迅速、经济、安全、可靠、平稳以及投资少、占地少、费用低，并可实现自动控制。管道运输可省去水运或陆运的中转环节，缩短运输周期，降低运输成本，提高运输效率。当前管道运输的发展趋势是：管道的口径不断增大，运输能力大幅度提高；管道的运距迅速增加；运输物资由石油、天然气、化工产品等流体逐渐扩展到煤炭、矿石等非流体。

从优势来看，在油气运输上，管道运输有其独特的优势，首先在于它的平稳、不间断输送，对于现代化大生产来说，油田不停地生产，管道可以做到不停地运输，炼油化工工业可以不停地生产成品，满足国民经济需要；二是实现了安全运输，对于油气来说，汽车、火车运输均有很大的危险，而管道在地下密闭输送，具有极高的安全性；三是保质，管道在密闭状态下运输，油品不挥发，质量不受影响；四是经济，管道运输损耗少、运费低、占地少、污染低。

预计未来10~20年，我国管道运输建设还将处于稳定增长期，其中，天然气管道及储气库等配套设施管道运输建设将是今后发展的重点。

[资料来源：2022管道运输行业发展前景（管道运输市场趋势分析），报告智库（baogaozhiku. com）https：//www. baogaozhiku. com/3448. html]

案例思考

1. 在物流运输中，管道运输具体能够运输哪些货物？
2. 管道运输常见的设施与设备有哪些？

任务六 智慧运输“黑科技”

在日常生活中，“黑科技”更多的是一种网络新名词，即指高科技泛滥之后演变出来的更强大或更先进的技术及创新，也包括基于现有技术的改进升级和该产品的使用体验等。同时，“黑科技”泛指生活中一切让大家感到“不明觉厉”的新硬件、新软件、新技术、新工艺、新材料等。

时代在发展，物流货运行业也不再是传统的劳动密集型产业，越来越多的高科技正在融入物流货运行业，智慧物流成为物流未来的发展趋势。

随着人口红利的逐渐消失，依赖人力的物流行业正努力从劳动密集型向技术密集型转变，从传统模式向智能物流升级。面对新时代的种种挑战，“小米加步枪”的传统装备已不能满足物流业的快速发展，传统降本增效的方式已行至尽头，如果不大规模地应用智能化设备，物流企业面临的不是能否走远，而是能否生存的大问题。

目前，在仓储、运输、配送等领域，物流硬件设备都处于智能化进程中，涌现了非常多商用和将会商用的智能硬件设备，如智能仓储机器人、无人叉车、可穿戴设备、无人卡车、无人机、无人配送车+智能配送站、智能快递柜等。

一、无人机

（一）概述

无人驾驶飞机简称“无人机”，是利用无线电遥控设备和自备的程序控制装置操纵的不载人飞行器。

无人机实际上是无人驾驶飞行器的统称，从技术角度出发可以分为无人固定翼飞机、无人垂直起降飞机、无人飞艇、无人直升机、无人多旋翼飞行器、无人伞翼机等。

与载人飞机相比，它具有体积小、造价低、使用方便、对作战环境要求低、战场生存能力较强等优点。由于无人机对未来的空战有着重要的意义，世界各主要军事国家都在加紧进行无人机的研制工作。2013 年 11 月，中国民用航空局（CAAC）下发了《民用无人驾驶航空器系统驾驶员管理暂行规定》，由中国航空器拥有者及驾驶员协会负责民用无人机的相关管理。根据规定，无人机操作按照机型大小、飞行空域可分为 11 种情况，其中仅有 116 千克以上的无人机和 4600 立方米以上的飞艇在融合空域飞行由民航局管理，其余情况，包括日渐流行的微型航拍飞行器在内的其他无人驾驶飞行器，均由行业协会管理或由操作者自行负责。

（二）研制背景

无人机最早在 20 世纪 20 年代出现。1914 年，第一次世界大战期间，英国的卡德尔和皮切尔两位将军，向英国军事航空学会提出了一项建议：研制一种不用人驾驶，而用无线电操纵的小型飞机，使它能够飞到敌方某一目标区域上空，将事先装在小飞机上的炸弹投下去。这种大胆的设想立即得到了当时英国军事航空学会理事长戴·亨德森爵士的赞赏。他指定由 A. M. 洛教授率领一班人马进行研制。从字面上讲，这个术语可以描述从风筝、无线电遥控飞机，到从 V-1 飞弹发展来的巡航导弹，但是在军方的术语中，它仅指可重复使用的比空气重的飞行器。

（三）无人机的分类

国内外无人机相关技术飞速发展，无人机系统种类繁多，用途广且特点鲜明，致使其在尺寸、质量、航程、航时、飞行高度、飞行速度、任务等方面都有较大差异。由于无人机的多样性，出于不同的考量会有不同的分类方法。

1. 按飞行平台构型分

无人机可分为固定翼无人机、旋翼无人机、无人飞艇、伞翼无人机、扑翼无人机等。

2. 按用途分

无人机可分为军用无人机和民用无人机。军用无人机可分为侦察无人机、诱饵无人机、电子对抗无人机、通信中继无人机、无人战斗机及靶机等；民用无人机可分为巡查/监视无人机、农用无人机、气象无人机、勘探无人机及测绘无人机等。

3. 按尺度分（民航法规）

无人机可分为微型无人机、轻型无人机、小型无人机及大型无人机。

微型无人机是指空机质量小于或等于 7 千克的无人机。轻型无人机是质量大于 7 千克，但小于或等于 116 千克的无人机，且全马力平飞中校正空速小于 100 千米/时，升限小于 3000 米。小型无人机是指空机质量小于或等于 5700 千克的无人机，微型和轻型无人机除外。大型无人机是指空机质量大于 5700 千克的无人机。

4. 按活动半径分

无人机可分为超近程无人机、近程无人机、短程无人机、中程无人机和远程无人机。

超近程无人机活动半径在 15 千米以内，近程无人机活动半径在 15~50 千米，短程无人机活动半径在 50~200 千米，中程无人机活动半径在 200~800 千米，远程无人机活动半径大于 800 千米。

5. 按任务高度分类

无人机可以分为超低空无人机、低空无人机、中空无人机、高空无人机和超高空无人机。超低空无人机任务高度一般在 0~100 米，低空无人机任务高度一般在 100~1000 米，中空无人机任务高度一般在 1000~7000 米，高空无人机任务高度一般在 7000~18000 米，超高空无人机任务高度一般大于 18000 米。

2018 年 9 月，世界海关组织协调制度委员会（HSC）第 62 次会议决定，将无人机归类为“会飞的照相机”。无人机按照“会飞的照相机”归类，就可以按“照相机”监管，各国对照相机一般没有特殊的贸易管制要求，这非常有利于中国高科技优势产品进入国外民用市场。

（四）无人机在物流领域的应用

无人机技术最早是一项被用于军事用途的军用技术，但当人们发现了其在物流领域可以发挥出的重要作用后，越来越多的企业开始寻求无人机技术在物流领域的应用。早在 2015 年，亚马逊就在进行无人机送货的实验，时至今日，关于无人机技术在物流领域的应用已经不再是人们口中无法实施的概念，各大物流企业都已经就无人机技术用于货物运送取得了一定的成果。

2017 年全球无人机物流和运输市场估计为 49.8 亿美元，预计到 2026 年达到 240.1 亿美元，复合年增长率为 19.1%。需要更快的货物交付，供应商之间的竞争增大，各种行业中无人机的使用增加以及对复杂的行业特定分析解决方案的需求不断增加等这些都是推动无人机市场增长的关键因素，但当下政策原因和网络安全问题以及对无人机商业用途的限制等因素限制了整个市场的发展。无人机可用于运输各种产品，从小包装到医疗用品和食品等，因为无人机技术在物流领域的美好前景，各类风险投资家大量地投资无人机技术，将其用于商业化。

在国外亚马逊、谷歌和沃尔玛等公司早已开始从事无人机技术的研究和开发活动以便将无人机的使用商业化，而国内的公司也不甘落后，2015 年，顺丰快递就联合其他公司组建朗星无人机系统有限公司，负责货运无人机系统的设计和研发。2017 年完成国内货运无人机发展史上的多项突破，水陆两用无人机试验成功；同时宣布在成都双流自贸试验区建立大型无人机总部基地，这是国内首个将大型无人机用于物流运输的落地项目；2017 年 10 月，由顺丰、朗星和多家航空航天研究所共同研制的超大型吨位货运无人机 AT200 试飞成功。AT200 是全球首款吨位级货运无人机，全长 11.84 米、翼展 12.80 米、高 4.04 米、最大起飞重量 3.4 吨。货仓容积 10 立方米，有效载荷达 1.5 吨，巡航速度达每小时 313 千米，续航时间长约 8 小时，航程 2183 千米，实用升限可超过 6000 米，如图 2-51 所示。

图 2-51 AT200 货运无人机

2018 年 3 月 27 日，顺丰控股股份有限公司旗下子公司江西丰羽顺途科技有限公司，获得了中国民用航空华东地区管理局颁发的国内首张无人机航空运营（试点）许可证。这意味着，中国无人机物流配送正式进入合法运营阶段，标志着无人机送快递时代的正式开启。

京东的无人机项目开始较晚，其无人机真正亮相的时间是 2016 年。在 2016 年的上海亚洲消费电子展上，京东亮出了自己正在研发的两款无人机，如图 2-52 所示。而直到 2016 年 6 月，京东第一单无人机配送的快递才试验成功。2017 年 2 月，京东与陕西省达成合作，并且于同年 5 月宣布在西安航天基地建立京东全球无人系统产业中心，京东无人配送业务开始以西安为中心，向全国其他城市推进。目前京东的无人机载重为 10~20 千克，飞行时长为 40 分钟左右，飞行距离为 20 千米，主要用来解决最后几千米的配送任务。

图 2-52 京东无人机

二、无人驾驶汽车

（一）无人驾驶汽车的内涵与发展

无人驾驶汽车是智能汽车的一种，也称为轮式移动机器人，主要依靠车内的以计算机系统为主的智能驾驶仪来实现无人驾驶的目的。

从 20 世纪 70 年代开始，美国、英国、德国等发达国家开始进行无人驾驶汽车的研究，在可行性和实用性方面都取得了突破性的进展。中国从 20 世纪 80 年代开始进行无人驾驶汽车的研究，国防科技大学在 1992 年成功研制出中国第一辆真正意义上的无人驾驶汽车。

2005 年，首辆城市无人驾驶汽车在上海交通大学研制成功。

世界上最先进的无人驾驶汽车已经测试行驶近 50 万千米，其中最后八万千米是在没有任何人为安全干预措施下完成的。

（二）无人驾驶汽车的工作原理

无人驾驶汽车是通过车载传感系统感知道路环境，自动规划行车路线并控制车辆到达预定目的地的智能汽车。它利用车载传感器来感知车辆周围的环境，并且根据感知所获得的道路、车辆位置和障碍物信息，控制车辆的转向和速度，从而使车辆能够安全、可靠地在道路上行驶。集自动控制、体系结构、人工智能、视觉计算等众多技术于一体，是计算机科学、模式识别和智能控制技术高度发展的产物，也是衡量一个国家科研实力和工业水平的主要标志，在国防和国民经济领域具有广阔的应用前景。

（三）无人驾驶汽车的主要特点

1. 安全稳定

安全是拉动无人驾驶汽车需求增长的主要因素。驾驶员的疏忽大意和疲劳驾驶每年都会导致许多事故发生。无人驾驶可以解除疲劳驾驶带来的安全隐患，同时可以减少驾驶员人为操作的失误。

防抱死制动系统其实就算一种无人驾驶系统。不具备防抱死制动系统的汽车在紧急刹车时，轮胎会被锁死，导致汽车失控侧滑。在驾驶没有防抱死制动系统的汽车时，驾驶员要反复踩踏制动踏板来防止轮胎锁死。而防抱死制动系统可以代替驾驶员完成这一操作，并且比手动操作的效果更好。该系统可以监控轮胎情况，了解轮胎将在何时被锁死，并且及时做出反应，而且反应时机比驾驶员把握得更加准确。防抱死制动系统是引领汽车工业朝无人驾驶方向发展的早期技术之一。

另一种无人驾驶系统是牵引和稳定控制系统。当汽车即将失控侧滑或翻车时，稳定和牵引控制系统可以探测到险情，并且及时启动防止事故发生。这些系统不断读取汽车的行驶方向、速度及轮胎与地面的接触状态。当探测到汽车将要失控并有可能导致翻车时，稳定或牵引控制系统将进行干预。这些系统与驾驶员不同，它们可以对各轮胎单独实施制动，增加或减少动力输出，相比同时对四个轮胎进行操作，这样做的效果通常更好。当这些系统正常运行时，可以做出准确的反应。相对来说，驾驶员经常会在紧急情况下操作失当，调整过度。

2. 自动泊车

车辆损坏的原因，多半不是重大交通事故，而是在泊车时发生的小磕小碰。泊车可能是危险性最低的驾驶操作了。虽然有些汽车制造商给车辆加装了后视摄像头和可以测定周围物体距离的传感器，甚至有可以显示汽车四周情况的车载电脑，但有人仍然会一路磕磕碰碰才能驶入停车位。

自动泊车系统是无人驾驶技术的一大成就。通过该系统，车辆可以像驾驶员那样观察周围环境，及时做出反应并安全地泊入车位。让汽车自动回家，将不再是遥远的事情。

（四）无人驾驶汽车在物流运输中的应用——无人重卡

从无人超市到无人餐厅再到无人驾驶物流车，人工智能已成功渗入我们生活的方方面面，并且正在一步步地改变着我们的生活方式。近年来，无人驾驶技术在物流领域的运用可谓“遍地开花”。无人重卡被认为是无人驾驶技术未来最可能首先商用的领域。

2018 年 5 月 24 日下午，苏宁物流在其上海奉贤园区测试了一辆名为“行龙一号”的无人驾驶重型卡车，这是国内电商首次对无人重卡启动实景测试。这辆测试车装载着重 40 吨的空调在园区内行驶，它能自动规划路线行驶，精确识别障碍物。面对道路中突然出现的行人，也能及时做出预警并停车。

“行龙一号”采用了人工智能和深度学习技术，同时配备了激光雷达等高科技装备。在高速场景下，不仅可以在 300 米外精确识别障碍物，还能以 25 米/秒的反应速度来控制车辆进行紧急停车或绕行避障等措施，在驾驶速度达 80 千米/时时仍可以实现安全自动驾驶。

对于长途货运司机来说，重卡操作相对复杂且费力，远距离运输需要保持单调的姿势，也容易疲劳，易发生事故。无人重卡的出现，为重卡司机提供了更舒适的工作环境。不过，这并不意味着无人卡车完全能够替代人类。出于安全因素考虑，该款无人重卡的人工手动操作在任何时候都可以凌驾于自动化系统之上。在自动驾驶过程中，只要驾驶员拨动方向盘或采取制动，自动化系统就会停止操作，将控制权交给驾驶员。

2018 年 11 月 30 日，智加科技获得全国首张营运货车自动驾驶路测牌照，同时，宣布与国家 ITS 中心智能驾驶及智能交通产业研究院达成战略合作，加速商用车自动驾驶技术的测试和应用落地。

三、智能配送机器人

（一）智能配送机器人发展概述

科技的发展是大家有目共睹的，也让我们的生活有了日新月异的变化。随着无人科技的出现，很多传统的简单机械、重复性劳动将由机器人完成，这在一定程度上提升了人们的生活品质。京东研制了智能配送机器人，设想未来的快递员工作将由机器人来担任，如图 2-53 所示。

智能配送机器人可以有效地躲避障碍物、辨别红绿灯，还可以驾驶、变更车道、识别车位等。

2017 年 6 月 18 日，京东的智能配送机器人在中国人民大学顺利完成全球首单配送任务。

作为整个物流系统中末端配送的最后一环，智能配送机器人所具备的高负荷、全天候工作、智能化等优点，将为物流行业的“最后一千米”带去全新的解决方案。

以京东的智能配送机器人为例，京东的智能配送机器人不仅可以用来识别障碍物、躲避障碍物，还能够像人一样辨别红绿灯和自动规划路线、主动换道等。在到达目的地的时候，将会提醒后台将取货信息发送给用户。那么用户也可以自由地选择人脸识别，或者输入取货验证码等方式取货，可以说是十分方便。不仅是小型的无人配送车，京东还有一架重型的无人机，能够实现在 24 小时内把商品运往全国各地，并且将货物送到后可以自动地进行卸货和入库、包装等操作。

（二）智能配送机器人的技术特点

图 2-53 京东智能配送机器人

以京东的智能配送机器人为例。京东的智能配送机器人是智慧物流体系生态链中的终端，面对的配送场景非常复杂，需要应对各类订单配送的现场环境、路面、行人、其他交通工具及用户的各类场景，进行及时有效的决策并迅速执行，这需要配送机器人具备高度的智能化和自主学习的能力。

除了强大的硬件支持使机器人得以运行复杂的人工智能运算，京东的自建物流体系下相对稳定成熟的实际应用场景让京东的智能配送机器人具备到实际场景中进行试错和不断调优的机会。这正是京东智慧物流发展的独特优势，也是京东能让智能配送机器人和智能化技术如此迅速落地的重要原因之一。

智能配送机器人的感知系统十分发达，除装有激光雷达、GPS 装备外，还配备了全景视觉监控系统，前后的防撞系统及超声波感应系统能帮助智能配送机器人准确感知周边的环境变化，预防交通安全事故的发生。

它拥有基于认知的智能决策规划技术。在遇到障碍物时，判断障碍物的同时识别出行人的位置，并且计算出障碍物与行人运动方向与速度，通过进行不断的深度学习与运算，做出智能的行为决策。目前，该智能配送机器人具有以下能力：安全通过红绿灯路口，包括有红绿灯的路口和没有红绿灯的路口；自主规划路线安全借道行驶；向来车和行人避让；礼让横穿行人车辆，安全避道行驶；精准停车。

智能配送机器人有两大创新亮点，一是可以根据包裹尺寸调节箱柜大小；二是可以实现车柜分离，直接对货柜进行整体更换，为未来在社区楼下实现快递柜和智能配送机器人的快速对接提供了技术支持。

四、智能货运调度平台——运满满

（一）运满满简介

运满满成立于 2013 年，隶属于江苏满运软件科技有限公司，是国内基于云计算、大数据、移动互联网和人工智能技术开发的货运调度平台。

目前，运满满平台实名注册重卡司机超过 520 万人，货主超过 125 万人，货物日周转量 136 亿吨千米，日撮合交易额约 17 亿元，业务覆盖全国 334 个城市，已经成为中国最大整车运力调度平台、智慧物流信息平台和无车承运人。同时是“互联网+物流”、交通大数据和节能减排的样板项目。

（二）运满满的产品理念

随着物流业的日益发展、物流园的广泛建设、货车数量日益增长，物流司机找货源的问题一直不能得到很好的解决。运满满的产品初衷就是帮助物流司机更快地找到心仪的货源。

运满满服务于四方客户，致力于公路运输行业，为车找货（配货）、货找车（托运）提供全面的信息服务。

运满满的出现，不仅解决了物流司机找货源的问题，同时解决了货主找物流司机、车源等一系列问题。在方便快速找到车源的同时实现了实时定位，让货主对于货源的动向有了一定的追踪能力。

（三）运满满的行业评价

2018 年 12 月，中国交通运输协会主管、中国交通运输协会智慧物流专业委员会组织编制的行业指导报告《中国智慧物流发展报告》显示，运满满立足构建覆盖全国物流大数据平台，以公路运力交易服务为突破口和核心，形成以相关服务为主要特征的物流供需撮合和服务手段，快速集聚物流供需资源；并且通过不断积累的用户、业务和信用基础，逐渐带动共同物流、物流增值等服务的培育和发展，最终建立规范、科学、有效、可持续的物流产业新业态，形成商流、物流和信息流互动的良性机制，形成以物流大数据资源为支撑的智慧物流产业全新局面。

运满满自主研发的“全国干线物流智能调度系统”基于云计算、大数据、移动互联网和人工智能技术，依托中国公路干线物流最大数据库，与全球顶级人工智能研究机构和科学家合作，以复杂事件检测分析和处理技术、大数据智能分析决策技术创新为重点，运用先进算法模型，基于嵌入式与定位追踪的智能调度平台，实现服务车主与货主的智能车货匹配、智能实时调度、智能标准报价，对物流信息全程追踪并实现可视化，显著提升了公路干线物流货源、车辆、路线、价格匹配速度、精准度和运输组织效率，激活了物流行业的多样化模式创新。平台旗下的交易产品“满运宝”，致力于为交易纠纷提供调解、责任与赔偿判定及相关保障服务，并且通过交易行为数据建立评价体系，通过系统化管理赋能物流企业降本增效，进一步促进我国物流行业更快地由粗放型向精准型、由传统型向互联网数字化服务型的转变升级，推进智慧物流生态环境构建。

国内类似运满满的智能货运调度平台还有货车帮、美泰物流网、罗技物流等。

案例 2-6

京东物流在智慧物流领域再加码

2017 年 9 月 28 日，京东公布了其联合上汽大通与东风汽车共同研发的上汽大通 EV80 新能源无人货车和东风电动无人货车，这也是国内电商及物流领域首次推出无人货车产品，京东称目前无人货车已在交管部门指定的固定路段内开始路试。

京东方面表示，其与上汽大通合作的 EV80 无人轻型货车，通过搭载的雷达、传感器、高精地图及定位系统，在行进过程中，即使是 150 米外的障碍物也可以被提前探知，并且有足够的时间重新进行道路规划与障碍规避；当遇到信号灯时，其前视摄像头可以进行准确感知，保障无人货车安全有序地平稳前行。未来，京东轻型无人货车将自主完成运行路线规划，实现主动换道、避障、车位识别、自主泊车等诸多功能。

京东方面强调，虽然无人货车能够实现自动驾驶，但在进行路试时，依然在车上配备了驾驶员以应对可能产生的突发事件，确保路试的安全进行。

据透露，京东与上汽集团将针对无人车的发展与生态建设开展战略合作。京东同时与东风汽车公司技术中心及北京智行者科技有限公司开展了一系列技术合作，并且联手推出了东风电动、无人轻型厢式货车。

无人车运输是京东智慧物流的重点发力方向之一。

2016年，京东成立专注物流领域科技研发的“X事业部”，部门定下方向：从无人机、无人车和无人仓（无人仓储）三个方面落地，使用人工智能让整个物流体系更标准化，实现快速迭代，推进智慧物流。其中，无人机主要用于提供偏远农村地区的“最后一千米”配送服务，无人车主要用于城市内无人配送解决方案。随着物流地位的日益重要，京东又于2017年4月25日正式将物流部门独立，建立业务子集团。

2016年6月8日，京东在宿迁完成了无人机试运营的第一单；同年“双11”期间，实现了在北京、宿迁、西安、成都四地的同时试运营。到2017年“6·18”期间，京东在宿迁和西安的无人机运营已实现常态化。

2017年8月29日，京东在陕西省完成无人机项目落地的五大签约，同日，京东正式发布了首款可用于支、干线运输的倾转旋翼无人机VT1，该无人机具备200千米以上飞行距离、200千克以上起飞重量。

（资料来源：http：//tech.163.com/17/0929/14/CVGR20UL00097U7R.html）

案例思考

1. 京东无人货车避障功能是如何实现的？
2. 从无人机、无人车到无人仓，真的会让物流从业人员全部失业吗？

项目实训

实训1

项目名称：普通货车使用和维护的调研。

实训目的：通过对普通货车使用和维护的调研，掌握普通货车的应用情况及日常使用中车辆的维护保养操作。

实训器材：计算机、互联网。

实训指导：通过收集网络资料了解物流过程中普通货车使用和维护的情况。

实训报告：撰写普通货车的使用和维护的调研报告。

引导问题1：当前应用较广泛的货运汽车有哪些？存在哪些不足？

引导问题2：普通货运汽车的结构是怎样的？各部分的功能是什么？

引导问题3：货物运输任务完成前后应怎样维护保养汽车？在使用普通货车的过程中需要注意哪些问题？

实训2

项目名称：运输方案设计。

实训目的：通过对出口货物运输路线和方式的方案设计，掌握物流运输中运输设施和设备的选择、多式联运的衔接、不同运输设备的应用和注意事项，进一步熟悉运输设施与设备，为今后在实习、就业时从事物流运输方面的工作积累经验。

实训要求：设计出口货物运输方案，完成从中国北京出口到巴西里约热内卢的高科技产品、工业制成品等商品的运输任务。具体商品为电机、电器、影像设备及其零附件，要求运输途中保证商品的安全，分组设计货物运输路线图，选择相应的运输方式和设施设备。

实训器材：计算机、互联网。

实训指导：按照分好的小组，由组长组织讨论，根据实训要求在计算机上进行货物运输路线和方式方案设计。

实训报告：撰写出口货物运输方案。

项目检测

一、不定项选择题

1. （　　）运输特别适合于运输长距离、高价值的产品。

　A. 铁路　　B. 公路　　C. 航空　　D. 集装箱

2. 铁路线路一般由（　　）、（　　）和（　　）组成，主要用于装载重型机械、钢材、裸装机床和其他设备等。

　A. 路基　　B. 桥隧建筑物　　C. 轨道　　D. 路面

3. 航道的航行条件涉及（　　）、（　　）、（　　）、（　　）和符合规定的水上外廓。

　A. 航道深度　　B. 航道宽度　　C. 航道转弯半径　　D. 许可流速

4. 首选航空运输的货物有（　　）等。

　A. 酒水　　B. 苹果　　C. 鲜花　　D. 救灾物资

5. 管道运输的对象不包括（　　）。

　A. 原油　　B. 天然气　　C. 固体料浆　　D. 书籍

二、填空题

1. 公路主要由________、________、桥梁、涵洞、排水系统、防护工程和交通服务设施等构成。

2. 常见的货运汽车主要包括________、________、________、________等。

3. 港口由供船舶进出港的________和供旅客上下船的________两大部分组成。

4. 按发动机划分，飞机可分为________和________。

5. 管道运输是用管道长距离输送________和________物资的运输方式。

三、简答题

1. 各类货运汽车分别适合运输哪些货物？

2. 铁路轨道由哪几部分构成？

3. 港口中常见的码头有哪几类？

4. 航空港内有哪些常用设施?
5. 管道运输是怎样完成输送任务的?

拓展阅读

物流不通畅带来的问题

2020年3月，国家统计局发布调研信息，食品价格上涨较多的主要原因，从供给方面看，主要是：各地不同程度地实施了交通运输管控措施，部分地区物流不畅；人力短缺造成物资配送难度加大，成本有所上升；部分企业和市场延期开工开市，一些产品生产和供给受到影响，难以及时满足市场需要。

（摘自FX168财经网）

思考：结合所学知识和物流发展，我们应从运输设施与设备方面采取哪些措施来解决物资或商品的物流通畅问题？说出你的想法。

课程案例

中国交通基础设施发展史回顾与展望

自1921年建党以来，在中国共产党的带领下，通过全国人民百年的艰苦奋斗，中国经济平稳有序发展、人民生活水平不断提高、中国国际地位日益重要。

在与民生经济息息相关的交通基础设施方面，公路、铁路、航空等交通网络不断完善，运输效率日益提高，交通基础设施网络化水平显著提升。截至2020年，中国公路里程超过500万千米、铁路营业里程突破14.6万千米、民航客运量接近4.2亿人。

交通运输基础设施建设全力推进，交通运输条件显著改善

交通运输基础设施是支撑经济运行、推动经济增长的必备条件。自改革开放以来，中国政府加快建设现代化综合交通运输体系，公路、铁路、航空等类型的基础设施建设已取得举世瞩目的成绩，中国交通网络规模已实现成倍增长，并成为中国可对外输出的优势产业。

高速公路、农村公路建设成绩显著，助力跨地区交流

公路是基础设施建设的重要部分。中国政府将公路建设作为“抓民生、强保障、增福祉”的重点事业之一，在资金、人员、设备供应等多方面为公路建设项目提供支持，现已在高速公路和农村公路等领域取得出色成绩。

中国公路里程数自1949年的不足10万千米增长至2020年的超过500万千米，中国公路货运量自1989年的每月6 000万吨增至2021年的每月348 000万吨，中国公路客流量由1989年的每月35 000万人增至2021年的每月48 200万人。

铁路盘活地区资源，把握国民经济发展大动脉

中国铁路建设对各地区的经济发展具有重要影响，受到各级、各地区政府部门密切关

注。中国铁路网自中华人民共和国成立以来日趋完善，铁路运输显著盘活各地区资源，强化物资互通，成为经济发展关键。

截至 2020 年，中国铁路营业里程突破 14.6 万千米，中国铁路货运量突破 44 亿吨，客运量突破 22 亿人。

未来，中国铁路建设将持续以先进装备、人才支撑、政策配套为先行条件，充当世界铁路建设领路人。

航空设备运输能力提高，航空货运特殊价值凸显

中华人民共和国成立初期，受航空设备资源、人力资源不足因素影响，中国航空物流能力较弱，民用航空货运量仅为 1 000 吨。

随着中国经济形势持续向好，中国居民消费能力提升带动了快件、特种货物等领域航空运输需求，航空运输设备快速升级。

截至 2019 年，中国民用航空货运量为 753 万吨，2020 年受疫情影响，中国民用航空货运量有所下降，为 677 万吨。同时，中华人民共和国成立初期中国民航客运量受航空设备和居民生活水平影响，民用航空客运量仅为 10 400 人。随着经济发展，人们对物质文化的需求日益提升，截至 2019 年，中国民用航空客运量为 6.6 亿人，2020 年受疫情影响，中国民航客运量有所下降，为 4.2 亿人。

航空行业的高速发展为中国的运输事业以及人民生活的改善提供了坚实基础。

自建党 100 周年以来，中国基础设施体系从薄弱发展到逐渐成熟，交通运输行业取得了丰硕成果。日趋便利的基础设施显著提高了居民生活幸福感，促进了各地区人民经济、文化交流，也为中国经济发展提供了澎湃动力。

（资料来源：建党 100 周年专题 | 变局中把握时代机遇，中国交通基础设施发展史及金融改革史回顾与展望 . https：//www. 163. com/dy/article/GEA2PV4I05387KQ6. html）

项目三

仓储设施与设备

【项目目标】

知识目标

- 掌握仓库的含义、构成、分类及不同仓库的特点和应用情况；
- 掌握货架的基本概念、作用以及常见货架的分类、特点和使用情况；
- 掌握自动化立体仓库的基本概念、作用及构成。

能力目标

- 能够根据货物特性正确选择仓库；
- 能够为不同货物正确选择货架；
- 能够描述自动化立体仓库的工作流程和常见设备的应用情况。

素质目标

- 培养学生爱岗敬业、严谨认真、诚实守信、精益求精的工作作风；
- 建立良好的服务意识、安全意识、成本意识，不断提高设备管理能力和应用能力。

【导入案例】

立体仓库助华仁药业打造智慧物流

华仁药业股份有限公司（以下简称华仁药业）成立于1998年5月，是中国药科大学等国内知名院校、企业参股的集产、学、研于一体的新型股份制公司。在发展智能制造方面，华仁药业走的是一条与一般的中国制造企业不太相同的道路。它自成立伊始便使用了先进的机器人和自动化设备，在硬件层面上走在智能制造的最前端。

在华仁药业的立体仓库里，生产的药品成品会通过传送带直接从自动化包装线上输送到立体仓库，并且根据不同药品的码盘规则，由机械手自动码到托盘上。码满的托盘通过条码技术发送信号到仓库管理系统（WMS）里，由系统自动分配一个空货位地址后，输送到入库口，再由接收到指令的堆垛机送到指定位置，并且迅速完成入库。

这个由北京起重运输机械设计研究院设计的立体仓库，整合了自动化码垛机器人接口软件技术、无线 RF 调度自动仓储技术、计算机自动仓储管理控制系统技术、现场总线技术、激光传感技术等，实现了从物料传输，到识别、分拣、码盘、仓储、检索和发售等各个环节的全流程自动化作业。

在实现设备的智能化后，华仁药业将进一步提升的目标转向了与信息化的融合。华仁药业引进了 SAP 的 ERP 管理系统和罗克韦尔的制造执行系统（Manufacturing Execution System，MES），并且将其与公司原有的电子监管码系统和立体库系统集成起来，实现了信息流和物流的无缝连接。MES 与入库作业相连，成品发货由 ERP 管理系统发出销售出库指令，整个出入库的过程贯穿着条码技术与电子监管码系统，作为药品成品追溯的依据。

借助罗克韦尔的 MES，华仁药业实现了生产制造体系的资源优化配置、在线监控和数据采集，实现了对水及原料配料的实时监控管理，能够自动检测产品是否达到美国食品药品监督管理局标准的要求。除此之外，对产品每个批次的生产过程实现了电子化记录，在国内的同行业中，华仁药业是第一家。

目前，华仁药业的立体仓库实现了 3 倍的库容提升，节省了约 150% 的仓库资金，吞吐量提高了 4~6 倍，人工节省了 30 人左右，作业效率提升了 100%，货物的破损率比以往降低了 46%。

“我们利用高度智能化的设备实现了物与物的对话。在此基础上建立的立体库，不仅可以节约用地、节约人力资源成本、减轻人力劳动强度、提高作业人员综合素质、提高仓储自动化管理水平，还能提高仓储效率。这个技术已经成熟，它也是整个物流行业未来发展的方向。”华仁药业信息化经理孙延波说：“通过计算机进行仓储管理，还做到了先进先出、方便控制和管理货位，并且节省了照明设施、油料等能源消耗。”

（资料来源：物流行业智能工厂系列（四）：立体仓库助华仁药业打造智慧物流，智慧资讯，https：//www. ilinki. net/news/detail/3393）

案例思考

案例中的立体仓库整合了哪些设备完成了全流程自动化作业？

任务一 认识仓储设施

一、认识仓库

仓库是存放、保管、储存物品的建筑物和场地的总称，可以是房屋建筑、洞穴、大型容器或特定的场地等，具有存放和保护物品的功能。仓库由储存物品的库房、运输传送设施（如吊车、电梯、滑梯等）、出入库房的输送管道和设备以及消防设施、管理用房等组成。

二、仓库的种类

（一）按经营性质分类

1. 自营仓库

自营仓库是指某个企业建立的供自己使用的仓库，也称为自有仓库、自用仓库。这种仓库一般由企业自己进行管理。

自营仓库的优点是具有较强的控制能力，成本低，可充分发挥人力资源的作用；缺点是缺乏柔性，有财务方面的限制，投资回报率低。

2. 公共仓库

公共仓库又称公用仓库，是一种专业从事仓储经营管理，面向社会，独立于其他企业的仓库，专门向客户提供相对标准的仓库服务，以经营为手段，以营利为目的。

公共仓库的优点是可节省资金投入，缓解储存压力，减少投资风险，具有较高的柔性化水平；缺点是沟通困难，缺少个性化服务。

3. 租赁仓库

租赁仓库是仓库设施所有者不直接提供保管服务，只是将拥有的仓库设施租赁给其他企业，用于储存保管该企业物资的仓库。租赁仓库可以使企业避免仓库的资本投资和财务风险，不要求企业对其设施和设备做任何投资，企业只需支付相对较少的租金即可得到仓储空间。但在一定租赁期内，租赁仓库的仓储面积是一定的，不会随企业库存量的改变而改变。

（二）按结构和构造分类

1. 单层仓库

单层仓库是指平房式单层建筑的仓库，如图 3-1 所示。

图 3-1 单层仓库

单层仓库是最常见的、使用很广泛的一种仓库建筑类型。单层仓库没有上层，不设楼梯，设计简单，在建造和维修上投资较省；全部仓储作业都在一个层面上进行，货物在库内装卸和搬运方便；各种设备（如通风、供水、供电等）的安装、使用和维护比较方便；仓库地面能承受较重的货物堆放。不过，单层仓库的建筑面积利用率较低，一般建在城市的边缘地区。单层仓库适于储存金属材料、建筑材料、矿石、机械产品、车辆、油类、化工原料、木材及其制品等。水运码头仓库、铁路运输仓库、航空运输仓库多用单层建筑，以加快装卸速度。

2. 多层仓库

多层仓库是指两层以上建筑的仓库，如图 3-2 所示。该类仓库的结构大多采用钢筋混凝土结构，承受压力大，占地面积小，仓库容量大，各楼层间依靠垂直运输机械联系，也有的楼层间以坡道相连，此类仓库作业机械化程度比较高，一般用来储存城市日常用的高附加值的小型商品。多层仓库建筑和使用中的维护费用较大，一般商品的存放成本较高。

图 3-2　多层仓库

3. 高层货架仓库

高层货架仓库一般采用单层建筑结构，总高度甚至高于一般楼库，仓库内设高层货架，自动化程度较高，存货能力较强，是机械化和自动化程度都比较高的立体仓高层货架仓库，出入库作业在计算机的控制下进行，如图 3-3 所示。

图 3-3 高层货架仓库

4. 罐式仓库

罐式仓库是以各种罐式为储存库的大型容器型仓库，如球罐库、柱罐库等，如图 3-4 所示。罐式仓库的构造特殊，呈球形或柱形，主要用来储存石油、天然气和液体化工产品等。

图 3-4　罐式仓库

（三）按技术处理方式及保管方式分类

1. 普通仓库

普通仓库是指用于储存不需要特殊保管条件的一般日用工业品或农副产品的仓库。这类仓库技术设施比较简单，仅有进出、装卸、搬运、商品养护、安全防火等一般性设备，没有保温、冷藏、气调、防毒等特殊性装备，只能储存物理、化学及生物性能比较稳定、彼此互不干扰的商品，如百货、针织品、五金、医疗器械、土产品等。由于普通仓库适应性较强、利用率较高，因此是商业仓库中分布最广、比重最大、使用最为普遍的常规性仓库。

2. 冷藏仓库

冷藏仓库是指通过机械制冷方式，使仓库内保持一定的温度和湿度，以储存食品、工业原料、生物制品和药品等对温度、湿度有特殊要求的货物的仓库，如图 3-5 所示。冷藏仓库一般在 10℃以下的低温环境保存物资，用于保管生鲜鱼肉、冷冻食品等农畜水产品及加工食品。为保持低温，仓库的建筑具有隔热性，且安装有制冷设备。

3. 恒温仓库

恒温仓库是指能够调节温度并能保持某一温度的仓库，能满足高精密仪器及设备等的保管要求，如图 3-6 所示。恒温仓库常用来储存罐头、食品、水果、蔬菜、鲜花等物品，使储存到恒温仓库的物品储存温度、湿度得到有效的控制，从而确保物品的质量。

4. 地下仓库

地下仓库是指修建在地下用来储存物资的建筑物，如图 3-7 所示。根据储存物资的不同，地下仓库分为地下粮库，地下冷藏库，地下燃油、燃气库，地下军械、弹药库，等等。地下仓库具有防空、防爆、隔热、保温、抗震、防辐射，以及储存物资不易变质、少耗能源、减少维修和运营费用、节省材料、占地面积小和库内发生事故时对地面波及较小等优点。地下仓库初次投资大，工期长，应与建造地面仓库进行技术经济比较后确定。

图 3-5　冷藏仓库

图 3-6　恒温仓库

图 3-7　地下仓库

5. 危险品仓库

危险品仓库是指用于储存和保管易燃、易爆、有毒、具有腐蚀性和放射性等对人体或建筑物有一定危险的物资的场所，适用于汽油、炸药、压缩气体、毒品等物资的存储，如图 3-8 所示。此类仓库在建筑结构及仓库内布局等方面有特殊要求，而且必须远离城市居民区和工矿企业。

6. 露天仓库

露天仓库是放置不怕风尘雨、对保管条件要求很低的货物的货场，如木材仓库、钢材仓库等，如图 3-9 所示。此类仓库中的货物一般都在自然条件下保管，无建筑物的阻隔保护，需要设置防火、防盗设施。

图 3-8　危险品仓库

图 3-9　露天仓库

7. 保税仓库

保税仓库是指经海关批准设立的专门存放保税货物及其他未办结海关手续货物的仓库，如图 3-10 所示。储存于保税仓库内的进口货物经批准可在仓库内进行改装、分级、抽样、混合和再加工等，这些货物如再出口则免缴关税，如进入国内市场则须缴关税。各国对保税仓库货物的堆存期限均有明确规定。设立保税仓库除为贸易商提供便利外，还可促进转口贸易。保税仓库及其内所有的货物受海关监督管理，非经海关批准，货物不得入库和出库。

图 3-10　保税仓库

案例 3-1

大型电商需求持续上升带热仓储物流市场

2020 年上半年，大型电商的需求热度持续，京东在佛山和中山均有新增租赁，租用超过 5 万平方米的仓储面积。未来半年，预计将有两个分别位于广州北部和番禺区的新仓库落成，体量共 14.3 万平方米，全市空置率将被小幅拉高。随着“双 11”的临近，预计电商、快递的需求持续增长，成为仓储物业区化的重要驱动力。随着出口及消费需求进一步复苏，核心区租金有望小幅增长。

广州南沙正在建设库容达46万吨的冷链母港项目，投产后将作为临港进出口货物分拨基地，辐射粤港澳大湾区城市群。而年内观察到广州东部有第三方物流服务商租用干仓改造成冷库的案例，此类需求活跃。市场对冷链—冷库的关注度持续提升，生鲜食品、医疗等行业租户的需求值得期待。

（资料来源：罗莎琳，信息时报，https：//wap. xxsb. com/content/2020－10/14/content_ 122463. html）

案例思考

1. 物流过程中储存保管货物的仓库有哪些？
2. 不同类型的仓库之间都有哪些差异？

任务二 认识仓储设备

一、什么是货架

在仓储设备中，货架是指专门用于存放成件物品的保管设备。货架在仓库中占有非常重要的地位。随着现代工业的迅猛发展，物流量的大幅度增加，为实现仓库的现代化管理，改善仓库的功能，不仅要求货架数量多，而且要求货架具有多功能，并实现机械化、自动化。

二、货架的作用

仓储货架在现代物流活动中起着相当重要的作用，仓库管理实现现代化，与货架的种类、功能有直接的关系。货架的作用及功能如下。

（1）可提高库容利用率，充分利用仓库空间，扩大仓库储存能力。

（2）货物存入货架，互不挤压，物资损耗小，可完整保证物资本身的功能，减少货物损失。

（3）货物存放在货架上，存取方便，便于清点及计量，做到先进先出。

（4）可以保证储存货物的质量，采取防潮、防尘、防盗、防破坏等措施，以提高物资储存质量。

（5）很多新型货架的结构及功能有利于实现仓库的机械化及自动化管理。

三、常见的货架

（一）层架

层架由主柱、横梁及层板构成，架子本身分为数层，层间用于存放物品，如图3-11所示。层架结构简单、省料、适用性强，便于存取货物，但存放货物的数量有限，是人工作业仓库的主要存储设备。

（二）托盘式货架

托盘式货架俗称横梁式货架或货位式货架，是存放装有货物托盘的货架，适于存放整托盘货物，在国内的各种仓储货架系统中最为常见。这种货架既适用于储存多品种小批量物品，又适用于储存少品种大批量物品。托盘式货架在高位仓库和超高位仓库中应用最多，多用于自动化仓库中。

1. 普通托盘式货架

普通托盘式货架是使用最广泛的托盘类货物储存系统，通用性比较强，如图 3-12 所示。它的结构是货架通过单列或者双列连接成若干排，排与排中间留有通道，供堆垛机、叉车以及其他装卸搬运设备运行，一般在 6 米以下。托盘式货架在存取货物时，每一块托盘均能单独存入或者取出，不需移动其他托盘，主要用于整托盘进出库或者手工拣选的仓库。

图 3-11　层架

图 3-12　普通托盘式货架

2. 窄通道式货架

窄通道式货架的通道仅比托盘稍宽，高度可达 15 米，可以充分利用仓库面积和高度，具有中等储存密度，如图 3-13 所示。窄通道式货架需要特殊的叉车或起重机进行存取作业，还需要其他搬运机械配套，设计与安装需要更高的要求。

3. 双重深货架

双重深货架可以大大增加储存密度，但是也由此带来了存取性及出入库能力的降低，作业时必须配合使用专用叉车以存取放在第二列的托盘货物，如图 3-14、3-15 所示。

图 3-13　窄通道式货架

图 3-14　双重深货架

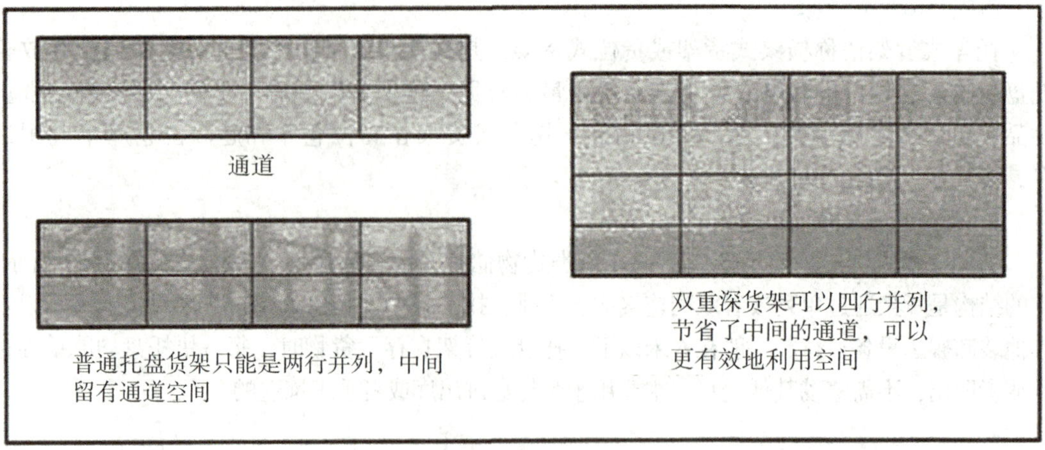

图 3-15 双重深货架示意图

（三）悬臂式货架

悬臂式货架是由立柱片、悬臂梁、连接杆等组成的货架，如图 3-16 所示。

图 3-16 悬臂式货架

悬臂式货架前伸的悬臂结构轻巧，载重力强，悬臂可以是单面或双面的，适用于长物料、板材或环形物料的储存，能大幅度提高仓库的利用率和工作效率；需配有叉距较宽的搬运设备；增加了搁板后，特别适合空间小、密度低的库房，管理方便，视野开阔；广泛用于机械加工及建材超市行业。

（四）移动式货架

移动式货架是底部装有轮子，可以在轨道上沿直线水平方向移动的货架，如图 3-17 所示。货架驱动力一般是电力，每列货架的底部有电动机驱动装置，通过控制装置与操作开关盘操作并移动货架。移动式货架易控制，安全可靠，突出的优点是提高了空间利用率，一组货架只需一条通道。相比固定型托盘式货架的一条通道只服务于通道内两侧的两排货架，在相同的空间内，移动式货架的储存能力要高得多；但货架机电装置多、维护困难，建造成本较高。移动式货架适用于库存品种多，但出入库频率较低的仓库，或者库存频率较高，但可按巷道顺序出入库的仓库，目前广泛应用于档案馆、资料室、图书馆、冷库等场所。

图 3-17　移动式货架

（五）贯通式货架

贯通式货架又称通廊式货架或驶入式货架，是一种不以通道分割、连续的整栋式货架，如图 3-18 所示。

图 3-18　贯通式货架

贯通式货架的托盘按深度方向存放，一个紧接着一个，可供叉车（或带货叉的无人搬运车）驶入通道存取单元托盘货物。由于叉车需要进入货架内部存取货物，贯通式货架通常单面取货，建议不超过 7 个货位深度；为提高叉车运行速度，可根据实际需要选择配置导向轨道。贯通式货架的空间利用率高，比普通托盘式货架提高 50%的空间利用率，但很难实现先进先出，适用于周转率高、品种少、批量大的货物储存，广泛应用于批发、冷库及食品、烟草行业。

（六）重力式货架

重力式货架又叫自重力货架，属于重型货架，如图 3-19 所示，是由托盘式货架演变而来的，适用于少品种、大批量同类货物的储存。重力式货架深度及层数可按需要而定，其作业原理是利用货体的自重，使货体在有一定高度差的通道上，从高处向低处运动，完成进货、储存、出库作业。

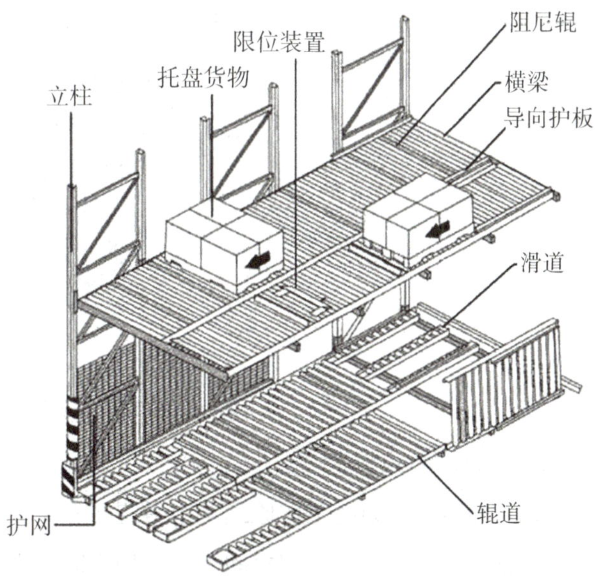

图 3-19　重力式货架

重力式货架可以分为自滑动式货架和后推式货架。存放的货物分为两类：一类是整批纸箱包装商品，另一类是储存托盘商品。重力式货架空间利用率高，与普通的托盘式货架相比，大大节省了通道面积，减少了货位空缺现象，存取货物时叉车的行程最短，但投资成本高、日常保养与维护的要求高。

（七）旋转式货架

旋转式货架设有电力驱动装置，货架沿着环形轨道运行，自动化程度较高，用开关或小型电子计算机操纵。存取货物时，把货物所在货格编号用控制盘按钮输入，则该货格以最近的距离自动旋转至拣货点停止。旋转式货架的拣货路线短，拣货效率高，一般分为水平旋转式货架和垂直旋转式货架，如图 3-20、3-21 所示。

1. 水平旋转式货架

根据移动方式，水平旋转式货架又可以分为整体移动式和分层移动式。前者仅用一台电动机带动各货架层，整体在水平方向上旋转；后者每层货架各有一台电动机，各单层能独立水平运动旋转，如图 3-20 所示。

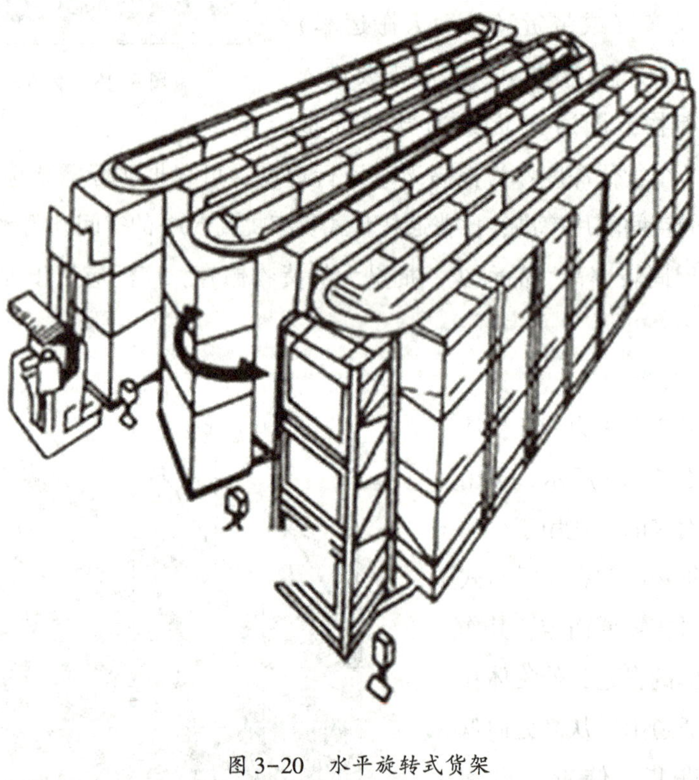

图 3-20 水平旋转式货架

2. 垂直旋转式货架

垂直旋转式货架的工作原理与水平旋转货架大致相同，只是旋转方向是垂直的。该类货架可充分利用仓库的上部空间，是一种空间节省型仓储设备，具有强大的扩充能力，在配置需要改变时，能灵活地拆卸组合，调配位置，如图 3-21 所示。

前侧多楼层存取

1. 在旋转机构上连接的料斗
2. 多用途料斗
3. 内置式驱动系统
4. 平稳启动的三相马达
5. 不锈钢工作台
6. 安全装置
7. 光栅安全系统
8. 微处理器控制单元
9. 接线箱
10. 多功能定位系统
11. 可闭锁滑动门
12. 环保涂层
13. 维修门

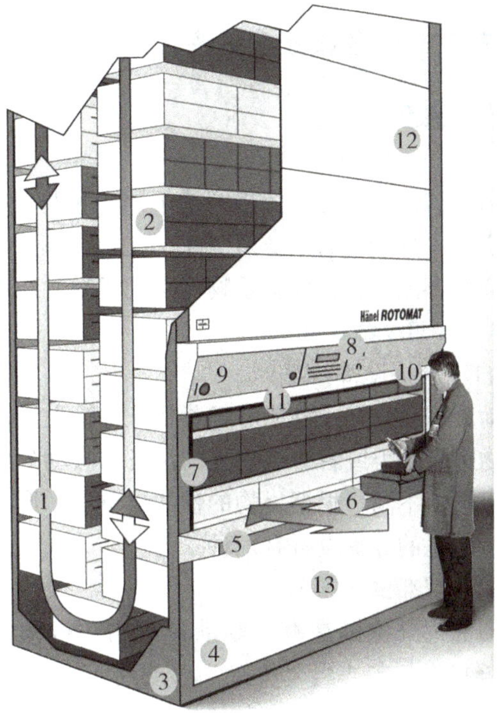

图 3-21　垂直旋转式货架

案例 3-2

物流巨头进场，无人货架市场再起风云

就在无人货架整个行业布局加速、融资正酣之时，传统的物流巨头开始加入其中，不断搅动着这个市场。就在近日，无人货架市场迎来了来自传统物流行业的一个重量级玩家。物流快递巨头中通旗下的中通商业与无人货架平台考拉便利达成战略合作，正式开始入局这个行业。中通的加入也让无人货架这个领域的竞争更加激烈。

在中通之前，另一家物流巨头顺丰也推出了自己的无人货架品牌“丰 e 足食”，开始在新零售道路上迈出了自己非常重要的一步。无人货架整体上还处在一个成长期，如果能及时发现因发展过快而带来的弊端，并及时调整战略，补足短板，机会仍然还在。现在随着这些传统物流巨头的进入，相信在未来无人货架又会迎来新一轮的增长。

（资料来源：国玺同学．物流巨头进场，无人货架市场再起风云，https：//www. sohu. com/a/221341514_ 746875）

案例思考

1. 在物资储存保管过程中，货架所起到的作用是什么？
2. 针对众多商品和多类型的仓库，货架又有哪些不同的类型？

任务三 自动分拣系统

一、分拣设备

（一）什么是分拣

所谓分拣，是指将一批相同或不同的货物，按照不同的要求，如品种、发运目的地、收货客户等，分别拣开，方便进行配送或发运。货物的分拣包括货物的拣选、输送、分类、混合与合流。分拣设备是物流系统货物输送过程中的重要设备。

（二）常用分拣设备

1. 自动分拣设备

自动分拣设备是一种能够把货物从主输送线按一定的规律分别导入指定的分支线，具有对货物进行分类或者重组功能的设备。自动分拣设备的技术和形式会根据设备主体结构功能的不同而不同。根据货物的性质、重量、形状、工作效率等因素，需要不同的自动分拣设备。常见的分拣设备有六种。

（1）交叉带式分拣机

交叉带式分拣机是由主驱动带式输送机和载有小型带式输送机的台车（简称“小车”）连接在一起，当“小车”移动到所规定的分拣位置时，转动皮带，完成把商品分拣送出的任务，如图 3-22 所示。

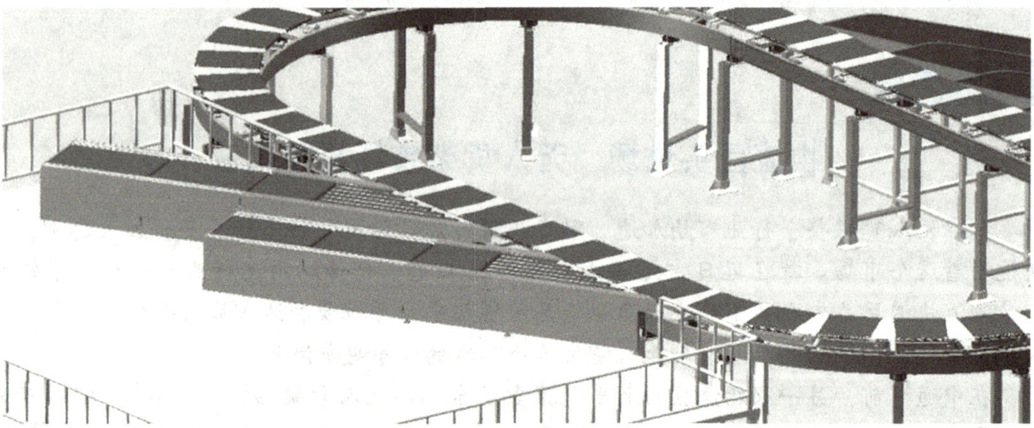

图 3-22 交叉带式分拣机

因为主驱动带式输送机与“小车”上的带式输送机呈交叉状，故称其为交叉带式分拣机。交叉带式分拣机的分拣出口多，可左右两侧分拣，适用于分拣各类小件商品，如食品、化妆品、衣物等。大型交叉带式分拣机一般应用于机场行李分拣和安检系统。

常用的交叉带式分拣机为一车双带式，即一个小车上面有两端垂直的皮带，既可以每段皮带上搬送一个包裹，也可以两段皮带合起来搬送一个包裹。在两段皮带合起来搬送一个包裹的情况下，可以通过在分拣机两段皮带方向的预动作，使包裹的方向与分拣方向一致以减少格口的间距要求。交叉带式分拣机的优点是噪声低，可分拣货物的范围广，但造价比较昂贵，维护费用高。

（2）翻盘式分拣机

翻盘式分拣机是通过托盘倾翻的方式将包裹分拣出去的分拣机，如图 3-23 所示。当物品到达分拣位置时，倾倒板向上转动，把物品倾倒出来。这种分拣方式效率高，但是对物品冲击大，物品易倾覆，要求物品在分类上没有方位的要求。翻盘式分拣机可应用在快递行业，但更多应用在机场行李分拣领域。

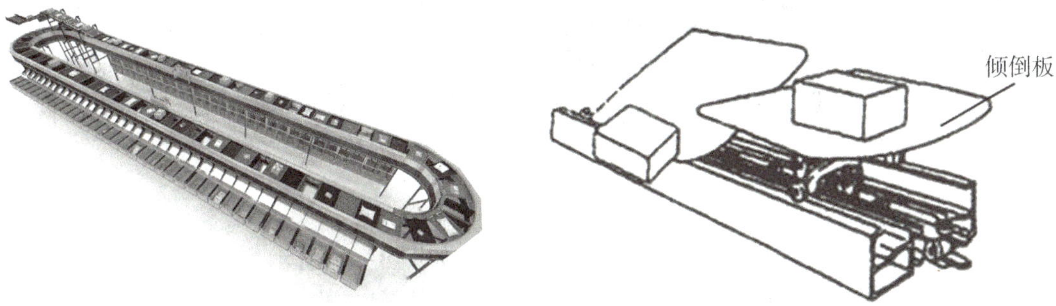

图 3-23　翻盘式分拣机

（3）挡板式分拣机

挡板式分拣机是利用一个挡板或挡杆挡住在输送机上向前移动的商品，将商品引导到一侧的滑道排出，如图 3-24 所示。挡板在动作时，像一堵墙挡住商品向前移动，利用输送机对商品的摩擦力，推动商品沿着挡板表面移动，从主输送机上排出至滑道。挡板平时处于主输送机一侧，可让商品继续前移；如挡板作横向移动或旋转时，商品就移到滑道。

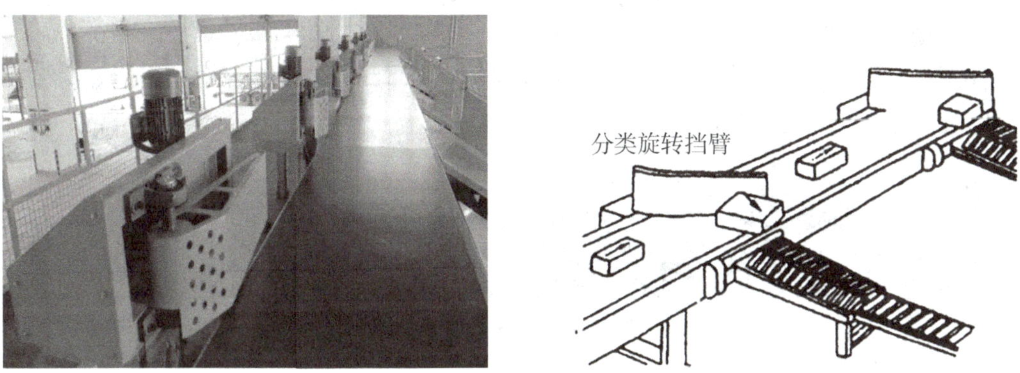

图 3-24　挡板式分拣机

（4）浮出式分拣机

浮出式分拣机是把物品从主输送机上托起，从而将物品引导出主输送机的一种分拣设备，如图 3-25 所示。浮出式分拣机在工作时利用浮起链条、传送带、滚筒或轮子把分拣物品抬离主输送线，引导其流入分拣输送线系统。当被分拣物品进入轮子时，根据分类指令，高速旋转的浮动轮子迅速上浮，把来自主线的物品抬起，在浮动轮子的引导下分流到分类输送线上。浮出式分拣机要求物品不能太高太窄，否则易于倾侧。

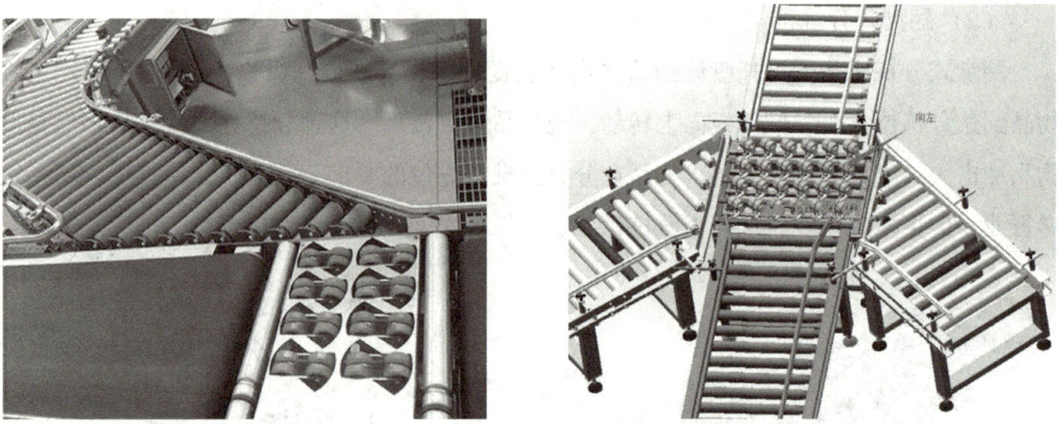

图 3-25　浮出式分拣机

（5）滑块式分拣机

滑块式分拣机是一种特殊形式的条板输送机，如图 3-26 所示。输送机的表面由金属条板或管子构成，如竹席状，而在每个条板或管子上有一枚用硬质材料制成的导向滑块，能沿条板作横向滑动。平时滑块停止在输送机的侧边，滑块的下部有销子与条板下的导向杆联结，通过计算机控制，当被分拣的货物到达指定道口时，控制器使导向滑块有序地自动向输送机的对面一侧滑动，把货物推入分拣道口，于是商品就被引出主输送机。滑块式分拣机是将商品侧向逐渐推出，并不冲击商品，商品不容易损伤，对分拣商品的形状和大小适用范围较广，是目前国外一种最新型的高速分拣机。

图 3-26　滑块式分拣机

（6）条板倾斜式分拣机

条板倾斜式分拣机是一种特殊型的条板输送机，如图 3-27 所示。商品装载在输送机的条板上，当商品行走到需要分拣的位置时，条板的一端自动升起，使条板倾斜，将商品移离主输送机。商品占用的条板数量随不同商品的长度而定，被占用的条板数如同一个单元，同时倾斜，因此，这种分拣机在一定范围内不受商品长度的限制。

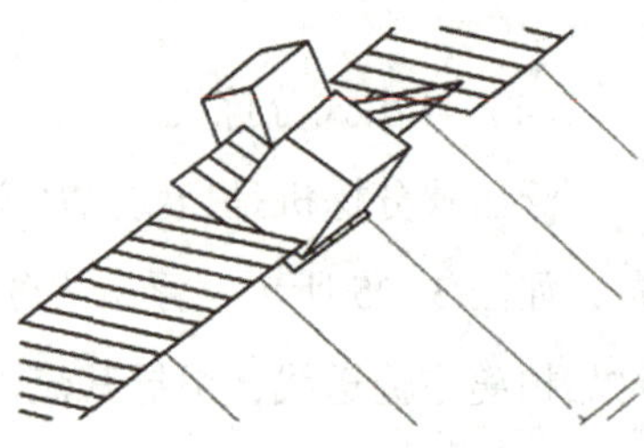

图 3-27　条板倾斜式分拣机

2. 自动分拣系统的构成

在大型物流配送系统中，仅仅依靠人工分拣是无法完成大规模的分拣工作的，为了提高分拣效率和准确率，提高服务水平，节省劳力和工作时间，广泛采用自动分拣系统，如图 3-28 所示。

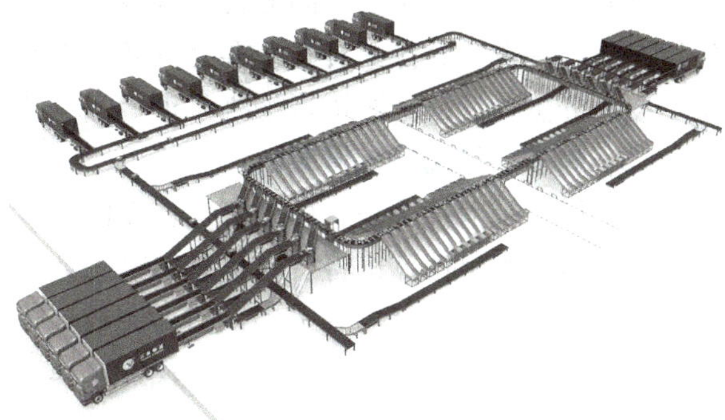

图 3-28　自动分拣系统

自动分拣系统一般由七部分组成，即收货输送机、分拣指令设定装置、送喂料输送机、合流装置、分拣卸货道口、分拣输送机、计算机控制器。

（1）收货输送机

货物经检验后，送入分拣系统，采用多条输送带组成的收货输送机系统，以供卡车同时卸货。这些输送机多使用滚筒输送机，具有积放功能，即当前面的货物遇阻时，后继货物下面的滚道自动停转，使货物得以在滚筒输送机上暂存，解阻后自动继续前进。

（2）分拣指令设定装置

通常在待分拣货物上贴有到达目的地标记的标签，或在包装箱上写上收货方的代号，以表明货物到哪个道口分拣，并在进入分拣机前，先由信号设定装置把分拣信息（如配送目的地、客户名等）输入计算机中央控制器。在自动分拣系统中，通过人工键盘输入、声控方式、激光自动阅读物流条码、计算机程序控制等方式把分拣信息转变成分拣指令。

（3）送喂料输送机

货物在进入某些自动分拣机前，先经过送喂料机。送喂料机的主要作用有两个：一是依靠光电管的作用，使前后两个货物之间保持一定的间距，均衡地进入分拣传送带；二是使货物逐渐增加到分拣机主输送机的速度。

（4）合流装置

大规模的分拣系统因分拣数量较大，往往由 2~3 条传送带输入被拣物品，它们在分别经过各自的分拣信号设定装置后，经过合流装置。合流装置由滚筒式输送机组成，能让到达汇合处的货物依次通过。

（5）分拣卸货道口

分拣卸货道口是用来接纳分拣机构送来的被拣货物的装置，形式各种各样，主要取决于分拣方式和场地空间。一般采用斜滑道的方式，其上部接口设置动力滚道，把被拣商品“拉”入斜滑道。有些自动分拣系统使用的分拣斜滑道，在不使用时可以向上吊起，以便充分利用分拣场地。

（6）分拣输送机

分拣输送机是自动分拣机的主体，包括货物传送装置和分拣机构两部分。货物传送装置的作用就是要把被拣货物送到指定的拣道口位置，分拣机构负责把被拣货物推入分拣道口。

（7）计算机控制器

计算机控制器主要负责向分拣机的各个执行机构传递分拣信息，是控制整个分拣系统的指挥中心。自动分拣的实施主要靠计算机控制器把分拣信号传送到相应的分拣道口，并指示启动分拣装置，把被拣货物推入道口。分拣机的控制方式通常采用脉冲信号跟踪法。

二、电子标签辅助拣货系统

电子标签辅助拣选是一种计算机辅助的无纸化拣货系统，其原理是在每一个货位安装数字显示器，利用计算机将订单信息传输到数字显示器内，拣货人员根据数字显示器所显示的数字拣货，拣货完成后按确认钮即完成拣货工作，也叫作电子标签拣货。

在这种拣货方式中，电子标签取代拣选单，在货架上显示拣选信息，以减少“寻找货品”的时间。分拣动作仍由人力完成。电子标签是很好的人（拣选员）机（计算机）界面，计算机负责烦琐的拣选顺序的规划和记忆，拣选员只需依照计算机指示执行拣选作业。电子标签上有一个小灯，灯亮标示该货位的货品是待拣货品。电子标签可显示拣选数量。如此，拣选员在货架通道行走，看到灯亮的电子标签就停下来，并按显示数字来拣取该货品所需的数量。电子标签设备主要包括电子标签货架、信息传送器、计算机辅助拣选台车、条码、无线通信设备等。

根据拣货模式的不同，电子标签辅助拣货系统可以分为两类。

（一）摘果式电子标签拣货系统

摘果式电子标签拣货系统（Digital Picking System，DPS）就是利用电子标签实现摘果法出库的系统，如图 3-29 所示。首先要在仓库管理中实现库位、品种与电子标签的对应。出库时，出库信息经由系统处理并传到相应库位的电子标签上，显示出该库位存放货品需出库的数量，同时发出光、声音信号，指示拣选员完成作业。DPS 使拣选员无须费时寻找库位和核对商品，只需核对拣货数量即可，因此在提高拣货速度、准确率的同时，降低了人员劳动强度。采用 DPS 时可设置多个拣货区，以进一步提高拣货速度。

图 3-29 摘果式电子标签拣货系统

（二）播种式电子标签拣货系统

播种式电子标签拣货系统（Digital Assorting System，DAS）是利用电子标签实现播种式分货出库的系统，如图 3-30 所示。DAS 中的储位代表每一个客户（各个商店、生产线等），每一个储位都设置有电子标签。拣选员通过条码扫描把将要分拣货物的信息输入系统，下订单客户的分货位置所在的电子标签就会亮灯，发出蜂鸣，同时显示出该位置所需分货的数量，拣选员可根据这些信息进行快速分拣作业。因为 DAS 是依据商品和部件的标识号来进行控制的，所以每个商品上的条码是支持 DAS 的基本条件。当然，在没有条码的情况下，也可用手工输入的办法。

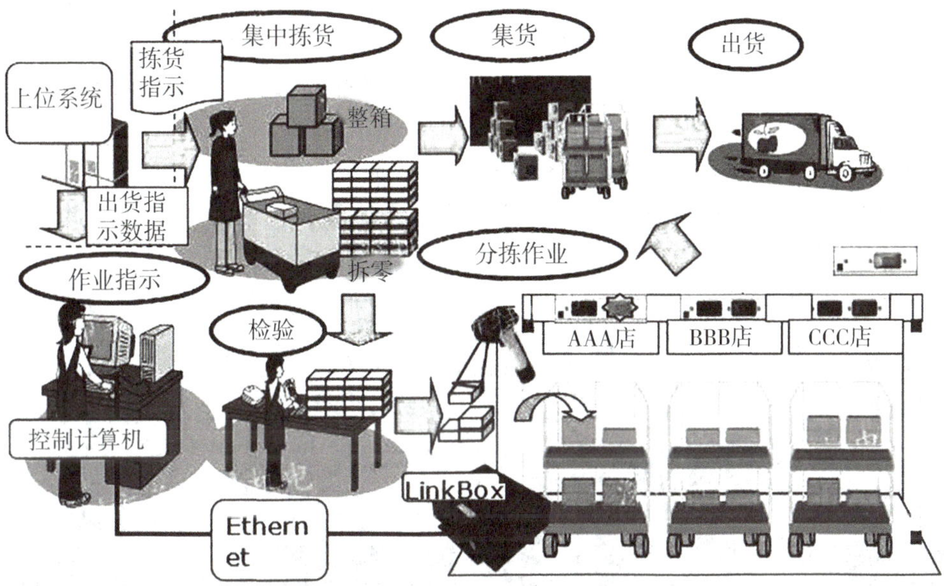

图 3-30　播种式电子标签拣货系统

案例 3-3

基于高速自动分拣的迪卡侬配送中心

法国迪卡侬（DECATHLON）是全球最大的体育用品零售商，以优越的产品、亲民的价格，深得广大消费者青睐，业务增长势头强劲。

迪卡侬公司由 Michel Leclercq 先生于 1976 年创立，第一家商场位于法国北部城市恩洛斯。公司的使命是为每一种体育运动项目制造出最好的产品。在迪卡侬的卖场内，平均陈列着涉及 60 多个运动项目的、超过 35000 种体育用品。其中，90%的产品来自迪卡侬旗下自有运动品牌。降低成本、不断提高性价比，是迪卡侬一贯秉持的原则。

2008 年，迪卡侬集团加入 Oxylane 集团，其定位是全球体育用品的设计者、品牌缔造者和运动用品零售商，集研发、设计、品牌、生产、物流及销售于一体。Oxylane 集团为迪卡侬连锁零售业务提供整体供应链与物流服务。Oxylane 的欧洲物流网络分为两级：国际仓库和区域仓库。国际仓库作为货品的中央储存地；区域仓库则为专卖店提供货品配送服务，库存量极少或没有库存。

随着业务规模持续扩大，产品种类不断增加，如何既提升物流效率，又实现成本效益的目标，成为迪卡侬面临的巨大挑战。

一、客户需求

当时，迪卡侬已在全球17个国家或地区拥有610家连锁店，分别位于法国、西班牙、意大利、中国、波兰和葡萄牙等地。

迪卡侬20世纪90年代初就进入意大利，第一家店开设在米兰附近的Baranzate。迪卡侬在意大利的物流网络与零售网络共同发展，其位于米兰、博洛尼亚和卡塞塔的3个区域仓库，分别服务于意大利的北部、中部、南部和岛屿区域。

为了实施综合供应链计划，以更好地支持产品销售，有效重组人力资源，让客户享受更高标准的服务，迪卡侬决定在欧洲启动新的物流改善项目。经过研究多个配送中心解决方案后，迪卡侬选择德马泰克作为合作伙伴，一起设计并实施基于高速分拣系统的自动化解决方案。

Oxylane集团要求德马泰克设计并制造一种分拣机，为迪卡侬提供订单处理与发货支持。这种分拣机适用于每一个仓库，所有分拣机要使用相同的操作界面和软件控制系统，如图3-31所示。

图3-31 迪卡侬物流中心全景图

二、解决方案

德马泰克为迪卡侬规划并建成了基于分拣机的自动化配送解决方案，如表3-1所示。在其意大利的3个区域仓库（以及位于法国的4个仓库和西班牙的两个仓库）中，除了那些不适用于标准包装的异形、笨重和庞大的货品，所有货品均采用自动分拣的方式。

位于卡塞塔的仓库是新建仓库，因此德马泰克需要为收货区设计、制造一种纸箱分拣机，连接到伸缩输送机，检查到货的数量以及是否匹配ASN。分拣机还按照处理区域（分拣、非分拣、运输和储存）来划分货品，并按照目的地门店对纸箱进行分拣。

位于博洛尼亚和米兰的仓库也使用了上述设备，如表3-1所示。在按照目的地进行货品分拣之前，还增加了一台分拣机、一台输送机和一台打码及贴标机。

表 3-1　意大利 3 个区域仓库的分拣机概况

卡塞塔：252 个滑槽
博洛尼亚：384 个道口，192 个滑槽
米兰：420 个道口，210 个滑槽
所有分拣系统均配备 2 个导入区，每个导入区有 3 个货品导入点

三、作业流程

三个区域仓库需要处理大量的货品，主要作业流程如下：首先，作业人员对送来的货品进行分类，无法用分拣机处理的货品被直接送到配送区，并不入库；其他所有货品都由分拣机自动处理。随后，货品从大型存储区或者从分拣区发出。这两个区域的商品先集中送到订单整合区，在此将每个门店的不同订单箱整合在一起。作业人员对商品进行复核，确保与订单相符后，货品装车配送。

每一个仓库的分拣系统的日均商品处理量约为 4 万个订单。自动分拣系统的处理流程如下：

第一步，等待拆零的货品装在不同大小的纸箱中，放置于高度 1.8 米的货架上。控制系统将待配送的订单分为多个分拣波次。在每一个分拣波次，特定区域中工作的多名员工，挑选出专卖店订单要求的货品数量，将货品放在周转箱中，送至分拣机的导入区。在这里，提升机将周转箱提升到合适的高度，一名员工会逐一扫描各个货品的条形码，再将其放入分拣机的托盘上。

第二步，货品进入分拣机的环形系统内。分拣系统中每个逻辑分区的标准处理量为 6500 件/小时。如果同时使用两个导入区对应两个逻辑分区，可以将处理量提高一倍。“分拣系统逻辑”允许托盘使用两次。分拣机的控制软件允许对订单进行动态分配，从而使迪卡侬运用分拣波次来处理比分拣机滑槽数量高出 20%的订单量。

第三步，分拣机滑槽处的员工检查纸箱是否装满，并为每个纸箱贴上与门店和订单对应的条形码。WMS 系统基于这些信息完成订单处理。纸箱到达贴标机地点后，被自动粘贴发货标签。随后，纸箱经过发货分拣系统进入发货暂存区。在暂存区，一个门店的订单箱成组放置在同一个托盘上，准备装车配送。

迪卡侬在超过 25 个门店使用了货品陈列演示系统，有助于缩短货品上架所需时间，从而使员工有更多的时间服务顾客和销售商品。

（资料来源：德马泰克中国．基于高速分拣的迪卡侬配送中心［J］．物流技术与应用，2020（01））

案例思考

1. 自动化分拣系统的特点及优势是什么？
2. 随着社会智能化进程的快速推进，思考物流企业应该具备哪些智能设备。

任务四 自动化立体仓库

一、什么是自动化立体仓库

自动化立体仓库又称立库、高层货架仓库、自动化仓库，是用高层立体货架储存自动化立体货物，用自动控制的巷道堆垛起重机存取货物，通过周围的机械设备搬运货物，用计算机控制和管理，进行自动出入库存取作业的仓库，如图 3-32 所示。自动化立体仓库通常应用于大型生产企业的原材料及成品库、大型流通中心、配送中心等场所，也广泛应用在烟草、医药、汽配、电子产品等行业。

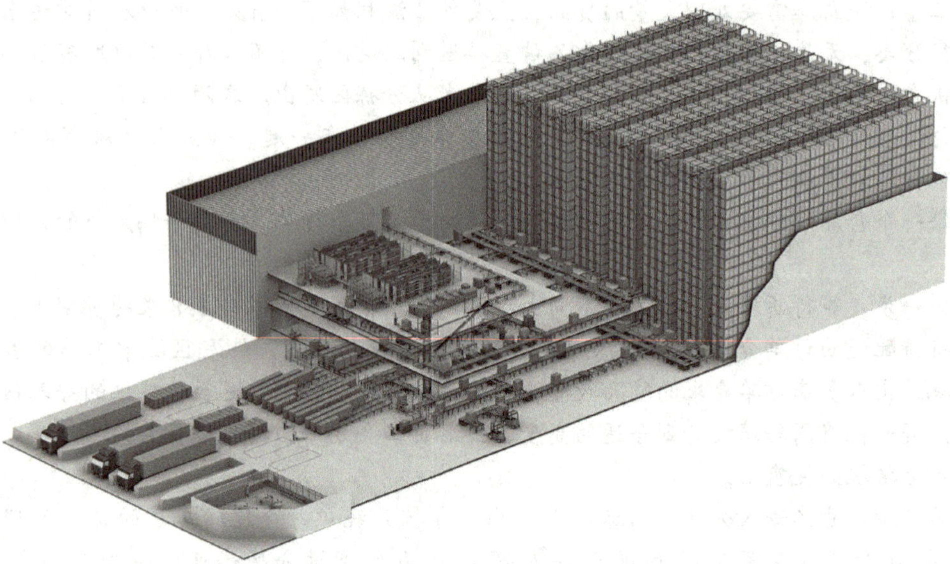

图 3-32 自动化立体仓库

二、自动化立体仓库的优势

自动化立体仓库是当前技术水平较高的储存方式，在现代物流仓储活动中，发挥着相当重要的作用。自动化立体仓库的主要优势体现在：使用高层立体货架储存货物，大大提高了仓库单位面积的空间利用率；实现自动化存取作业，提高了劳动效率，降低了劳动强度；有效利用仓库的储存能力，周转快，库存少，降低了库存成本；能够满足特殊仓储工作环境下的要求；提高了作业质量，确保了仓库作业水平和储存安全及可靠性；采用计算机控制和管理，便于系统整体优化，减少了信息处理的差错。

三、自动化立体仓库的构成

自动化立体仓库是由高层货架、巷道堆垛机、AGV、出入库托盘输送机系统、尺寸检测条码阅读系统、通信系统、自动控制系统、计算机监控系统、计算机管理系统以及其他如电线电缆桥架、配电柜、托盘、调节平台、钢结构平台等辅助设备组成的复杂的自动化系统。运用一流的集成化物流理念，采用先进的控制、总线、通信和信息技术，通过以上设备的协调动作进行出入库作业。

四、自动化立体仓库的常见设备

（一）高层货架

高层货架是自动化立体仓库的主要组成部分，是保管物料的场所，如图 3-33 所示。高层货架的高精度是自动化仓库的主要保证之一。随着单元货物重量和仓库高度的提高，要求货架立柱、横梁的刚度和强度提高；随着仓库自动化程度的提高，要求货架制造和安装精度也相应提高。

高层货架按建筑形式可分为整体式和分离式两种。

1. 整体式

整体式高层货架是指货架除了储存货物，还作为建筑物的支撑结构，构成建筑物的一部分，即库房和货架形成一体化结构。这种仓库结构重量轻，整体性好，抗震效果好。

2. 分离式

分离式高层货架中储存货物的货架在建筑物内部独立存在。它适用于利用原有建筑物作库房，或在厂房和仓库内单建一个高层货架的场所。

图 3-33　高层货架

（二）巷道堆垛机

巷道堆垛机是由叉车、桥式堆垛机演变而来的一种机器设备，是立体仓库中最重要的起重运输设备。巷道堆垛机的主要作用是在高层货架的巷道内来回穿梭运行，将位于巷道口的货物存入货格或取出货格内的货物运送到巷道口。

1. 巷道堆垛机的分类

（1）按结构分类

巷道堆垛机按结构可分为单立柱型巷道堆垛机和双立柱型巷道堆垛机。

单立柱型巷道堆垛机的机架结构是由一根立柱、上横梁和下横梁组成的一个矩形框架，结构刚度比双立柱型堆垛机差，适用于起重量在两吨以下，起升高度在 16 米以下的仓库，如图 3-34 所示。

双立柱型巷道堆垛机的机架结构是由两根立柱、上横梁和下横梁组成的一个矩形框架，结构刚度比较好，质量比单立柱型巷道堆垛机大，适用于各种起升高度的仓库，一般起重量可达 5 吨，必要时还可以更大，可高速运行，如图 3-35 所示。

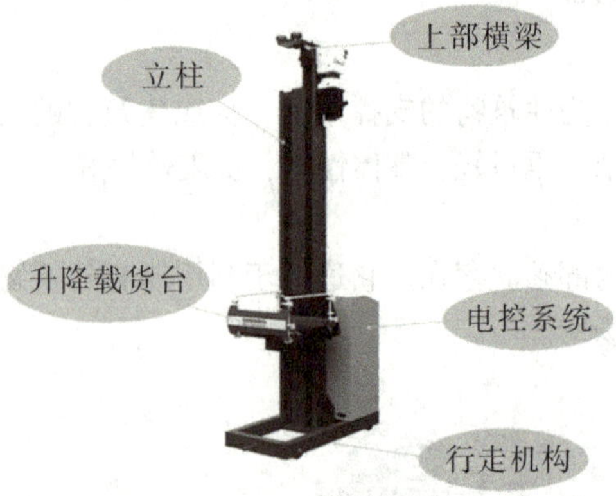

图 3-34 单立柱型巷道堆垛机

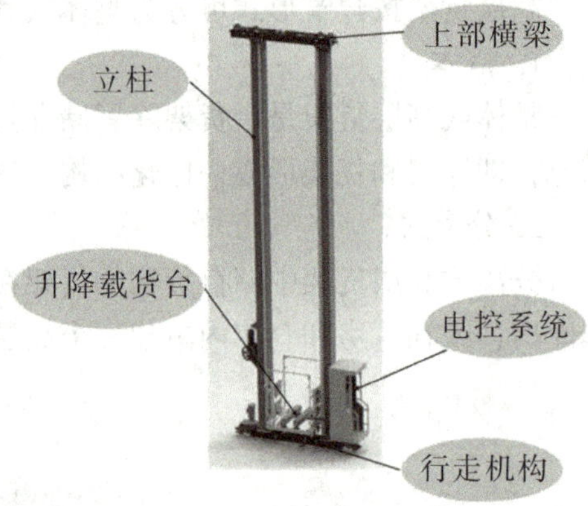

图 3-35 双立柱型巷道堆垛机

（2）按支撑方式分类

巷道堆垛机按支撑方式可分为地面支承型巷道堆垛机和悬挂型巷道堆垛机。

地面支承型巷道堆垛机的支承在地面铺设的轨道上，用下部的车轮支承和驱动，上部导轮用来防止堆垛机倾倒，机械装置集中布置在下横梁，易保养和维修，如图 3-36 所示。这种堆垛机应用广泛，适用于各种高度的立体仓库和起重量较大的仓库。

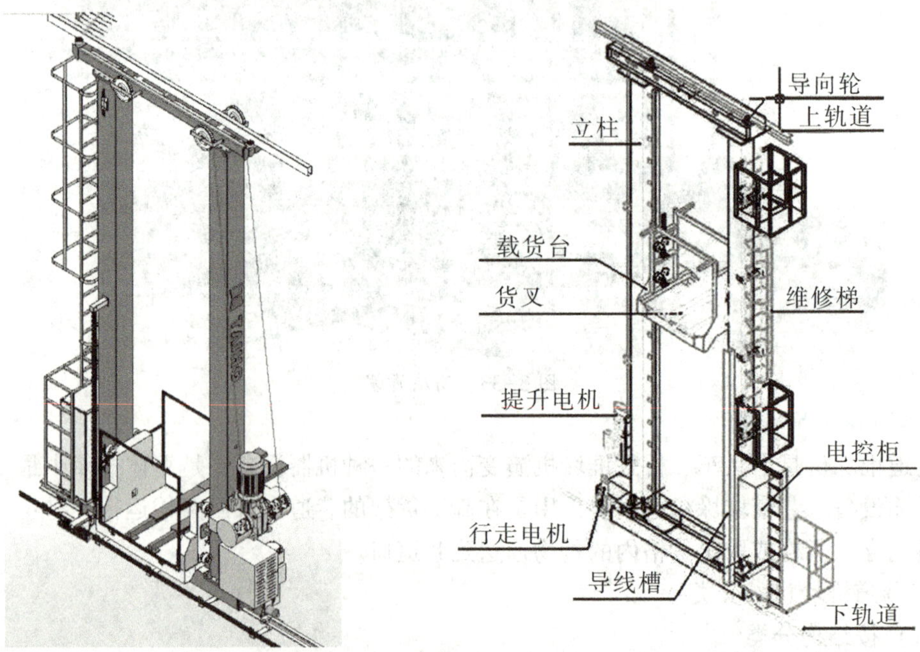

图 3-36 地面支承型巷道堆垛机

悬挂型巷道堆垛机在悬挂于仓库屋架下弦装设的轨道下翼沿上运行，在货架下部两侧铺设下部导轨，防止堆垛机摆动。这种堆垛机适用于起重量和起升高度较小的小型立体仓库，便于转巷道，但使用较少。

2. 巷道堆垛机的组成

巷道堆垛机通常由机架、起升装置、运行机构、载货台、存取货机构、电气装置、安全保护装置等组成。

（1）机架

机架是巷道堆垛机的主要承载部件，由立柱部件、上横梁部件和下横梁部件组成。用冷拉扁钢作升降导轨，耐磨性好，抗弯抗扭强度大。上、下横梁部件与立柱间通过法兰用高强度螺栓连接，使整个机架牢固结实。

（2）起升装置

起升装置是使载货台做垂直运动的装置，由电动机、制动器、减速器、链轮或柔性件等组成。常用的柔性件有钢丝绳和起重链等。用钢丝绳做柔性件，质量轻，噪声小，工作安全；用起重链做柔性件，结构比较紧凑，起升速度应备有低挡低速，主要用于平稳停准和取放货物时货叉和载货台作极短距离的升降。

（3）运行机构

运行机构是巷道堆垛机水平运动的驱动装置。常用的运行机构有地面行走式的地面支承型、上部行走式的悬挂型和货架支承型。地面支承型用2~4个车轮在地面的单轨或双轨上运行，立柱顶部设有导向轮。上部行走式采用四个车轮悬挂于屋架下弦的工字钢下翼缘行走，在下部有水平导轮。货架支承型上部有四个车轮，沿着巷道两侧货架顶部的两根导轨行走，在下部也有水平导轮。

（4）载货台

载货台是货物的承载装置。一般的堆垛机上都有存取货装置；对于拣选式堆垛机，载货台上不设存取货装置，只放置盛货容器。载货台上部有存取货装置、操作室、升降认址装置、起升导向轮装置和货物位置异位检测装置等。

（5）存取货机构

存取货机构是堆垛机存取货物的执行机构。存取货机构装在载货台上，采用三级直线差动式伸缩货叉，由上叉、中叉、下叉及起导向作用的滚针轴承等组成，以减少巷道的宽度且使之具有足够的伸缩行程。

（6）电气装置

电气装置由电动驱动装置和自动控制装置组成。巷道堆垛机一般由交流电动机驱动，如果调速要求较高，就采用直流电动机驱动。控制装置有手动、半自动和自动三种方式，其中自动控制包括机上控制和远距离控制两种方式。手动和半自动控制的堆垛机适用于中、小规模的仓库，远距离控制的堆垛机适用于出入库频繁、规模大的仓库，特别适合低温、有毒、黑暗等特殊环境的仓库。

（7）安全保护装置

巷道堆垛机在双高双窄的巷道内高速运行，为了确保人身和设备的安全，就必须配备完善的硬件和软件安全保护装置，其中起升过载保护装置就是当载货台上承受的载荷超过最大或最小允许值时使用。

3. 巷道堆垛机的特点

(1) 作业效率高

巷道堆垛机是立体仓库的专用设备，具有较高的搬运速度和货物存取速度，可在短时间内完成出入库作业。

(2) 提高仓库利用率

巷道堆垛机自身尺寸小，可伸缩式货叉减小了对巷道的宽度要求，可在宽度较小的巷道内运行，同时适合高层货架作业，可提高仓库的利用率。

(3) 自动化程度高

巷道堆垛机可实现远程控制，作业过程无须人工干预，自动化程度高，便于管理。

(4) 结构设计好

巷道堆垛机机架重量轻，抗弯、抗扭刚度高；起升导轨精度高，耐磨性好，可精确调位。

(5) 稳定性好

巷道堆垛机具有很高的可靠性，工作时具有良好的稳定性。

(三) AGV

AGV 是自动导引搬运车的英文简称，是装有自动导引装置，能够沿规定的路径行驶，在车体上具有编程和停车选择装置、安全保护装置以及各种物料移载功能的搬运设备，如图 3-37 所示。

图 3-37 AGV

1. AGV 的常见类型

根据 AGV 自动行驶过程中的导航方式，AGV 可分为以下几种类型。

(1) 电磁感应引导式 AGV

电磁感应引导式 AGV 一般是在地面上，沿预先设定的行驶路径埋设电线，当高频电流流经导线时，导线周围产生电磁场。AGV 左右对称安装有两个电磁感应器，利用电磁感应原理，通过检测电磁信号的强度，引导车辆沿埋设的路线行驶，如图 3-38 所示。它们所接收的电磁信号的强度差异可以反映 AGV 偏离路径的程度，AGV 的自动控制系统根据这种偏差来控制车辆的转向，连续的动态闭环控制能够保证 AGV 对设定路径的稳定自动跟踪。电磁感应引导式导航方法在绝大多数商业化的自动导向车系统上使用，尤其适用于大中型的 AGV，这种导向方式可靠性高，但是对地面的平整度要求高，改变运行路径困难。

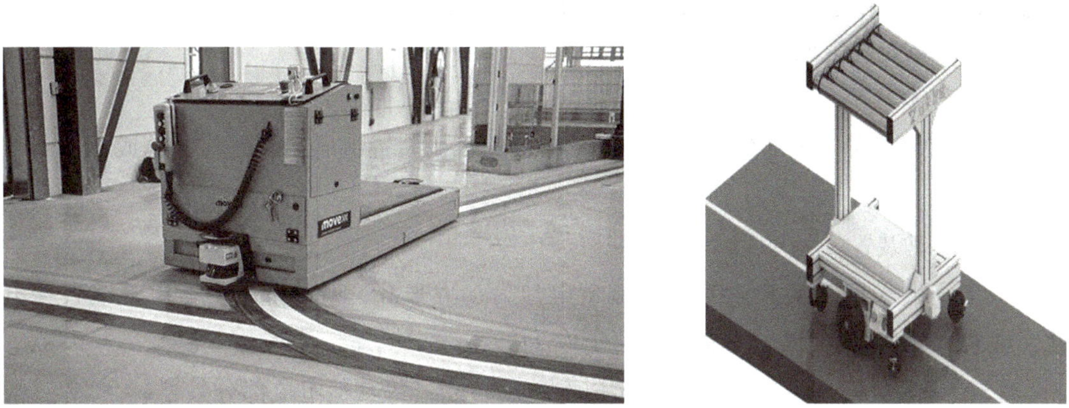

图 3-38 电磁感应引导式 AGV

（2）激光引导式 AGV

激光引导式 AGV 上安装有可旋转的激光扫描器，在运行路径沿途的墙壁或支柱上安装有高反光性反射板的激光定位标志，AGV 依靠激光扫描器发射激光束，然后接受由四周定位标志反射回的激光束，车载计算机计算出车辆当前的位置以及运动的方向，通过和内置的数字地图进行对比来校正方位，从而实现自动搬运，如图 3-39 所示。

激光引导式 AGV 的导向与定位精度较高，且提供了任意路径规划的可能性，但成本高，传感器和发射或反射装置的安装复杂，位置计算也复杂。现在，这种 AGV 的应用越来越普遍。依据同样的引导原理，若将激光扫描器更换为红外发射器或超声波发射器，则激光引导式 AGV 可以变为红外引导式 AGV 和超声波引导式 AGV。

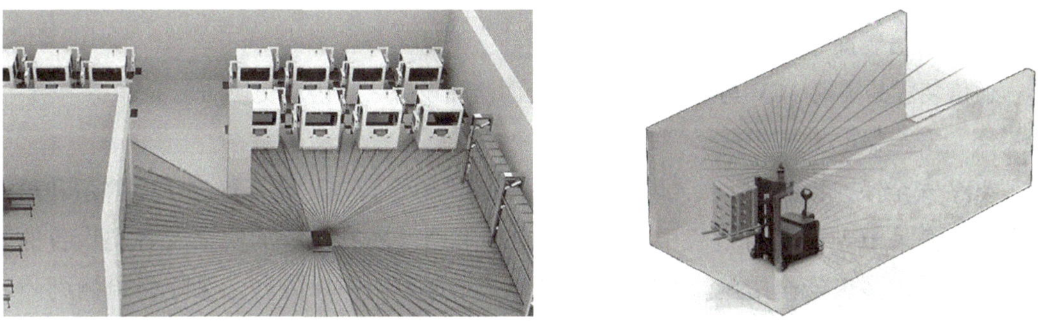

图 3-39 激光引导式 AGV

（3）视觉引导式 AGV

视觉引导式 AGV 是正在快速发展和成熟的 AGV，如图 3-40 所示。在 AGV 上装有 CCD 摄像机和传感器，在车载计算机中设置有 AGV 欲行驶路径周围环境图像数据库。AGV 在行驶过程中，摄像机动态获取车辆周围环境图像信息并与图像数据库进行比较，从而确定当前位置并对下一步行驶做出决策。

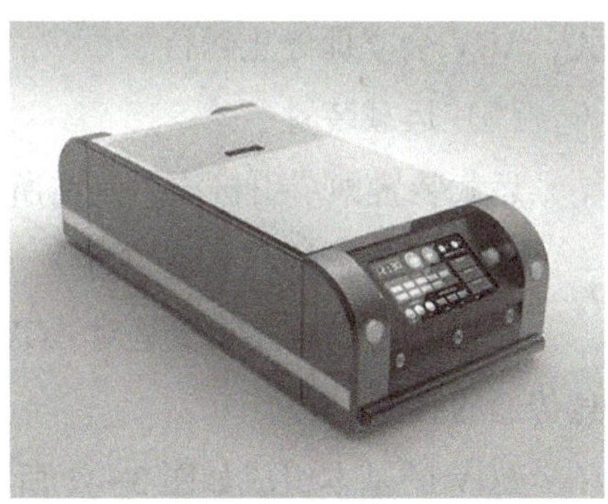

图 3-40 视觉引导式 AGV

这种 AGV 由于不要求人为设置任何物理路径，因此在理论上具有最佳的引导柔性。随着计算机图像采集、储存和处理技术的飞速发展，该种 AGV 的实用性越来越强。

2. AGV 的结构组成

（1）车体

车体是 AGV 的主要部分，由车架以及相应的机械装置组成，也是其他总成部件安装的基础。

（2）驱动装置

AGV 一般采用 24V 和 48V 的直流蓄电池为动力来源。通常采用铅酸电池或者锂电池，锂电池可以自动充电，充满电便可工作 24h。

车轮、制动器、减速器、驱动电机以及速度控制器等其他组成部分是控制 AGV 正常运行的装置。它的运行指令是由计算机或者人工控制、遥控控制发出的，AGV 的运行速度以及方向、制动的调节也都是由计算机控制的。为了安全，在断电时制动装置能依靠机械实现制动。

（3）导向装置

通过磁导传感器、地标传感器等接受和导引系统的方向信息，通过导引、地标传感器等实现 AGV 前进、后退、出站、分岔等动作。

（4）控制器

控制器是接受控制中心的指令同时执行相应的指令，将自身的状态、位置和速度等及时反馈至控制中心。

（5）通信装置

通信装置是实现 AGV 与地面控制站和地面监控设备之间信息交换的装置。

（6）安全保护装置

AGV 安全保护装置包括激光障碍探测、机械式柔性安全防撞、行走声光警示和障碍报警。为确保 AGV 在运行过程中的自身安全，特别是现场人员的安全及各类设备的安全，AGV 采取多级安全措施。AGV 设有接触式传感器——保险杠，保险杠检测到障碍物，受到一定的压力后将报警并控制 AGV 停止；AGV 设有急停开关，任何时间按下开关，AGV 会立即停止运行。

（7）运载装置

运载装置即牵引机构，是与所搬运货物进行直接接触，实现货物运载的一种装置。

（8）信息传输与处理装置

信息传输与处理装置是对 AGV 所处地面状态进行监控并与地面的控制站进行实时信息传递的装置。

AGV 的基本组成如图 3-41 所示。

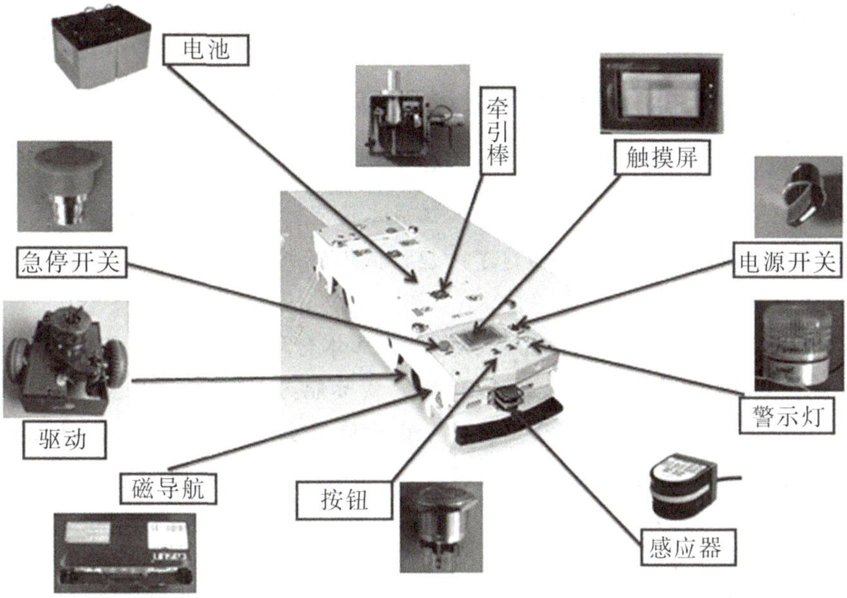

图 3-41　AGV 的基本组成

3. AGV 主要技术参数

(1) 额定载重量

额定载重量是 AGV 所能承载货物的最大重量。AGV 自重是指 AGV 自身与电池加起来的总重量。

(2) 车体尺寸

车体尺寸是指车体的长、宽、高外形尺寸，它应该适应所承载货物的尺寸、通道宽度以及移载动作的要求。

(3) 停位精度

停位精度是指 AGV 到达目的地并准备自动移载时所处的实际位置与程序设定位置之间的偏差值，是确定货物移载方式的主要依据。不同的移载方式对停位精度有不同的要求。

(4) 最小转弯半径

最小转弯半径是指 AGV 在空载低速行驶，偏转程度最大时，瞬时转向中心到 AGV 纵向中心线的距离，是转弯时弯道的最小曲率半径，决定着 AGV 在弯道运行时所需空间。

(5) 运行速度

运行速度是指 AGV 在额定载重下行驶时所能达到的最大速度，决定着 AGV 的作业周期和搬运效率。

(6) 工作周期

工作周期是指 AGV 完成一次工作循环所需时间。

案例 3-4

海尔集团自动化立体仓库的由来

海尔集团公司分析发现，在整个生产过程中，最受制约的就是仓储，就是原材料和零部件的仓储和配送，所以在国内人们因为人工成本便宜，地皮又大而质疑立体仓库的效果时，海尔选择在青岛海尔信息园里面建了一座机械化的立体仓库，在黄岛开发区建了一座全自动的立体仓库。

海尔的黄岛立体仓库有9168个标准托盘位，立体仓库的建筑高度是16米，放货的高度可达12.8米，每天进出的托盘达到1200个，实际能力是1600个。5400平方米立体仓库取代了原来65000平方米的外租仓库，而且由于使用了计算机系统，管理人员从原来的300多人减少为48人。通过减少外租仓库的租金、外租仓库到车间的来回费用，节省工人工资，加起来一年是1200万元。

海尔在计算机系统里设定了物料的库存量，比如说只允许放7天的料，超过7天不让进，相对来说使整个库存量下降，于是自动化立体仓库降低了物料的库存。

自动化立体仓库深化了企业物流系统的规划。海尔要求所有的分供方按照标准化的模式送货，所有的送货形式都是标准化的托盘、标准的周转箱。以往都是纸箱，纸箱的坏处在于产品的零部件容易压坏，上线的时候还要倒箱，多次倒箱增加了人工拣选，保证不了产品的质量。现在采用统一的产品包装，从分供方的厂里到海尔的生产线，整个过程不用倒箱。对车间也是一样，以往车间是脏、乱、差，使用标准箱之后，全部是叉车标准化作业。立体仓库对两方都产生了有利的作用，不但有利于分供方，而且对海尔内部的整个物流推进也很重要。

立体仓库还具有灵活性和扩展性。刚开始设计立体仓库的目的只是存放空调，实行计算机系统管理以后，只占很少的库容，于是公司马上把冰箱、洗衣机、电脑全部放进去，一下减少了这些厂的外租仓库，效果非常明显。

（资料来源：海尔物流和立体库，泛普软件，https://www.fanpusoft.com/free/ckgl/63623.html）

案例思考

1. 什么是自动化立体仓库？
2. 自动化立体仓库由哪些部分构成？

任务五 智慧仓储"黑科技"

一、智能仓储机器人

（一）智能仓储机器人的概念

智能仓储机器人是指应用在仓储环节，可通过接受指令或系统预先设置的程序自动执行货物转移、搬运等操作的机器装置，如图3-42所示。智能仓储机器人在传统AGV的基础上进行改良和升级，其性能更好，支持更多种、更先进的导航方式，如二维码导航、激光导航、SLAM 导航（Simultaneous Localization and Mapping，同步定位与建图）等。特别是 SLAM 导航可以实现完全无轨、路径自由，大大提升了智能仓储机器人的灵活性。除此之外，智能仓储机器人还有强大的后台系统支持，并且支持多机器人配合作业、路径规划、自主导航，无须人工干预即可完成自动拣选、搬运、分拣等仓库作业。

图 3-42　智能仓储机器人

（二）智能仓储机器人的特点

1. 系统优势明显

（1）项目实施速度非常快，交付周期短

通常三个月内即可完成项目部署，现场安装调试简单。这对于电商等业务发展较快的行业来说是巨大的优势。

（2）系统灵活性强

智能仓储机器人系统可根据业务需要随时增减机器人的用量，实现系统的灵活部署与扩展，货架布局同样可以根据商品拣选频率实现灵活调整。

（3）投资低、回报周期短

人工成本及管理成本的大幅降低使得整个项目投资回报周期较传统自动化项目更短。

2. 解决方案多样化

（1）Kiva 机器人“货到人”解决方案

Kiva 机器人，是亚马逊在 2012 年斥资 7.75 亿美元收购 Kiva systems 公司的机器人项目，这家公司专注于如何利用机器人在仓库里完成网上大量的订单派发工作。这种机器人解决方案是目前供应商最多、应用最多、最为主流的解决方案，即机器人将订单商品从所在货架运送至拣选站，由机器人代替人工操作在仓库中拣货。这不仅大大节省了人力，同时可有效提高效率和准确率。由于机器人需要潜入货架底部，因此该方案对机器人的导航精准度要求较高。

（2）“订单到人”解决方案

Kiva 机器人自推出后，因搬运能耗高而受到业界的诟病，“为了喝一口牛奶，把整只奶牛搬过来了”是对这种问题的形象阐述。为了提升商品搬运的精准度、节约运力、减少无效物流，需要仓储机器人能够搬运更小的库存单元而不是整个货架，从而进一步提高系统效率，降低运营成本。

因此，在 Kiva 机器人之后，国内外出现了以货箱或订单箱为运载单位的“货到人”或“订单到人”的仓储机器人解决方案，即货架固定，由机器人替代作业人员进行长距离行走，拣选人员在一定区域内作业。

（3）其他组合解决方案

如 Star 系统拣选解决方案。2017 年，该系统因获得世界 500 强办公文具巨头史泰博公司（Staples，Kiva 的第一个用户）的大额国际订单而备受行业关注。新一代仓储机器人解决方案 Star 系统主要面向 SKU 数量大的整进零出仓库，根据货物被拣频率对仓库进行智能分区，采用“人到货”+“货到人”的方式，“动静结合”履行订单拣选流程，在商品搬运效率、机器人存取效率、系统拣选效率等方面均优于 Kiva 系统，能广泛适应现代仓库的拣选需求，如图 3-43 所示。目前，Star 系统在 Staples 的仓库中已经完全实现了对 Kiva 系统的升级替代，将在 Staples 全美超过 50 个仓库陆续上线。

图 3-43　Star 系统拣选场景

（三）几种代表性新型智能仓储机器人

1. 京东飞马机器人

京东飞马机器人采用 SLAM 导航，可以实现无轨自主移动，最高速度可达到 3 米/秒，如图 3-44 所示。

图 3-44　京东飞马机器人

该系统的具体作业流程为：在接到拣选任务后，飞马机器人按照仓库布局自动规划最优路径，前往目标商品区域；拣货员根据指令将货品放置在机器人自带的货筐内；飞马机器人按照系统指示将货筐送至传输带，并且继续执行下一次任务。为了保证系统的高效流畅运行，飞马后台系统可以进行大量的机器人的实时调度，还可以实现任务动态分配，提高拣选效率。从实际效果来看，采用飞马机器人系统可以节省作业人员40%左右的行走距离。该系统应用于京东“亚洲一号”仓库，适用于中、小件仓的入库上架、拣选、合流及搬运场景。

目前，很多仓储机器人已经具备了人员跟随、障碍闪避等功能，飞马机器人也能够根据实际拣选需求实现“车随人走”，并且不需要人工佩戴跟踪设备，而是通过应用飞马机器人系统对跟随人员进行视觉识别，实现机器人的“实时响应”。

2. Star系统

Star系统是基于GRACE平台开发出的一套完整的创新物流解决方案，可同时调度超过1200台机器人高效运行，实现系统自动对接、订单需求分析、最优任务指派、路径规划等功能。

Star系统由CartAGV、PickingAGV两款机器人及相关控制软件组成，PickingAGV是典型的“订单到人”解决方案，一个Picking AGV一次可以搬运五个货箱，如图3-45所示。经实际运行效果测算，它的综合效率（包括单车效率、站台拣货效率、坪效）较Kiva机器人有显著提升，同等拣货效率下的系统整体运营成本更低，并且仓库面积越大，效果越明显。

图3-45　Star系统中的CartAGV和Picking AGV

3. S20机器人

S20机器人是Geek+针对自动分拣场景打造的国内首款不需要钢平台的分拣产品，可节省30%~40%的成本，如图3-46所示。

图3-46　S20机器人

S20机器人本体搭配较高的辊道载具，可直接将包裹传送到笼车之中。

该系统非常灵活，既可助力人工分拣效率提升，也可作为全自动化分拣系统实施，同时，进一步降低了智能仓储机器人的部署实施难度，减少工程量及成本，并且标准化程度高，施工周期短，20天即可完成整套系统的上线。

4. 快仓智能分拣机器人

快仓智能分拣机器人分为大皮带和小皮带两种，可以实现边走边投，满足大小包裹的快速、高效的分拣需求。

据快仓市场部总监介绍，与交叉带式分拣机相比，快仓智能分拣机器人系统解决方案具有实施周期短、改造成本低、高灵活性、可扩充等特点，通过以人工智能算法为核心的智能调度及路径规划，可同时调度近千台机器人，其处理能力每小时最高可以达到 1.5 万件。快仓智能分拣机器人如图 3-47 所示。

图 3-47 快仓智能分拣机器人

目前，该方案已经在中国邮政分拣中心实现了落地使用，处理的邮件类型覆盖鞋服、食品、体育用品（分类标准不同）等，分拣效率可达到 1.2 万件每小时。主要流程为：包裹经输送线进入分拣区，由快仓小型皮带机器人自动接收包裹，经扫描称重机获取信息，并且按照指令将包裹投入指定笼车，再由小型搬运机器人将满载的笼车送到封包区/总包供包区。基于良好的应用效果，未来该物流中心还将进一步扩大机器人的应用规模。

案例 3-5

让仓储机器人“爬货架”，打造全自动化仓储系统

1. Exotec 公司机器人仓储系统三模块分析

Exotec 致力于通过三维移动机器人和配套设施，为电商和零售行业打造全自动化的仓储系统。整个系统由三个主要模块组成：仓储机器人 Skypod、货架、站点，如图 3-48 所示。

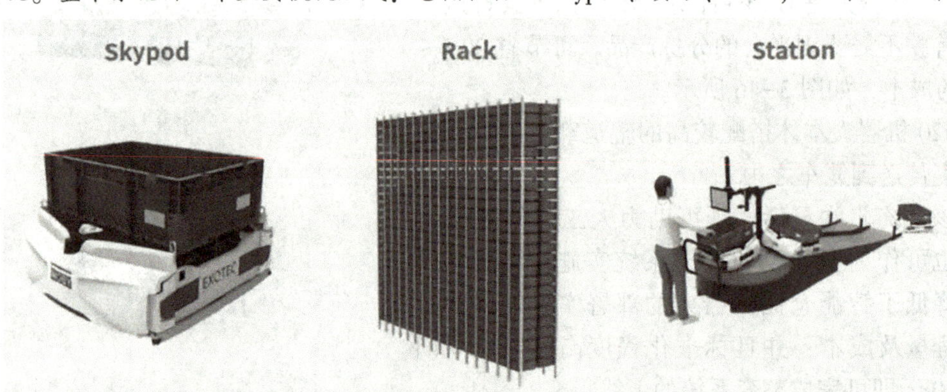

图 3-48 自动化仓储系统模块

Skypod是仓储系统的运输员，可以负载30千克的重量，除了可以在地面移动，还可以攀爬货架，并从其中的某一层中取出货物搬运。Skypod将取到的货物运送到固定站点，工作人员取走货物，Skypod返回继续搬运。货架中的货物存放在高度20~30厘米的标准盒子中，货架高度可达10米，如图3-49所示。

图3-49　仓储机器人"爬货架"

2. 整套自动化仓储系统

Skypod通过Wi-Fi通信，支持1000台组网。客户可以根据仓储规模和搬运频次，灵活扩充机器人和货架数量。Exotec联合创始人兼首席技术官Renaud Heitz表示："我们借助AI和数据运算使我们的产品非常灵活，我们的系统可以和客户一起成长。如果订单增加15%，我们可以轻松地将15%的机器人添加到现有的系统中。"如图3-50所示。

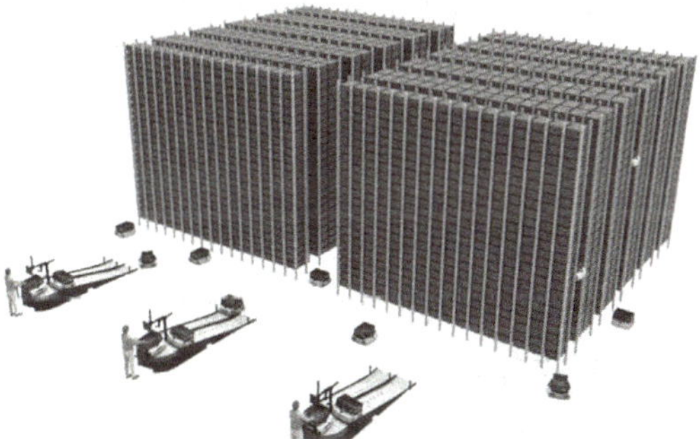

图3-50　整套自动化仓储系统

（资料来源：法国Exotec公司爬货架的三维移动仓储机器人系统 https://www.sohu.com/a/271360827_757817）

案例思考

为什么说自动化仓储系统可以和客户一起成长？

二、无人仓

无人仓作为自动化仓储系统的发展方向和目标，有很长一段时间都停留在概念阶段，而随着京东和菜鸟网络的大力投入，无人仓技术取得了重大突破，正式进入落地实施阶段。事实上，无人仓里的大部分物流技术设备早就开始应用，并非无人仓专属或为其专门研发的，而是基于已有的物流设备、物流软件及系统的功能增强、拓展或补充得来的。

无人仓所需技术主要包括以下几个方面。

（一）自动化立体仓库（AS/RS 系统）

一套集存储和拣选功能于一体的自动化立体仓库是无人仓的主要组成部分，可以进行自动存取和拣货。

目前，以 Miniload（箱式自动化立体仓库）、多层穿梭车技术为代表的“货到人”（包括机器人）技术是最高效、成熟的自动化立体仓储解决方案。多层穿梭车又分为单通道作业的单向穿梭车系统和可以多通道同时作业的四向穿梭车系统。由于可以跨通道作业，解决作业节奏不均衡等问题，四向穿梭车系统的应用越来越广泛。

（二）机器人

在无人仓中，各种类型、功能的机器人将取代人工成为主角，如 AGV 自动搬运机器人、码垛机器人、拣选机器人、包装机器人等。就连自动化立体仓库中的穿梭车也可以看作搬运机器人的一种。

这些机器人以最高的效率昼夜不歇地在无人仓内作业，完成货物搬运、拣选、包装等工作。其因自动化程度高、实施周期短、灵活性强等特点，成为越来越多无人仓自动化仓储解决方案的选择。对于替代人工作业效果最为显著的无人仓机器人，也得到越来越广泛的应用，如图 3-51 所示。

图 3-51 京东无人仓机器人

（三）输送系统

输送系统如同整个无人仓的血管，连通着机器人、自动化立体仓库等物流系统，实现货物的高效自动搬运。

相比较自动化立体仓库和机器人系统而言，输送系统技术更趋成熟。只不过在无人仓里，输送系统需要跟拣选机器人、码垛机器人等进行有效的配合，同时为了保证作业的准确性，输送线也需要配备更多的自动检测、识别、感知技术设施。除此之外，还有输送线两侧的开箱、打包机器人等，这些新增加的智能设备都需要与输送系统进行有效的衔接和配合，如图 3-52 所示。

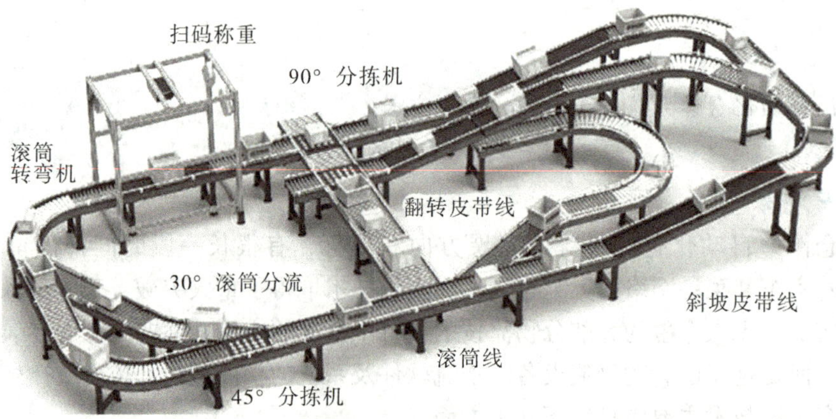

图 3-52 输送系统

（四）人工智能算法与数据感知技术

这是无人仓的大脑与神经系统。机器人之间、机器人与整个物流系统之间、机器人与工人之间的紧密配合、协同作业，都必须依靠功能强大的软件系统操纵与指挥。

其中，数据感知技术和人工智能算法是重中之重。在无人仓模式下，数据将是所有动作发生的依据。数据感知技术如同机器的“眼睛”，通过将所有的商品、设备等信息进行采集和识别，并且迅速将这些信息转化为准确有效的数据上传至系统，系统再通过人工智能算法、机器学习等生成决策和指令，指导各种设备自动完成物流作业。

基于数据的人工智能算法需要在货物的入库、上架、拣选、补货、出库等各个环节中发挥作用，同时要随着业务量及业务模式的变化不断调整优化作业。因此，算法是无人仓技术的核心与灵魂所在。

尽管无人仓的实现在诸多方面还存在技术难点需要克服，但很多人相信无人仓将成为行业发展的必然趋势。从几大电商的动作不难看出，无人仓已不再是纸上谈兵的空想，而是逐渐走出实验室开始落地实施的战略计划。无人仓技术将迎来快速发展，未来虽远，但终会来临。

三、增强现实技术

（一）增强现实的概念

增强现实（Augmented Reality，AR）就是通过为真实的环境增加一层计算机生成的信息，从而对物理现实进行信息的扩展。

增强现实技术不仅是一个简单的显示技术，也是一种人机互动的新形式。它为你看到的所有实物增加额外的有价值的信息，将真实世界的信息和虚拟世界的信息“无缝”集成，目标是在屏幕上实现虚拟世界与现实世界的互动。

增强现实技术包含了多媒体、三维建模、实时视频显示及控制、多传感器融合、实时跟踪及注册、场景融合等新技术与新手段。它不仅展现了真实世界的信息，而且将虚拟的信息显示出来，两种信息相互补充、叠加。

用户利用头盔显示器或AR眼镜，把真实世界与电脑图形多重合成在一起，便可以围绕着它看到真实的世界；将虚拟的信息应用到现实世界，为人类感官所感知，从而达到超越现实的感官体验。

图3-53 用AR技术辅助修理汽车

应用举例：小强的车在上班途中发生了故障，以前他只能打救援电话，并且等待救援。但有了AR技术之后，小强只要戴上AR眼镜，启动汽车修理程序，然后把眼镜对准了汽车，AR眼镜一边检查汽车，一边告诉小强应该如何来行动。小强用10分钟就让汽车重新启动了，这就是增强现实技术，如图3-53所示。

（二）增强现实技术在物流中的应用

物流行业的关键点在于仓（仓储）、干（干线运输）、配（终端配送）、网（物流网络）的四位一体。以下从这四个方面对 AR 技术在物流行业中的应用进行分析。

1. AR 技术在仓储中的应用

随着科技的不断变化，以及市场环境的不断变动，仓库需要持续地做一些规划方面的改进，以满足商业的需求。我们习惯了用 CAD 或 Sketchup 来设计仓库，但它们效率低，而且有时候设计的东西在仓库里会摆放不下。在 AR 技术的帮助下，AR 工程师带着相关设备在仓库里面直接进行布局的调整，调整结束后可直接形成三维仓库模拟图纸，仓库的设计效率会有极大的提升。

在仓库作业中，最难的点在于拣货和复核。因此，我们可以在拣货作业中看到很多技术的应用。拣货的技术从按纸质拣货单拣货到无线射频枪拣货、电子标签拣货、语音拣货，AR 技术的使用使目光拣货成为可能，同时解决了语音拣货中因口音问题而不能成功拣货的困难。

AR 技术通过箭头导航到相应的拣选货位，然后准确显示需要拣选的数量，在完成拣选后确认完成拣货，使工作流程变得很简单。AR 技术使拣选的效率大大提升，使拣选的错误率大大降低，如图 3-54 所示。

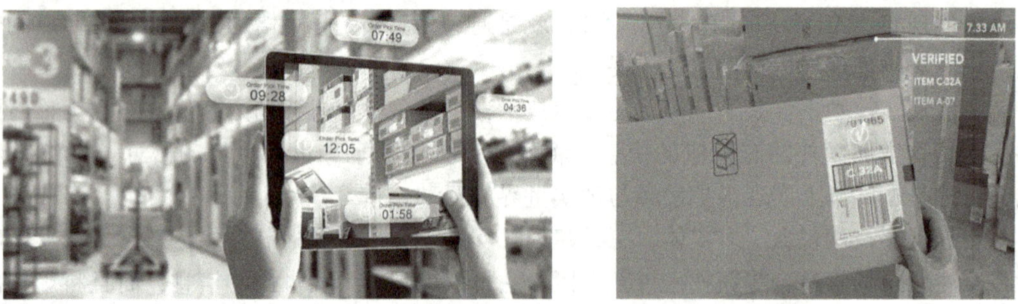

图 3-54 AR 技术在仓储中的应用

2. AR 技术在干线运输中的应用

运输装载过程需要两个重要的决策，一是运输的配载，二是根据运输的线路决定装载的先后顺序。AR 技术和后台运算可以优化运输的配载和装载的先后顺序。

在待装载区域有很多货物，AR 技术可以帮助装卸人员确定货物应该装载至哪辆卡车中，同时能够帮助装卸人员决定托盘装载的先后，这样可以提高人员的装卸效率和准确率。

3. AR 技术在终端配送中的应用

在运输过程中，通过 AR 技术实现司机的行进路线及配送路线的优化，实时显示路况，并且能够为司机导航。

快递员每次从几百个包裹中寻找一个送达点的包裹，都会让人觉得困难重重。有了 AR 技术，只需要戴着 AR 眼镜，通过包裹中的标签，用 AR 技术去识别哪个包裹属于该送达点，这可以提高快递员的配送效率。

4. AR 技术在物流网络中的应用

当 AR 技术应用到物流网络中后，眼镜上的摄像头可以不间断地扫描所有可见的二维码或条码，并且以3D图层的方式显示其信息。例如，这是什么货物、什么时间入库的、最终要送到什么地方去、急需程度有多高等。所有图层的前后显示位置均可以由眼镜佩戴者调整。

四、AR技术赋能教学之仓储规划与设计

（一）AR智慧仓储规划平台介绍

为了让仓储规划与设计的学习过程更加灵活、更具展示性、效果更突出，某公司引入国内最前沿的AR交互技术和多屏互动技术，研发出一套匹配仓储规划系统的新产品——AR智慧仓储规划平台，将2D的仓储设计进行实时3D还原，并且增强了交互设计。

该系统主要有以下三个部分。

1. 虚拟仿真交互触控台

虚拟仿真交互触控台运用AR技术，由虚拟现实引擎、感知识别模块、AR模块、触摸交互系统和信息处理系统等核心部分组成，打破常规教学中使用鼠标键盘等传统且复杂的操作方式，而使用手势触控或令牌识别交互完成操作，提升教学的趣味性和便捷性，如图3-55所示。

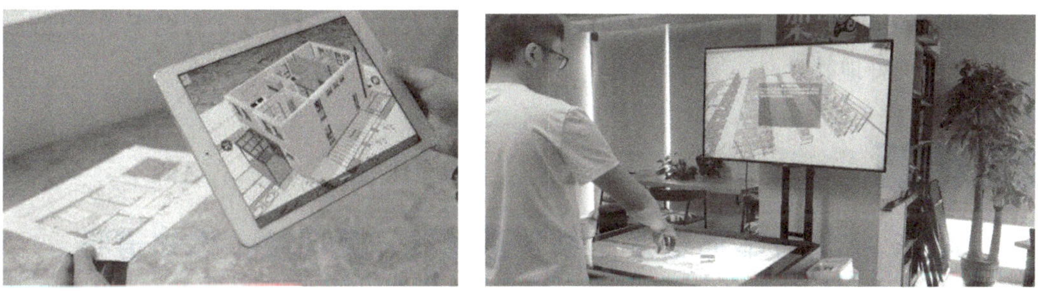

图3-55　虚拟仿真交互触控台

2. 仓储规划系统

仓储规划系统以仓储布局规划和设计学习为目标，运用B/S架构进行研发，学生可依据需求运用该系统完成平面的仓库规划设计，包括仓库中区域设计、货架设备设计和作业动线设计等。设计完成，系统根据各个环节中学生的真实布局情况，给出布局成绩，使学生及时了解自己所设计仓库的作业效率。保存自己设计的仓储布局平面图，系统会自动上传至服务器，以供教师进行查看或使用AR智慧仓储规划平台进行三维仿真还原，促进师生之间关于设计的教学互动。

3. AR智慧仓储规划平台

基于虚拟仿真交互触控台所研发的AR智慧仓储规划平台能够将2D平面仓储设计图按照实际尺寸，1∶1还原成逼真的3D仓库，并且具备设计结果实时评价功能，使得仓储布局的结果不再是一张图纸，而是一个逼真的、可交互并自由浏览的三维仓库。该产品可以满足教学中的仓储规划平面图绘制的需求，进行仓储区域设计、货架货位设计、作业动线设计、设计效果评估，不仅可以将绘制好的平面图实时三维还原，而且能以第一视角在设计完成的仓库中进行漫游和修改编辑，便于教师在课堂上讲授仓储布局规划的内容，最大化地满足仓储教学课堂中的各种需求。

（二）AR 智慧仓储规划平台的优点

1. 实时设计建模

实时设计、实时建模，将 2D 平面仓库设计图 1∶1 还原为真实 3D 仓库，在设计优化的过程中，实时评估设计规划的效果。

2. 表现更加直观

打破了传统教学模式中只能从图纸中学习仓库布局知识的局限性，使学生能够在三维空间中更直观地感受仓储布局中晦涩难懂的知识点，获得更深刻的理解。

3. 场景逼真还原

学生向教师提交设计方案，教师可以直接查看学生提交的项目数据，并且通过场景还原功能查看方案的真实布局情况，方便教师了解学生对于学习内容掌握的程度。

4. 多个实用案例

产品内置多个来自企业的真实设计案例，供教师教学和学生学习使用，教师可对案例内容进行修改，以达到更好的教学目标。

5. 简易人性化设计

使用触控屏幕的方式即可操作交互，实用且简易人性化的操作方式有助于学生更好地学习，教师更好地教学。

案例 3-6

AGV 拣货方案那么多，哪种最省钱、最高效，你知道吗

仓储管理在物流管理中占据着核心地位。传统的仓储管理中存在数据采集靠手工录入或条码扫描，工作效率较低；库内货位划分不清晰，堆放混乱不利收敛；实物盘点技术落后，导致常常账实不符；人为因素影响大，差错率高，增加额外成本；缺乏流程跟踪，责任难以界定等问题。通过智慧物流，加大装备技术升级力度，提升自动化水平，实现机器替代人的战略，可以有效解决仓储物流管理的现存痛点。其中 AGV 小车是智能化物流仓库中必不可少的工具。

在现代化仓储中使用 AGV 拣货进行货物上架前，先要根据货物的大小、重量、数量、频次、车辆载重、库房空间、立体库还是密集库、多少件合成一包、追溯到件还是追溯到批进行规划，选择适当载重的 AGV 和数量。同样的空间不同的方案可能相差几十倍的价格。

AGV 拣货的常见方案

人工上货方案：这种方式是目前在中国是性价比优的一种、AGV 小车代替叉车+人工的搬运，上货还需要用到人的眼睛、手、脑。

AGV +机械臂方案：这个看起来很酷，但是不太实用。因为机械臂占用了大量的重量，占用了电源，目前从载重比来说，这个方案不划算。此方案适用于实在不想让人进去的地方，比如核辐射、比如高压、高危。

AGV+码垛机器人方案：通过码垛机器人与 AGV 小车组合起来，实现各工序间的搬运

和调度。这方案适合自动化程度高，有立体仓库、穿梭车、物流皮带线、链条线、辊式输送线等大批量生产企业。

AGV 自带顶升（挂载）方案：亚马逊、京东等物流仓储中心都是用这种模式，通过顶升 AGV 顶起货架从而实现“货到人”的分拣方式，大大提高仓库拣选效率，减少理货人员。

AGV 与超低自由度的滑道方案：德国很多工厂里面采用的是这个方式，用滑道和 AGV，组成一个迷宫一样的柔性生产线。比较适合小批量、多品种，需要分拣，需要定位的场所，通常配合比较高精度的多点定位系统。

AGV 智能拣货与传统拣货模式的区别

技术方面

机器人是科技发展的典型代表，涉及传感器技术、计算机技术、通信技术、人工智能等各领域的先进技术。技术方面，AGV 机器人存在着明显的优势，AGV 机器人具有智能、自动化程度高、灵敏、安全等优势，相比之下，传统的拣货模式就显得比较落后了。

效益方面

除此之外，在效益方面，传统的拣货模式也是无法与 AGV 相比的。AGV 机器人的拣货模式为“货到人”，由 AGV 机器人将货物搬到人或者固定点，实现了货移动，人不动，跟传统的“人到货”拣货模式相比，在效率上翻了几番。AGV 智能拣货大大地降低了工作人员的移动距离，极大程度地提高了工作效率，大幅度降低了劳动强度，在存储密度、节省人力等方面拥有突出优势。

对人的依赖方面

传统的拣货模式需要大量的拣货人员，对人的依赖性很大，每逢节假日业务量高峰期，都要招聘大量的临时拣货人员，并且在作业效率上大打折扣。相比之下 AGV 智能拣货，自动将商品送到拣选人员前，并且 24 小时连续作业，节省了大量的人力，在很大程度上减少了对人的依赖。

智能仓储中，拣货作业的速度和质量对配送中心的作业效率起决定性的作用，因此如何提高拣货效率越来越受到企业的关注。订单准确率和空间利用率得到众多企业青睐。随着 AGV 行业的快速发展，相信在未来的不久，AGV 机器人不仅会影响智能仓储、制造业的等领域，还会影响到更多的领域，其应用还会更加广泛。

总结

未来 AGV 无人搬运不只是简单地把货物搬运到指定的位置，而是要把大数据、物联网、云计算等贯穿于产品的设计中，让 AGV 搬运机器人成为一种实时感应、安全识别、多重避障、智能决策、自动执行等多功能的新型智能工业设备。目前，AGV 搬运机器人已经被应用在各行各业，取代传统的低效率高成本人工搬运。

（资料来源：搜狐网，https：//www. sohu. com/a/548207254_ 121302875）

案例思考

1. AGV 拣货的常见方案有哪几种？
2. AGV 智能拣货与传统拣货模式的区别在哪里？

项目实训

实训 1

项目名称：不同类型仓库的调研。

实训目的：通过对不同类型仓库的调研，了解常见仓库的特点、构成和应用情况。

实训器材：计算机、互联网。

实训指导：通过互联网搜集常见仓库的使用和管理维护情况。

实训报告：写一篇不同类型仓库的管理和应用情况的调研报告。

实训 2

项目名称：自动分拣设备的选择与维护。

实训目的：了解自动分拣设备的基本组成和工作原理，掌握自动分拣设备工作过程。

实训器材：计算机、互联网。

实训指导：通过互联网搜集自动分拣设备的选择和管理维护情况。

实训报告：写一份自动分拣设备的选择与维护实训报告。

实训 3

项目名称：货物的仓储作业。

实训目的：通过货物的上架和下架操作，了解常见货架的选择和实际应用情况。

实训器材：多种货物、货架、堆高车、叉车。

实训指导：按照分好的小组，由组长组织讨论，可以针对不同物资选择对应的货架，并对货物进行上架和下架的操作。

实训报告：写一份关于不同货物仓储作业的工作总结报告，描述不同货架的使用情况及货物上架和下架时出现的问题与作业注意事项。

项目检测

一、单项选择题

1. （　　）可供叉车驶入通道存取单元托盘货物。

A. 组合式货架　　B. 贯通式货架　　C. 移动式货架　　D. 旋转式货架

2. （　　）是指物品从有坡度的高端存入，物品靠重力沿无动力辐柱滑道下滑，低端取货。

A. 重力式货架　　B. 组合式货架　　C. 移动式货架　　D. 旋转式货架

3. (　　) 是一种底部带轮且整体移动的货架。

A. 组合式货架　　B. 重力式货架　　C. 移动式货架　　D. 旋转式货架

4. (　　) 在 AGV 上装有 CCD 摄像机和传感器，在车载计算机中设置有 AGV 欲行驶路径周围环境图像数据库。

A. 激光引导式　　B. 电磁感应引导式

C. 光学检测式　　D. 视觉引导式

5. 按货架的可动性分类，可分为固定式货架、移动式货架、(　　)、组合货架、可调式货架和流动存储式货架等。

A. 封闭式货架　　B. 旋转式货架

C. 敞开式货架　　D. 固定式货架组合式

6. 自动分拣机的主体是 (　　)。

A. 喂料输送机　　B. 分拣卸货道口

C. 计算机控制器　　D. 分拣输送机

二、填空题

1. 仓库按经营性质可分为________、________和________。
2. 旋转式货架一般可分为________和________。
3. 重力式货架适宜于________的储存。
4. ________仓库为单层的建筑结构，但总高度甚至高于一般楼库，自动化程度较高，存货能力较强。
5. 巷道堆垛机按其支撑方式可分为________和________。
6. 电子标签拣货系统可以分为________和________。
7. 使前后两货物之间保持一定的间距，均衡地进入分拣传送带的部件是________。

三、简答题

1. 仓库有什么功能？
2. 仓库按保管方式分有哪些种类？
3. 货架的功能有哪些？
4. 简述仓库中常用货架的种类及各自特点。
5. 自动化立体仓库有哪些优势？
6. 什么是分拣？常用分拣设备有哪些？
7. 自动分拣系统主要由哪几部分组成？

拓展阅读

篷房仓库解决雨季仓储问题

现在很多企业的仓库使用临时建筑，因为长期在户外使用避免不了恶劣天气的影响，尤其是雨季较多的地区。还可以使用篷房仓库吗？其实是可以的，只是在后期设计上有着不同的区别。篷房仓库采用模块化搭建，速度快，采用优质的 PVC 材质篷布作为墙体，可有效防水，用于雨季较多的地区。在前期设计的时候可以运用排水措施——排水阴沟、排水窨井，对于积水可以采用混凝土防水墙、PVC 防水沙袋、防水坡道等方法，可以有效地避免暴雨带来的危害。

篷房仓库储存易潮的物品一定要注意防潮，要采用通风的设计，有多种方法可以选择，例如山墙通风窗、山墙百叶窗、屋脊通风窗等，以满足企业货物特性的通风需求。也可以采取在斜梁上打防水胶、四周做 10 厘米左右的防水墙等防水措施，保障货物正常储存。

思考：结合所学知识和当地物流常见仓库类型，在仓储设施与设备上还应进行哪些方面的改进，才能使之更适应当地物流和货物特点，以维持和促进当地物流仓储的进一步发展？

课程案例

粮食安全与中国粮食储备系统

根据最新的人口普查结果来看，全国人口总数为 14 亿 1178 万人，依然稳坐世界第一。面对如此庞大的人口数量，保证粮食安全就显得尤为重要。那么，我国是如何为 14 亿多人储备粮食的？国内的储备粮究竟能吃多久？中国的仓储设施又采用了哪些高科技呢？

警钟常敲，“永恒课题”时刻在心

悠悠万事，吃饭为大。解决好十几亿人口的吃饭问题，始终是关系国计民生的一个重大问题。粮食安全，事关国计民生。党的十八大以来，习近平总书记考察调研足迹几乎遍及全国的主要农区。我们常常能看到他深入田间地头，察粮情、问粮事。在考察调研中，习近平总书记反复强调保障粮食安全的重要意义。

习近平总书记反复强调，粮食多一点少一点是战术问题，粮食安全是战略问题。“看看世界上真正强大的国家、没有软肋的国家，都有能力解决自己的吃饭问题。”习近平总书记强调，保障粮食安全是一个永恒的课题，任何时候都不能放松。

中国粮食储备系统

2008 年，我国的主食大米的价格甚至被炒到 4 倍，幸运的是，那年我们有着充足的储备粮补贴，因此国内很快就基本稳定了大米的价格。可以说，我国通过惊人的粮食储备量，打下了一场漂亮的攻防战。这种成绩得益于我们国家有一套完备的粮食储备体系，它被人们划分为中央储备和地方储备。

1990 年，国家建立了粮食专项储备制度，并成立了专门的管理机构——国家粮食储备局。专项储备制度的建立，使中国粮食储备体系中第一次包括了专门用于调节市场供求和平抑年际粮食波动的后备储备。

现阶段粮食储备体系包括四个部分：战略储备（“506”）；备荒储备（“甲子粮”）；后备储备（专项储备）；周转储备（商品储备）。

国家储备粮油所有权、动用权属于国务院，未经国务院批准，任何地区、部门、单位

和个人都不准擅自动用。国家储存在各地的储备粮油，必须服从国务院统一调度。

我国储备粮体系的承储主体是政府组建的中央储备粮管理总公司和地方政府建立的国家储备粮承储企业，投资主体是中央、地方政府，储备成本较高。但包括社会企业、农民在内的社会储备粮成分非常缺乏，或者说还没有列入国家储备的计划系列之内，社会投资于国家储备的比例还非常低。

国家粮食储备体系由国家、省、市、县四级构成，基本以原粮为主。

中储粮总公司的管理分为两个模式，一个是中储粮总公司自己建设的粮库，为直属粮库，这在全国有若干个，以及负责其管理的若干个分公司；另一个模式是委托省、市、县原有粮食系统管理，这有严格的资格审查程序。中央储备粮由国家粮库保存，具体调配由国家发改委和国家粮食和物资储备局负责，业务管理由中储粮总公司负责。

中国的储备粮到底能吃多久？

虽说我国并没有对外公开储备粮的具体数量，不过根据相关资料来看，2018年，全国上下算起来标准粮食仓房的仓容达到6.7亿吨，简易仓容约为2.4亿吨，也就是说，总计库存有9.1亿吨。这种空间，即便只装满1/3，也足够14亿多人每人领200多千克粮食回家。

从相关的统计结果来看，每人每年实际算下来需要消耗掉425千克左右的粮食，其中直接拿来吃的不足一半，剩下的那些部分大多用来养殖或是用于工业加工材料。在这种背景下，国内的粮食储备看上去很富足也很够用了，不过国家对粮食储备这件事依旧很慎重。

按照全球的标准来看，一个国家的粮食储备量大约是当年粮食消费总量的18%。也就是说，倘若一个国家一年里，消费的粮食总量为10亿吨，这意味着，他们的政府这一年里，需要储备1.8亿吨的粮食。然而，我国却没有按照这样的标准，事实上，我们的粮食储备比例近乎是世界标准的2倍。

以广东省为例，光是地方粮食的储备量就达到1075万吨之多，倘若以1亿多广东人每天都会消费5万吨粮食来计算，这里的地方储备粮就够人们撑200多天。依此类推，全国各省份的地方储备粮加上中央储备粮，其数量肯定是惊人的。所以，我们的“大国粮仓”面对突发危机的处理能力是老百姓不用担心的。

图3-56　粮食储备设施和设备

粮食仓储

那么，面对这数量庞大的储备粮，我国又是如何管好“大国粮仓”的呢？那些仓储设施又长啥样呢？随着新一代信息技术的发展，云计算、物联网、大数据等不断应用于粮食存储之中，为粮食的存储提供科技助力，成为维护国家粮食安全的重要屏障。

从目前情况来看，在中央储备粮库里，人们能看到这里广泛使用了电子测温、机械通风、氮气气调以及内环流控温等先进的储粮技术，它们的存在能够帮助人们确保粮食的营养以及保鲜度，从而落实向“吃得放心”转变，如图 3-56 所示。

中储粮集团公司的新闻发言人曾表示，曾经人工开仓通风这种事，我们需要用上 40 分钟，而现在人们只需要坐在办公室里，短短一分钟就能够操控 20 个以上的大型粮仓。

（资料来源：腾讯网，中国的储备粮到底能吃多久？我国又是如何为 14 亿多人储备粮食的？https：//new. qq. com/rain/a/20210531a08qxq00）

项目四

装卸搬运设备

【项目目标】

知识目标

- 掌握装卸搬运设备的含义，了解装卸搬运设备的作用、分类情况及类型特点；
- 了解起重设备的含义、作用、结构及工作特点；
- 了解输送设备的概念、特点、性能、结构及工作原理；
- 了解叉车的含义、作用、技术参数、特点及应用情况；
- 了解最新的智能搬运设备及安全操作知识。

能力目标

- 能掌握装卸搬运设备的作用，正确识别和选择不同类型的装卸搬运设备；
- 能掌握起重设备的作用及特点，正确识别和选择不同类型的起重设备；
- 能掌握常见输送设备的结构及工作原理，正确选用和使用常见的输送设备完成货物的输送作业；
- 能掌握叉车的作用及特点，正确识别和选择不同类型的叉车；
- 能掌握智能搬运设备的应用。

素质目标

- 让学生认识到知识具有反复性、无限性、上升性，要求学生与时俱进、开拓创新，在实践中认识和发现真理，在实践中检验和发展真理。

【导入案例】

无人叉车——智能物流之利器！

在中国推进智能制造大背景下，智能物流已成为制造企业迈向无人化、智能化转型的有效途径之一。“无人叉车”作为工业自动化物流的主要实现方式，被广泛应用在重复性搬运、搬运工作强度大、工作环境恶劣、环境要求高的领域。

什么是无人叉车？

“无人叉车”又称“叉车AGV”，是一种智能工业车辆机器人。无人叉车作为现代物流自动化和柔性制造的关键设备，是智能物流的应用热点。无人叉车融合了叉车技术和AGV技术，通过加载各种先进导引技术、构图算法、嵌入式车体软件、安全避让技术等，能够实现车辆的自动导引、搬运与堆垛功能，进而实现了叉车的无人化作业。通过无人叉车的应用可以解决工业生产过程中物流量大、人工搬运劳动强度高等问题。基于多无人叉车协作的物流优化系统，可以解决搬运过程中被动等待时间过长，搬运效率低下的问题。

无人叉车的应用优势

随着导航技术的不断突破，令无人叉车行走自如；通过与企业的MES、WMS等系统双向信息集成，实现作业指令与作业反馈信息闭环，信息流和实际物流同步；通过WMS远程下发作业任务，由智能调度系统针对任务向各个无人叉车下达作业指令，协调无人叉车各司其职、各行其道；无人叉车通过配备RFID系统扫描，能够与电梯进行对接，实现跨楼层的物料运送；通过精确的路线规划和安全管制办法保证车与车之间不发生碰撞，当一个车辆发生故障时，另外的车辆可以绕道而行。

目前国内先进的智能调度系统可以调度几百台无人叉车。通过自主学习环境，快速建立地图，灵活编制路径，应对多种特殊环境；全数字驱动，通过管理和调度系统，使上百个生产要素被协同与协调，上万条生产指令及作业序列得到最优安排，流程管理、作业调度实现无缝衔接，实现效率流程均衡化管理。对工厂来说，直接减少了工厂线边硬件设备的铺设、减少成本投入，颠覆了传统物流运输作业和管理模式，车间作业现场实现无人化，实现低成本、短周期、全智能、高效率的智能物流。

无人叉车应用场景

1. 无人叉车VS人工叉车

无人叉车与人工叉车最大的区别是无须人工驾驶，采用导航技术，能实现24小时自动完成各种搬运和运输任务。无人叉车与人工叉车相比具有以下优势：

（1）更加安全。无人叉车比叉车司机更高效、稳定、精准、安全性好。无人叉车有紧急接触保险装置、自动报警装置，急停按钮装置及物体探测器等多个保护装置，可以避免伤害工人和损毁库存、其他设备及建筑物，工作风险减少。无人叉车严格按照规定路线行驶，当行驶路线上有障碍物或行人时会自动停车或主动避让，可减少与搬运有关的磕碰损伤，保证物料完好运到指定的位置，大大降低了人工开叉车带来的不确定性。据统计，美国每年在叉车相关的事故中有100名工人丧生，20000人严重受伤。使用无人叉车，可以大幅降低事故发生率。

（2）节省成本。无人叉车可按照提前设定的路线、任务进行搬运，无须人工参与，可24小时持续工作，大大提升了工作效率，减少了人员投入。相关数据显示，无人叉车的应用可以使仓内成本下降30%，毛利润增加7%。此外，通过监控系统，可以看到每台叉车的位置和运行情况，同时可以发布指令指挥叉车的运行和工作，1个人就可以实现对多台叉车的调度和使用，节省了人力。

（3）抗干扰能力强，节拍稳定可靠。无人叉车机动灵活，无地面障碍，它能充分利用现有空间和场地，线路通道设置灵活，且抗干扰能力强，灰尘、噪声、地板上的细小物体都不能干扰搬运工作，如遇到较大物体，它将开动安全保险装置并制动搬运车或是自动避障。这使得无人叉车运行节拍连续可靠，不会造成大范围停工，适用于大规模作业，多辆同时行驶，自动避让，货物摆放精确规范，适应生产的自动化、连续性、柔性化需求。

（4）适用于特殊环境。无人叉车具有智能，低成本，高服从和安全运转的特点。可以应用在高危行业或特种行业，在寒冷和炎热气候下，以及在光线很差甚至没有光线的区域工作。

2019 年 11 月 23 日，智久和德邦联合举办了无人叉车和叉车司机的对抗赛，结果证明，在速度方面二者不分伯仲，但无人叉车在多机调度、多车协同、行走路径优化等方面更具备优势，而且一方面无人叉车的状态不会像叉车司机那样出现下滑；另一方面，叉车司机的精力体力有限，而在技术的加持下，无人叉车性能的上升空间非常大。

2. 无人叉车 VS 全自动立库

全自动化立体仓库利用立体仓库设备实现仓库高层合理化、存取自动化、操作简便化，也是当前智能物流的应用热点之一。全自动化立体仓库（AS/RS）是由立体货架、有轨巷道堆垛机、出入库托盘输送机系统、尺寸检测条码阅读系统、通信系统、自动控制系统、计算机监控系统、计算机管理系统以及其他如电线电缆桥架配电柜、托盘、调节平台、钢结构平台等辅助设备组成的复杂的自动化系统。运用一流的集成化物流理念，采用先进的控制、总线、通信和信息技术，通过以上设备的协调动作进行出入库作业。然而，由于其造价较高，投入较大，建造完成后不易更改等问题，有些制造企业已经应用无人叉车与普通高架库协同的解决方案替代全自动化立体仓库。

杭叉智能的总经理任海华先生也表示，在货架高度不超过 12 米的普通高架库里应用无人叉车是可以替代全自动化立体仓库的，且杭叉智能已经有了非常成熟的解决方案。他们在一家光伏制造企业的 4000 平方米的普通窄巷道（巷道 1.9 米）高架库内（货架高度 11 米左右），通过 6 台叉车 AGV 就成功实现了自动化仓储作业。另外，在一家从事国际海运拆装箱业务的知名物流企业——龙星物流，也成功应用了杭叉的解决方案，通过杭叉 AGV 混合调度系统，连同 3 台前移式 AGV、7 台堆垛 AGV 与该公司的 WMS 仓库管理系统、AMS 自动舱单系统对接。WMS 将物流任务下发给 AMS，AMS 针对任务进行管理下发作业指令给 AGV，AGV 执行并随时反馈信息给 AMS，从而实现多 AGV 的协同作业。AGV 叉车保证该物流中心的卸货和装箱的搬运任务，同时完成堆高储存任务，堆高能力达到 9 米，并在低能量时自动充电，实现 24 小时自动化仓储作业。

3. 无人叉车 VS AGV 小车

不可否认，在电商、物流等领域，AGV 小车有其不可替代的适用性。然而在机械制造、汽车、炼钢等领域，无人叉车更加实用。AGV 小车的负载比较小，通常采用双轮差速旋转，转弯半径为零，因此显得比较灵活。抛开灵活性、转弯半径，从负载和功能性上面来说，无人叉车更具优势。常见的无人叉车负载都在 2 吨以上，尤其是托盘车，更是可以根据客户需求定制，负载区间更大。至于功能性，AGV 小车只能提供一个搬运的功能，无人叉车不一样，有堆高的、牵引的、搬运的、窄通道三向插取的、前移式的。就系统完整性来说，无人叉车更容易与原有的生产系统形成工作闭环。

无人叉车未来发展方向

未来，智能 AGV 将不仅仅是简单地把货物搬运到指定的位置，而是要把 5G 技术、大数据、物联网、云计算等贯穿于产品的设计中，让智能 AGV 成为一种实时感应、安全识别、多重避障、智能决策、自动执行等多功能的新型智能工业设备。

（资料来源：腾讯网，无人叉车——智能物流之利器！_ 腾讯新闻（qq. com），https：//new. qq. com/rain/a/20211213A03V6K00）

案例思考

未来 10 年，无人驾驶叉车是否会取代人工驾驶叉车，成为物料搬运的主力军？

任务一 认识装卸搬运设备

一、什么是装卸搬运设备

装卸搬运是指在同一地域范围内（如车站、码头、仓库等）改变货物的存放、支承状态和空间位置的活动。改变“物”的空间位置的活动，主要指物体横向或斜向的移动。通常装卸搬运是合在一起用的。装卸是指物品在指定地点以人力或机械装入运输设备或卸下，改变“物”的存放状态的活动，主要指物体上下方向的移动。搬运是指在同一场所内，对物品进行以水平移动为主的物流作业，如图 4-1 所示。

图 4-1 货物的装卸搬运

装卸搬运设备是指用来搬移、升降、装卸和短距离输送物料或货物的机械。装卸搬运设备是实现装卸搬运作业机械化的基础，是物流设备中重要的机械设备，是物流系统中使用频率最高、使用数量最多的物流设备，应用于港口、码头、车站、仓库、物流配送中心等场所的货物装卸、搬运、堆垛等作业。

二、装卸搬运设备的作用

装卸搬运是物流活动得以进行的必要条件，大力推广和应用装卸搬运设备，不断更新装卸搬运设备，实现现代化管理，对于加快现代化物流发展，促进物流整体效率提高，有着十分重要的作用。装卸搬运设备的作用具体表现在以下几个方面。

（1）提高装卸效率，节省劳动力，减轻装卸工人的劳动强度，改善劳动条件。

（2）缩短作业时间，加速运输设备的周转，加快货物的送达。

（3）提高装卸质量，减少货损货差，保证货物的完整和运输安全。

（4）降低装卸搬运作业成本。装卸搬运设备的应用，提高了装卸搬运作业效率，效率的提高会使分摊到每吨货物的作业费用减少，从而使作业成本降低。

（5）充分利用货位，加速货位周转，减少货物堆码的场地面积。

三、装卸搬运设备的分类

（一）按结构特征分类

按结构特征，装卸搬运设备可分为起重机械、输送机械及装卸搬运车辆三类，如表4-1所示。

表4-1　装卸搬运设备按作业性质分类

设备类别	特　点	常见设备
起重机械	重复循环中做周期性间歇运动；短时载荷、升降活动	轻小型起重设备：千斤顶等
		桥式类起重机：龙门式起重机等
		臂架类起重机：门座式起重机等
输送机械	以连续的方式做循环运动；持续载荷、固定线路	具有挠性牵引构件的输送机械：带式输送机、链式输送机等
		无挠性牵引构件的输送机械：螺旋输送机、气力输送机等
装卸搬运车辆	装卸、堆垛和短距离运输作业	叉车、跨运车等

（二）按机具工作原理分类

按机具工作原理，装卸搬运设备可分为叉车类、吊车类、输送机类、作业车类和管道输送设备类，如表4-2所示。

表4-2　装卸搬运设备按机具工作原理分类

设备类别	常见设备
叉车类	包括各种通用和专用叉车
吊车类	包括门式、桥式、履带式、汽车式、岸壁式、巷道式等各种吊车
输送机类	包括辊式、轮式、皮带式、链式、悬挂式等各种输送机
作业车类	包括手车、手推车、搬运车、无人搬运车、台车等各种作业车辆
管道输送设备类	包括液体、粉体的装卸搬运一体化的以泵、管道为主体的一类设备

（三）按有无动力分类

按有无动力，装卸搬运设备可分为三类，如表4-3所示。

表4-3 装卸搬运设备按有无动力分类

设备类别	常见设备
重力式装卸输送机	辊子式输送机、滚轮式输送机等
动式装卸搬运机具	内燃式叉车、电动式叉车等
人力式装卸搬运机具	手动叉车、手车、手推车、手动升降平台等

案例4-1

医药公司的装卸搬运

某医药有限公司是一个以市场为核心、现代医药科技为先导、金融支持为框架的新型公司，是西南地区经营药品品种较多、较齐全的医药专业公司。

虽然公司已形成规模化的产品生产和网络化的市场销售，但其流通过程中物流管理严重滞后，造成物流成本居高不下，不能形成价格优势，这严重阻碍了公司业务的开拓与发展，成为公司发展的瓶颈。

装卸搬运活动是衔接物流各环节活动使之正常进行的关键。该公司忽视了这一点。该公司的搬运设备现代化程度低，只有几个小型货架和手推车，大多数作业仍处于以人工作业为主的原始状态，工作效率低，且易损坏物品。另外，仓库设计不合理，造成搬运距离长，库内作业流程混乱，形成重复搬运，以至大约有70%的搬运无效，这种过多的搬运次数，损坏了商品，也浪费了时间。

案例思考

1. 装卸搬运设备在物流过程中起什么作用？
2. 在货物装卸区域，常见的装卸搬运设备有哪些？

任务二 起重设备

一、认识起重设备

（一）起重设备的定义

起重设备是一种以间歇作业方式对物料进行起升、下降、水平移动的搬运机械。起重设备的作业通常带有重复循环的性质。起重设备主要用于搬运成件物品，配备抓斗后可搬运煤炭、矿石、粮食之类的散状物料，配备桶装器具后可吊运钢水等液态物料。

（二）起重设备的结构

起重设备的工作机构包括起升机构、运行机构、变幅机构和旋转机构。它们被称为起重机的四大机构。

（1）起升机构

起升机构是用来实现物料垂直升降的机构，是任何起重机机械不可缺少的部分，是起重机最主要、最基本的机构。

（2）运行机构

运行机构是通过起重机或起重小车运行来实现水平搬运物料的机构，有无轨运行和有轨运行之分。按其驱动方式不同运行机构可分为自行式和牵引式两种。

（3）变幅机构

变幅机构是臂架起重机特有的工作机构。变幅机构通过改变臂架的长度和仰角来改变作业幅度。

（4）旋转机构

旋转机构使臂架绕着起重机的垂直轴线做回转运动，在环形空间移动物料。

除工作机构外，起重设备的结构还包括驱动装置、金属结构、取物装置、安全装置。其中，驱动装置是用来为起重设备各工作机构的动作提供动力的部件，常见的驱动装置有电力驱动、内燃机驱动和内燃一液压驱动等。电力驱动是现代起重机的主要驱动方式。金属结构是用来安装起重设备的驱动装置和工作机构，承受各种载荷，并把载荷传递给起重机构的支承基础。取物装置是通过吊、抓、吸、夹、托或其他方式，将物料与起重机联系起来进行物料吊运的装置。安全装置是为防止吊重过载、防风抗滑等意外情况，保护人员和设备、货物安全的装置。

（三）起重设备的工作原理

起重设备通过起重吊钩或其他取物装置起升或起升加移动重物。起重设备的工作过程一般包括起升、运行、下降及返回原位等步骤。起升机构通过取物装置从取物地点把重物提起，经运行、旋转或变幅机构把重物移位，在指定地点下放重物后返回原位，完成一个工作循环，然后再进行第二次吊运或搬运。一般来说，起重设备工作时，取料、运移和卸载是依次进行的，各相应机构的工作是间歇性的。

（四）起重设备的分类

在物流活动中，按照起重设备的起重量及作业方式，起重设备可分为轻小型、桥式、臂架式等类型，如图 4-2 所示。不同类型的起重设备的结构及工作特点有很大的区别，分别适合于不同的物流场合。

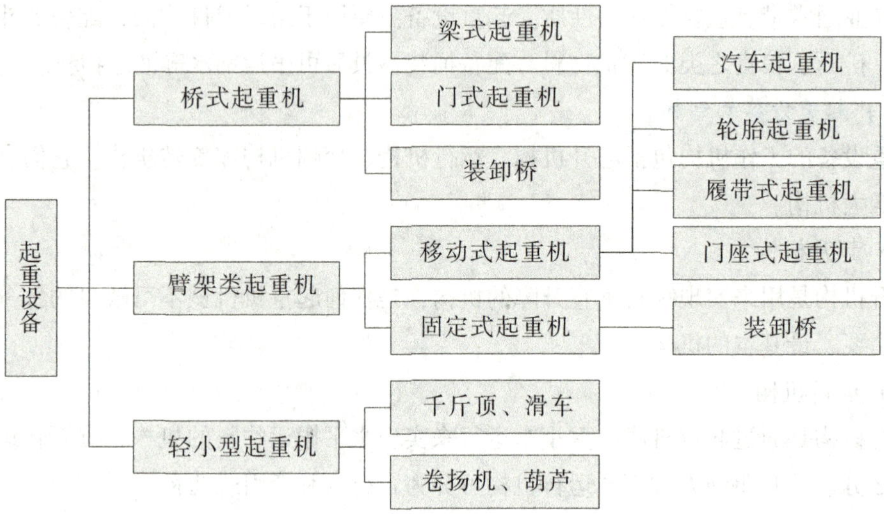

图 4-2 起重设备分类

（五）起重设备的技术参数

起重设备的技术参数是表征起重设备主要性能特征的技术经济指标，是正确选用起重设备的技术依据。它主要包括起重量、起升高度、跨度和幅度、工作速度、生产率、工作级别等。

1. 起重量

起重量是起重设备在规定工作条件下允许起吊的重物的最大重量，即额定起重量。它等于允许提升重物的最大重量与起重设备的取物装置重量之和。

2. 起升高度

起升高度是指起重设备运行轨道面或地面到取物装置上极限位置的高度。当取物装置可降到地面以下时，从轨道面或地面到下放极限位置的距离称为下放深度。此时，总起升高度应为起升高度与下放深度之和。

3. 跨度和幅度

跨度和幅度是表示起重设备工作范围大小的参数。幅度是指臂架类起重机旋转中心到取物装置中心线间的距离；跨度主要由工作需要或场地的大小来确定，是指桥式起重机大车运行两轨道中心线间的距离，主要根据起重设备的工作范围确定。

4. 工作速度

起重设备的工作速度主要包括起升速度、变幅速度、旋转速度、运行速度等。

（1）起升速度

起重设备起升额定起重量时取物装置的上升速度。

（2）变幅速度

起重设备吊具从最大幅度变到最小幅度时沿水平方向运动的平均线速度。

（3）旋转速度

旋转式起重设备的转动部分在匀速转动时每分钟回转的圈数。

（4）运行速度

起重设备或大、小车移动机构在其拖动电动机以额定转速运行时所对应的速度。起重设备的各种工作速度太快，会产生安全隐患，速度太慢，会降低生产效率，因此速度的选用应根据工艺、安全、生产率等因素综合考虑。

5. 生产率

生产率是指在规定的工作条件下连续工作单位时间所装卸货物的总质量，是表征起重设备装卸搬运能力的综合性指标。它与起重量、工作速度、工作行程、货物类型、工作条件、生产组织以及操作熟练程度等因素有关。

6. 工作级别

工作级别是反映起重设备总的工作状况的性能参数，是设计和选用起重设备的重要依据。它由起重设备在要求的使用期间内需要完成的工作循环总次数和载荷状态来决定。国际标准化组织（ISO）规定将起重设备工作级别划分为 A1~A8 共 8 级。

二、常用的起重设备

（一）桥式起重机

桥式起重机是横架于车间、仓库和堆场上空进行物料吊运的起重设备。它的两端坐落在高大的水泥柱或者金属支架上，形状似桥。桥式起重机的桥架沿铺设在两侧高架上的轨道纵向运行，可以充分利用桥架下面的空间吊运物料，不受地面设备的阻碍。它是使用范围最广、数量最多的一种起重设备。常用的桥式起重机包括梁式、门式、装卸桥等类型。

1. 梁式起重机

梁式起重机是由桥架和起重小车组成的起重机。桥架沿地面轨道做纵向运动，沿桥架做横向运动。梁式起重机有起升、桥架行走、小车行走等三个工作机构，以人力或电力驱动，多用于厂房或车间内搬运货物。根据桥梁结构不同可分为单梁桥式起重机和双梁桥式起重机。

（1）单梁桥式起重机

单梁桥式起重机桥架的主梁多采用工字钢或型钢与钢板的组合截面，起重小车常为手拉葫芦、电动葫芦或用葫芦作为起升机构部件装配而成，如图 4-3 所示。

单梁桥式起重机按桥架支承形式不同分为支承式和悬挂式两种。前者桥架沿车梁上的起重机轨道运行，后者的桥架沿悬挂在厂房屋架下的起重机轨道运行。

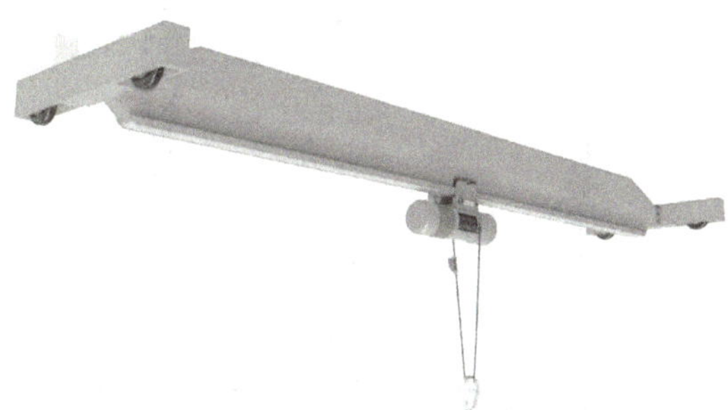

图 4-3　单梁桥式起重机

单梁桥式起重机根据驱动方式不同分为手动、电动两种。手动单梁桥式起重机各机构的工作速度较低，起重量也较小，但自身质量小，便于组织生产，成本低，适用于无电源后搬运量不大，对速度与生产率要求不高的场合。电动单梁桥式起重机工作速度、生产率较手动的高，起重量也较大。电动单梁桥式起重机由桥架、大车运行机构、电动葫芦及电气设备等部分组成。

(2) 双梁桥式起重机

双梁桥式起重机由直轨、起重机主梁、起重小车、送电系统和电器控制系统组成，特别适合于大悬挂和大起重量的平面范围物料输送，如图 4-4 所示。

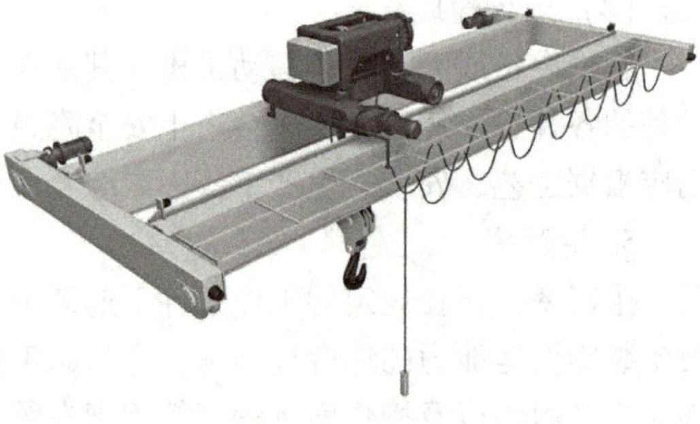

图 4-4 双梁桥式起重机

2. 门式起重机

门式起重机，又称龙门起重机，是桥架通过两侧支腿支撑在地面轨道上的桥架型起重机。它的金属结构像门形框架，承载主梁下安装两条支腿，可以直接在地面的轨道上行走，主梁两端可以具有外伸悬臂梁。门式起重机主要用于料场货、散货的装卸作业，具有场地利用率高、作业范围大、适应面广、通用性强等特点，在港口、货场得到广泛使用，如图 4-5 所示。

(1) 门式起重机的类型

①按门框结构分类如下。

a. 全门式起重机：主梁无悬伸，小车在主跨度内运行。

b. 半门式起重机：支腿有高低差，可根据使用场地的土建要求而定。

c. 双悬臂门式起重机：最常见的一种结构形式，其结构的受力和场地面积的有效利用都是合理的。

d. 单悬臂门式起重机：这种结构形式往往因场地的限制而被选用。

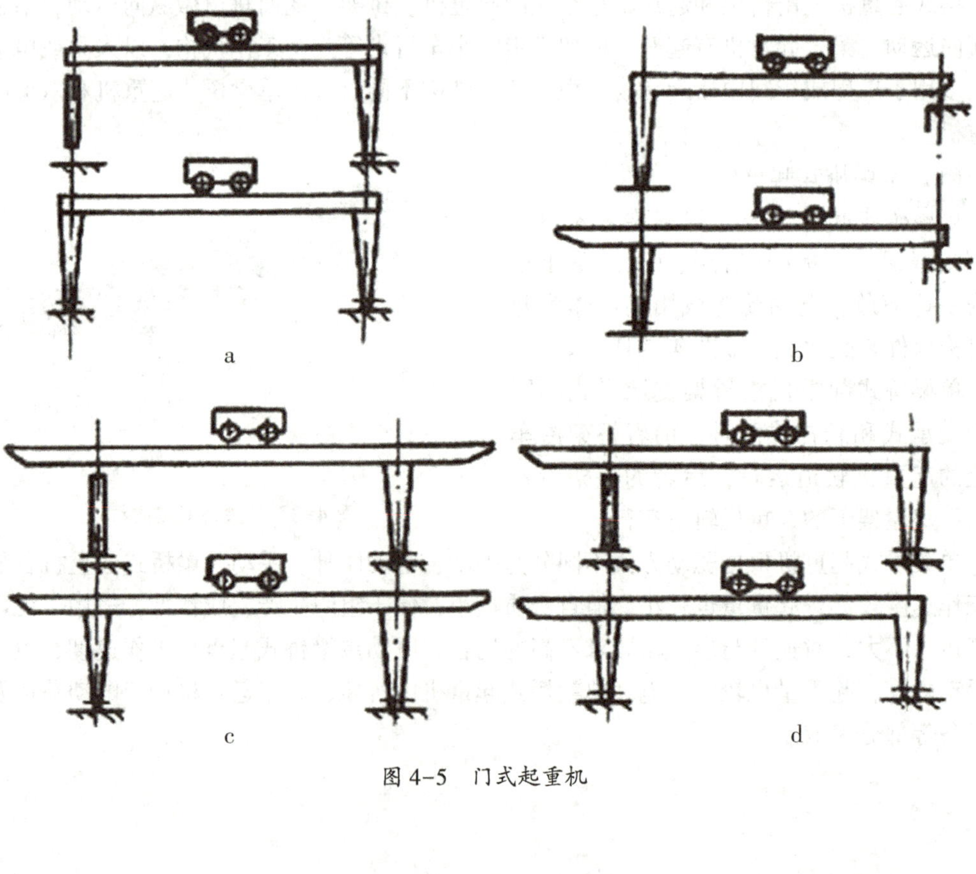

图 4-5 门式起重机

②按主梁结构形式分类如下：

a. 单主梁门式起重机。单主梁门式起重机结构简单，制造安装方便，自身质量小，主梁多为偏轨箱形架结构。与双主梁门式起重机相比，整体刚度要弱一些。单主梁门式起重机支腿有 L 型和 C 型两种形式。L 型的制造安装方便，受力情况好，自身质量较小，但是，吊运货物通过支腿处的空间相对小一些，如图 4-6 所示。C 型的支腿做成倾斜或弯曲形，目的在于有较大的横向空间，以使货物顺利通过支腿，如图 4-7 所示。

b. 双主梁门式起重机。双主梁门式起重机承载能力强，跨度大，整体稳定性好，品种多，但自身质量与相同起重量的单主梁门式起重机相比要大些，造价也较高。根据主梁结构不同，又可分为箱形梁和桁架两种形式，一般多采用箱形结构，如图 4-8 所示。

图 4-6　L 型门式起重机

图 4-7　C 型门式起重机

图 4-8　双主梁门式起重机

（2）如何选用门式起重机

①主梁结构的选择。在一般情况下，起重量在 50 吨以下，跨度在 35 米以内，无特殊使用要求，宜选用单主梁门式起重机。如果要求支腿宽度大，工作速度较高，或经常吊运重件、长大件，则宜选双主梁门式起重机。

②跨度的选择。门式起重机的跨度是影响起重机自身质量的重要因素，选择时，在满足设备使用条件和符合跨度系列标准的前提下，应尽量减少跨度。

③轮距的确定。轮距应能满足门架沿起重机轨道方向的稳定性要求；货物的外形尺寸要能顺利通过支腿平面刚架；注意使轮距 B 与跨度 S 成一定比例关系，一般取轮距 B=（1/4~1/6）S。

④间距尺寸的确定。在工作中，门式起重机外部尺寸与堆场的货物及运输车辆通道之间应留有一定的空间尺寸，以利于装卸作业。一般运输车辆在跨度内装卸时，应保持与支腿有 0.7 米以上的间距。吊具在不工作时应与运输车辆有 0.5 米以上的间距，货物过支腿时，应有 0.5 米以上的间距。

3. 装卸桥

装卸桥又称岸边集装箱起重机或岸边集装箱装卸桥，是集装箱码头前沿进行集装箱船舶装卸作业的专用机械，如图 4-9 所示。世界上各种集装箱码头均采用装卸桥来承担船舶的集装箱装卸作业。

图 4-9 装卸桥

（1）装卸桥的结构及工作原理

装卸桥主要由带行走机构的门架、承担臂架重量的拉杆和臂架等几个部分组成。臂架可分为海侧臂架、陆侧臂架和门中臂架。带升降机构的小车在臂架上运行，升降机构是用来承受集装箱吊具和集装箱重量的。海侧臂架较长并可俯仰，在集装箱装卸桥移动时，为了船舶或航道的安全，一般将海侧臂架仰起，便于船舶靠离码头。装卸桥作业时，由于集装箱专用船舶的船舱内设有箱格，舱内的集装箱作业对位非常方便，无须人工协助，因此，在作业中没有像件杂货那样的舱内作业工序。

装卸桥工作时，由前后两片门框和拉杆组成的门架，沿着与岸边平行的轨道行走，臂架支承在门架上，行走小车沿着桥架上的轨道往返于水、陆两侧吊运集装箱，进行装船和卸船作业，如图 4-10 所示。岸边集装箱起重机具有起升机构、小车运行机构、前大梁俯仰机构和大车运行机构以及集装箱专用吊具和其他辅助设备。高速型岸边集装箱起重机，还有吊具减摇装置等。

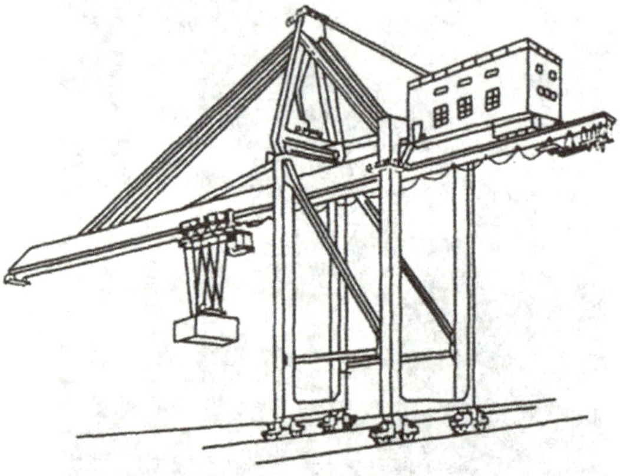

图 4-10 装卸桥作业图

（2）装卸桥主要技术参数

①起升高度。由两部分组成：轨顶面以上的高度和轨顶面以下的高度。它取决于集装箱船的型深、吃水、潮差、甲板面上装载集装箱层数等因素。应保证船舶轻载高水位时能通过三层集装箱，并能堆高到四层；在满载低水位时，能吊到舱底最下一层集装箱，允许装卸作业时船体向外横倾 3°。

②外伸距。指装卸桥海侧轨道中心线向外至集装箱吊具铅垂中心线之间的最大水平距离。它主要取决于到港集装箱船的船宽，当船舶向外横倾 3°时，仍能起吊甲板上外舷侧最

上层的集装箱。外伸距一般为 30~40 米。

③内伸距。指装卸桥内侧轨道中心线向内至吊具铅垂中心线之间的最大水平距离。为使装卸作业顺利进行，当码头前沿搬运设备不能及时搬运时，内伸距可把箱子暂放在码头上起缓冲作用。考虑到放置舱盖板和不同的供电方式需要占用的距离，内伸距应为 11 米。

④轨距。指起重机两条行走轨道中心线之间的水平距离。轨距的大小影响到装卸桥的整机稳定性。为了更有效地疏运岸边的集装箱，轨距内最好能安排三条接运线（指轨距内能放置三列集装箱，当跨运车装卸任意一列集装箱时不会干扰别的集装箱作业），则其轨距应约为 16 米。

⑤净空高度。指横梁下面到轨顶面之间的垂直距离。该高度应保证能堆装三层跨运车通行，还要考虑在最高海潮时能起吊甲板上最高层的集装箱。

⑥基距。指同一轨道上两个主支承中心线之间的距离。基距的尺寸应保证装卸桥框架内的有效宽度能通过 40 吨的集装箱和大型舱盖板，并在框架两边各留 0.8~0.9 米的安全间隙考虑，框架内的有效宽度应约为 16 米。

（二）臂架式起重机

臂架式起重机是指具有伸出的臂架且可绕起重机回转中心旋转的起重机械，主要利用臂架的俯仰、绕垂直轴线回转配合升降货物，使用动作灵活，满足装卸要求，工作空间范围是圆柱形。其形式有固定式、移动式和浮式。固定式悬臂式起重机直接安装在码头或库场的墩座上，只能原地工作，其中有的臂架只能俯仰不能回转，有的既可俯仰又可回转。移动式臂架起重机可以沿轨道或地面上运行，主要有门座式起重机、履带式起重机、汽车起重机和轮胎起重机等。

1. 门座式起重机

门座式起重机是指可转动的起重装置装在沿地面轨道运行的门形座架底座上的全回转臂架式起重机。门形座架的四条腿构成四个门洞，可供铁路车辆和其他车辆通过，可进行车船装卸及过驳直取作业，如图 4-11 所示。应用于港口和货场的门座式起重机一般有通用型和专用型两种，通用型用吊钩或抓斗装卸货物，专用型只针对某一类货物的装卸。

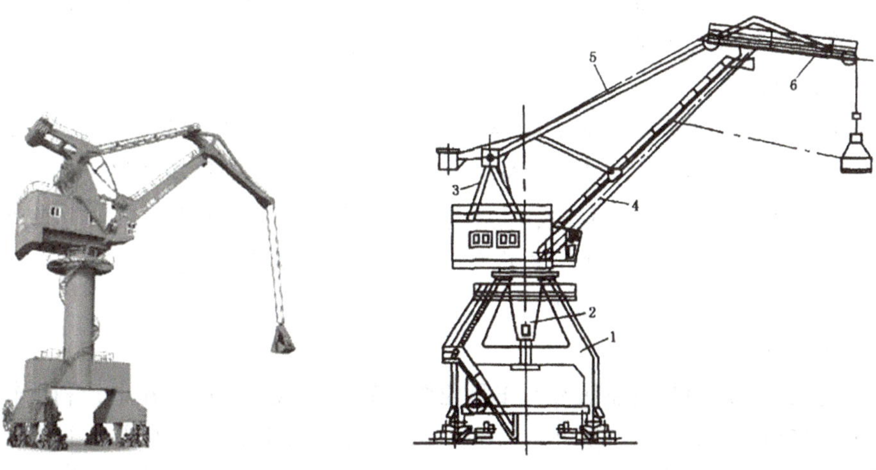

1. 门架　2. 转柱　3. 人字架　4. 主臂架　5. 刚性拉杆　6. 象鼻架

图 4-11　门座式起重机

门座式起重机有起升、旋转、变幅和运行机构，前三种机构装在转动部分上，每一周期内都参加作业；转动部分上还装有可俯仰的倾斜单臂架或组合臂架及司机室。运行机构装在门座下部，用以调整起重机的工作位置。带斗门座式起重机还装有伸缩漏斗、带式输送机等附加设备，以提高门座式起重机用抓斗装卸散状物料时的生产率。除电气保护装置外，还装有起重量或起重力矩限制器、起重机夹轨器等安全装置。

门座式起重机大多采用水平变幅系统。所吊重物在变幅过程中沿着近于水平线的轨迹移动，通常采用绳索补偿法和组合臂架法来实现。绳索补偿法是通过特种储绳系统在变幅过程中自动收放相应起升绳，以补偿臂架升降造成的吊具垂直位移，如图 4-12 所示。组合臂架法是依靠组合臂架的机构特性保证臂端在变幅过程中接近水平移动，如图 4-13 所示。两种方法都得到广泛应用。

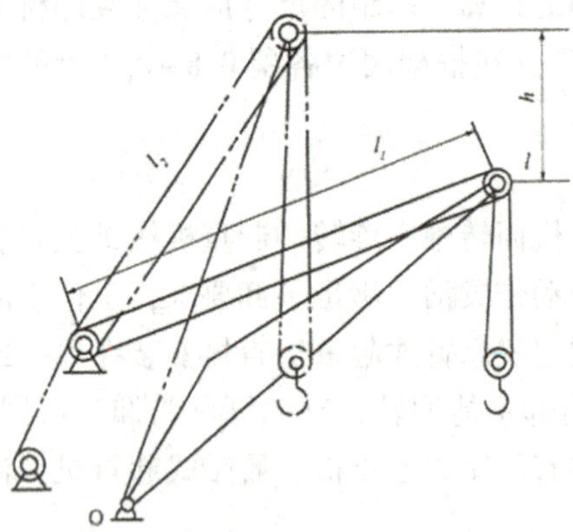

图 4-12 绳索补偿法

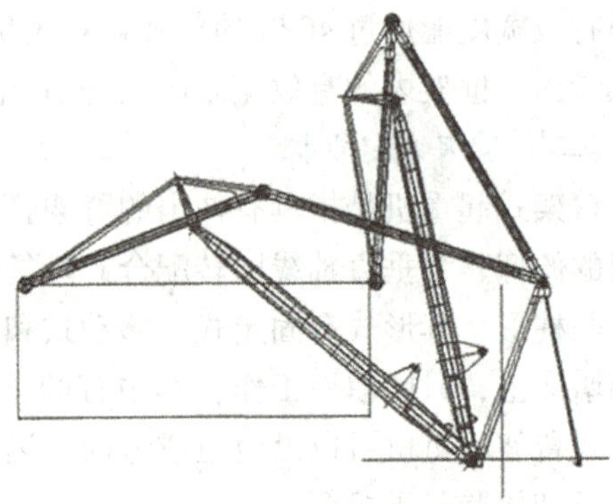

图 4-13 组合臂架法

2. 履带式起重机

履带式起重机是将起重作业部分装在履带底盘上，行走依靠履带装置的全旋转动臂式起重机，可以进行物料起重、运输、装卸和安装等作业，如图 4-14 所示。履带式起重机具有起重能力强、接地比压小、转弯半径小、爬坡能力大、不需支腿、带载行驶、作业稳定性好以及通过性能好等优点，但行走速度慢，且对路面有破坏作用，因此，它适用于野外作业和建筑工地的吊装作业。

3. 汽车起重机

汽车起重机是装在普通汽车底盘或特制汽车底盘上的全旋转动臂式起重机，其行驶驾驶室与起重操纵室分开设置，如图 4-15 所示。汽车起重机具有机动性好、转移迅速等优点，但工作时须支腿，不能负荷行驶，也不适合在松软或泥泞的场地上工作。汽车起重机的底盘性能等同于同样整车总重的载重汽车，符合公路车辆的技术要求，可以在各类公路上通行无阻，适用于流动性的作业场所。

4. 轮胎起重机

轮胎起重机是将起重机构安装在加重型轮胎和轮轴组成的特制底盘上，利用轮胎式底盘行走的全旋转动臂式起重机，如图 4-16 所示。轮胎起重机的上部构造与履带式起重机基本相同。为了保证安装作业时机身的稳定性，起重机设有四个可伸缩的支腿，在平坦地面上可不用支腿进行小起重量吊装及吊物低速行驶。轮胎起重机通常用于装卸重物和安装作业，具有机动性好、转移方便的特点，适用于流动性作业。

图 4-14　履带式起重机

图 4-15　汽车起重机

图 4-16　轮胎起重机

（三）轻小型起重机

轻小型起重机具有结构紧凑、操作简单、轻巧灵活等特点，往往只有一个升降机构，使重物做单一的升降运动。常见的轻小型起重机有千斤顶、手拉或电动葫芦、滑车、卷扬机等。

1. 千斤顶

千斤顶是指用刚性顶举件作为工作装置，通过顶部托座或底部托爪的小行程内顶开重物的轻小起重设备，如图 4-17 所示。千斤顶主要用于车辆修理及其他起重、支承等工作，结构轻巧坚固、灵活可靠，一人即可携带和操作。

2. 手拉葫芦

手拉葫芦又叫链条葫芦，是一种使用简单、携带方便的手动起重机械，适用于小型设备和货物的短距离吊运，起重量一般不超过 10 吨，最大的可达 20 吨，起重高度一般不超过 6 米，如图 4-18 所示。手拉葫芦通常应用在工厂、码头、船坞、仓库等安装机器和起吊货物的作业，尤其对于露天和无电源作业，更显示出其优越性。

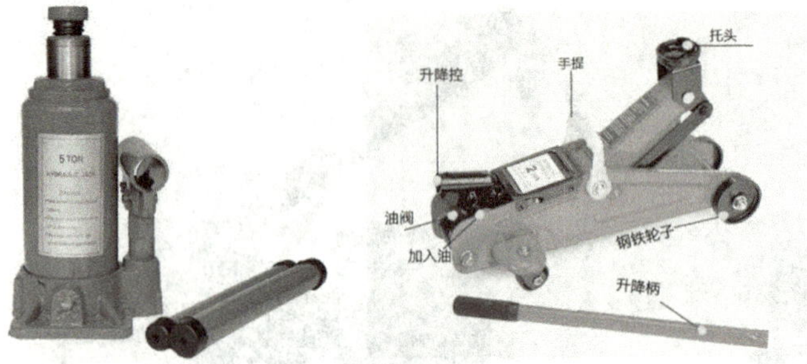

图 4-17　千斤顶

图 4-18　手拉葫芦

3. 卷扬机

卷扬机是用卷筒缠绕钢丝绳或链条提升或牵引重物的轻小型起重设备，又称绞车，如图 4-19 所示。卷扬机可以垂直提升、水平或倾斜拽引重物。卷扬机分为手动卷扬机、电动卷扬机及液压卷扬机三种，以电动卷扬机为主。卷扬机操作简单、绕绳量大、移置方便，主要应用于建筑、林业、矿山、码头等的物料升降或平拖。

4. 滑车

滑车作为吊装工具，结构简单，使用方便，通过改变滑车与滑车组牵引钢索的方向实现起吊或移动运转物体，特别是由滑车联合组成的滑车组，配合卷扬机、桅杆或其他起重机械，广泛应用在建筑安装作业中，如图 4-20 所示。

图 4-19　卷扬机

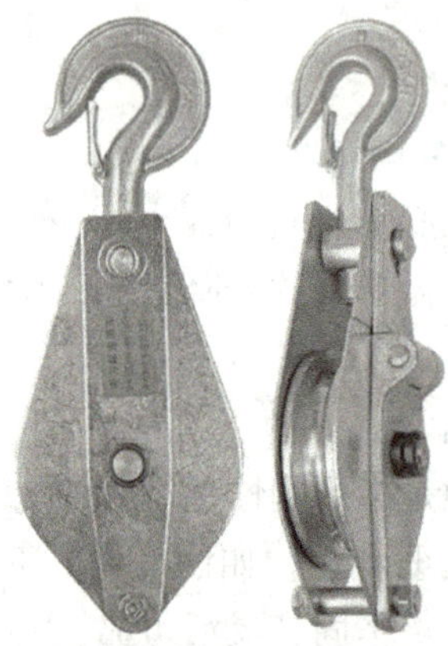

图 4-20　滑车

案例 4-2

福州江阴港区新岸桥启用，可满足最大集装箱船全天候作业

2019 年 5 月，福州港江阴港区新引进的“巨无霸”——集装箱装卸桥吊试投产，52 米的起升高度创福建省集装箱装卸桥吊之最，可满足当前最大集装箱船舶全天候作业。江

阴港区13号岸桥顺利靠泊港区5号泊位，并于5月22日进行岸桥的卸船工作。此次岸桥采用整机上岸，为确保卸船过程平稳顺利，港区相关部门组成交机验收小组，确定了采用平板驳船上的四台卷扬机牵引方式，并利用临时加装的四台专用滚装台车，以及提前铺设好的临时轨道，将岸桥平稳地从船上拉至码头面。岸桥在吊钩模式下起重量大，对重大件货物装卸具有独特优势，是江阴港起重量最大的集装箱装卸桥。目前，新岸桥已顺利试投产，将大大助力江阴港区提高综合竞争力，助其迈上新的征程。

（资料来源：朱榕. 福州新闻网，https：//www. sohu. com/a/321612595_ 100253941）

案例思考

1. 起重设备在物流过程中有哪些作用？它是怎样工作的？
2. 常见的起重设备有哪些？

任务三 输送设备

一、认识输送设备

（一）输送设备定义

输送设备是以连续的方式沿着一定的线路从装货点到卸货点均匀输送散料和成件包装货物的机械设备，简称输送机。

输送机能够在一个区间内连续搬运大量货物，搬运成本较低，搬运时间容易控制，被广泛应用于现代物流系统中，特别是在港口、仓库、车站、货站内，承担大量的货物运输任务，同时也是现代化立体仓库中的辅助设备。它具有衔接各物流站点的作用。

（二）常见输送设备的结构及原理

通用带式输送机由输送带、托辊、滚筒及驱动、制动、张紧、改向、装载、卸载、清扫等装置组成，如图4-21所示。

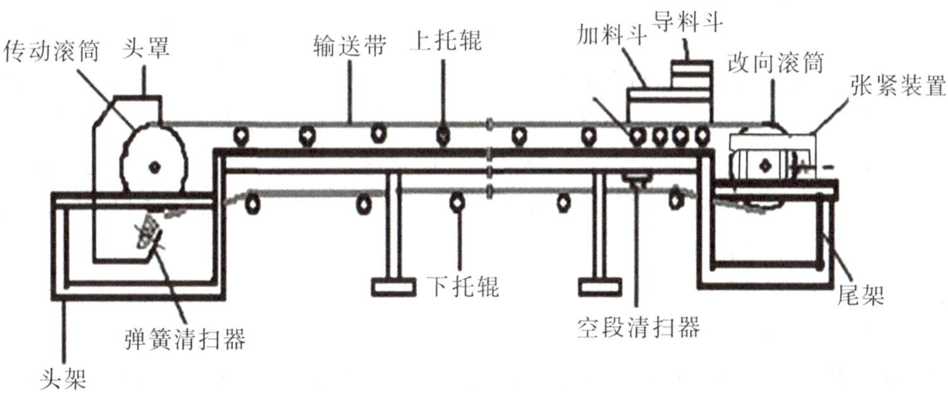

图4-21 带式输送机结构图

在进行货物的输送工作时，输送带是承载货物的构件，又是牵引构件，依靠输送带与滚筒之间的摩擦力平稳地进行驱动。输送带绕过驱动滚筒和改向滚筒，并支撑在许多托辊上。工作时，电动机通过减速装置使驱动滚筒转动，输送带依靠驱动滚筒与输送带之间的摩擦力运动，货物随输送带被运送到卸载地点。输送带适用于水平和倾斜方向输送散粒物料和成件物品，也可用于进行一定工艺操作的流水作业线。

（三）输送设备的特点

1. 输送设备的优点

（1）输送能力大

输送机的输送路线固定，加上散料具有的连续性，所以装货、输送、卸货可以连续进行，输送过程中极少紧急制动和启动，因此可以采用较高的工作速度，效率很高，而且不受距离远近的影响。

（2）结构比较简单

输送机沿一定线路全长范围内设置并输送货物，动作单一，结构紧凑，自身质量较轻，造价较低。因受载均匀、速度稳定，工作过程中所消耗的功率变化不大。在相同输送能力的条件下，输送机所需功率一般较小。

（3）输送距离较长

输送机不仅单机长度日益增加，且可由多台单机组成长距离的输送线路。

（4）自动控制性好

由于输送路线固定，动作单一，而且载荷均匀，速度稳定，所以输送机较容易实现自动控制。

2. 输送设备的缺点

（1）通用性较差

输送机每种机型一般只适用于输送一定种类的货物。

（2）输送条件严格

输送机必须沿整条输送线路布置，输送线路一般固定不变。

（3）大多不能自动取料

除少数输送机能自行从料堆中取料外，大多要靠辅助设备供料。

（四）输送设备的类型

输送设备按照结构特点，可分为具有挠性构件的输送机和无挠性构件的输送机。具有挠性构件的输送机是利用牵引构件的连续运动使货物向一定方向输送。牵引构件是往复、循环的一个封闭系统，通常是一部分输送货物，另一部分牵引构件返回。常见的有带式输送机、链式输送机、斗式提升机等。无挠性构件的输送机是利用工作构件的旋转运动或振动，使货物向一定方向运送，它的输送构件不具有往复循环形式。常见的有气力输送机、螺旋输送机、振动输送机等。

二、常见输送设备

（一）带式输送机

带式输送机由金属结构机架、装在头部的驱动滚筒和装在尾部的改向滚筒、绕过头尾滚筒和沿输送机全长上安装的上支承托辊、下支承托辊输送带，以及包括电动机、减速器等在内的驱动装置、装载装置、卸载装置和清扫装置等组成，如图 4-22 所示。带式输送机主要用于在水平和倾斜（倾角不大）方向输送大量散粒物料或中小型成件物品。

（二）辊子输送机

辊子输送机是由一系列以一定间距排列的辊子组成的，用于输送成件物品或托盘货物的输送设备，如图 4-23 所示。它具有结构简单、运转可靠、布置灵活、输送平稳、使用方便、经济节能的特点。它与生产过程和装卸搬运系统能很好地衔接和配置，利用多种功能组成流水作业，可并排组成大宽度的输送机以运送大型成件物品，因而在仓库、港口、货场得到了广泛的应用。辊子输送机也可以布置成一定的坡度，使货物能够靠自身的重力从一处移至另一处，但起点和终点之间要有一定的高差限制，如果输送距离较长，必须分成几段，在每段的终点设一个升降台，把货物升至一定高度，再次沿重力式辊道移动。重力式辊道的一个缺点是速度无法控制，有时可能会发生碰撞。

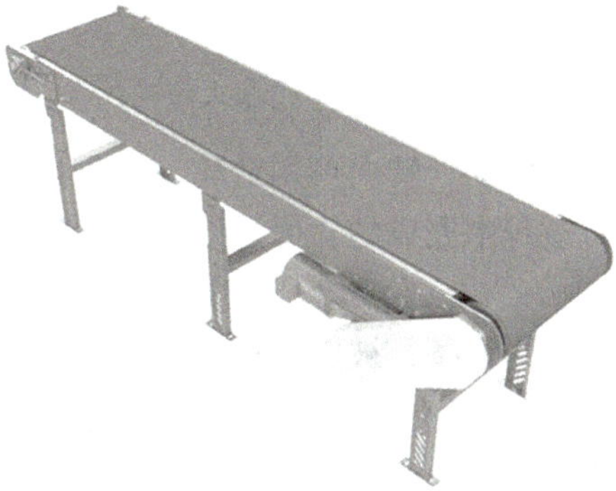

图 4-22　带式输送机

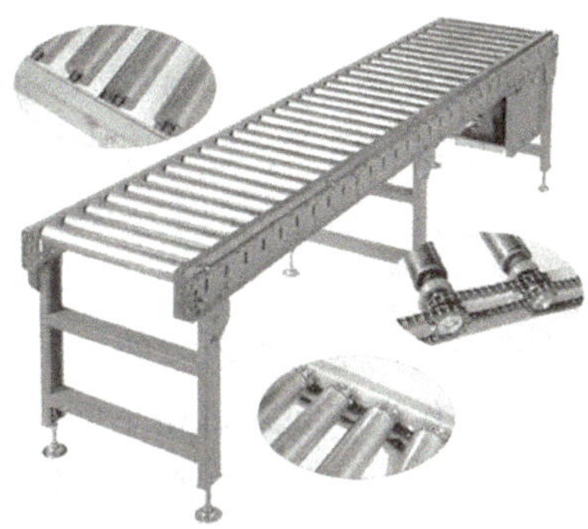

图 4-23　辊子输送机

（三）链条输送机

链条输送机是利用链条牵引、承载或由链条上安装的板条、金属网、辊道等承载物料的输送机，是用链条和托板组成的一种应用广泛的连续输送设备，如图 4-24 所示。链条输送机由两根套筒辊子链条组成，链条由驱动链轮牵引，链条下面有导轨，支承着链节的套筒辊子。货物直接压在链条上，随着链条的运动向前移动。

如果托板铰接在链条上，可以侧向倾翻，则可以制成自动分拣机。在需要把物品卸出的位置，使托板倾翻，即可使物品滑到相应的滑槽内。根据链条上安装的承载面的不同，可分为链条式、链板式、链网式、板条式、链斗式、托盘式、台车式。此外，链条输送机也常与其他输送机、升降装置等组成各种功能的生产线。

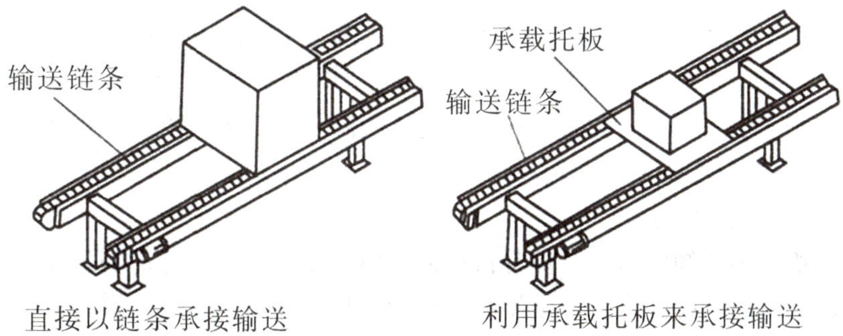

图 4-24　链条输送机

（四）悬挂式输送机

悬挂式输送机是最简单的架空输送设备，如图 4-25 所示。它有一条由工字钢组成的架空单轨线路。承载滑架上有一对滚轮，承受物品的重量，沿轨道滚动，吊具挂在滑架上。如果物品的重量太大，可用平衡梁把物品挂在两个或四个滑架上，滑架由链条牵引。

图 4-25 悬挂式输送机

由于架空线路一般为空间曲线，要求牵引链条在水平方向和垂直方向上都有很好的挠性，故一般采用可拆链。标准可拆链的链环转角较小时，要求垂直弯曲半径较大。链条由链轮驱动，也可以由履带式驱动装置驱动，转向可用链轮，也可以用滚柱组转向装置。悬挂式输送机的上下料作业是在运行过程中完成的，通过线路的升降实现自动上下料。

悬挂式输送机是规模较大的工厂综合机械化输送设备，被广泛地应用于大量或者成批生产的工厂，作为车间之间和车间内部的机械化、自动化连续输送设备。它在汽车、家电、服装、屠宰、邮政等方面也得到了广泛应用。

（五）斗式提升机

斗式提升机是垂直提升散碎物料的连续运输机械，如图 4-26 所示。它的牵引件可以是运输带或者链条。在牵引件上按一定的间距固定着很多料斗，驱动装置带动牵引件回转，料斗从提升机的底部刮起物料，随牵引件上升到顶部后，绕过链轮或者卸料滚筒，物料即从料斗内卸出。按卸料方式，斗式提升机分为三种形式：离心卸料型、导板卸料型、完全卸料型。

1. 离心卸料型斗式提升机

这种提升机有比较高的提升速度，利用斗子在顶部链轮或滚筒处回转时产生的离心力将物料抛出。它的运输量比较大，但不适用于输送那些破碎后品级降低的物料，也不适用于输送容易飞扬的粉尘状物料。

2. 导板卸料型斗式提升机

这种提升机的料斗一个接一个，在顶部卸料时利用前一个料斗的背面作为导板溜槽，为此，斗背两侧应有挡板。它的速度比较低，但由于料斗间距短，运输量仍然比较大，在卸料时不会引起物料与卸料挡板的冲击，故障少，耐用可靠，但不适用于输送黏性物料，造价也比较高。

3. 完全卸料型斗式提升机

这种提升机与离心卸料型斗式提升机相似，但在顶部端链轮的卸料侧还有一个改向链轮。链条从改向链轮的内侧绕过，可使料斗中的物料全部卸出。它的运行速度比较低，运输量也比较少，但卸料时斗口垂直向下，即使黏性物料也能靠重力卸出。

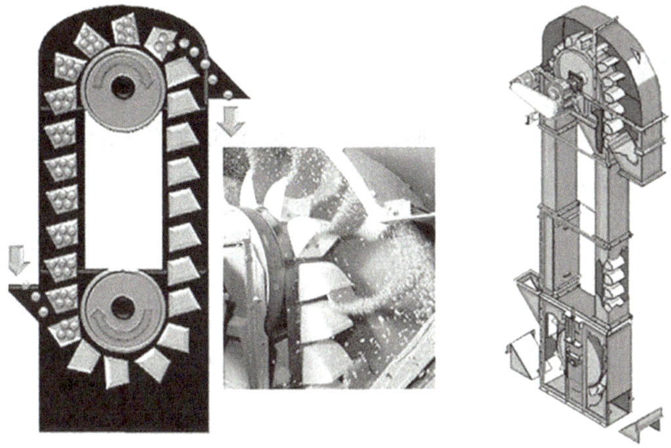

图 4-26　斗式提升机

（六）螺旋输送机

螺旋输送机是利用带有螺旋叶片的螺旋轴的旋转，使物料产生沿螺旋面的相对运动，物料受到料槽或输送管臂的摩擦力作用不与螺旋一起旋转，从而将物料轴向推进，实现物料输送的设备，如图 4-27 所示。

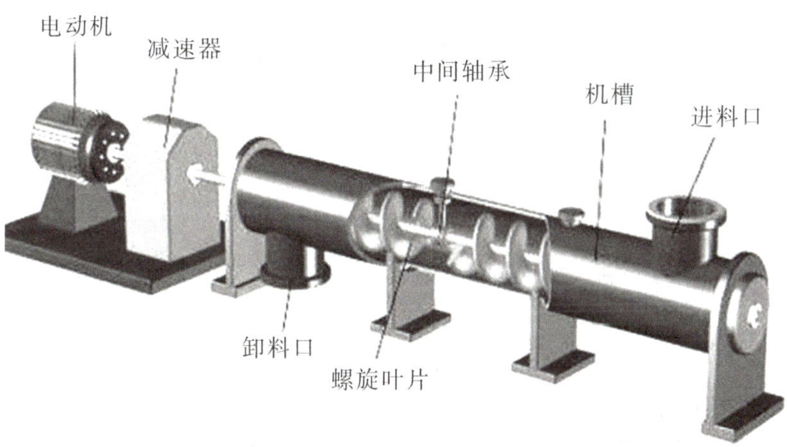

图 4-27　螺旋输送机

螺旋输送机分为固定式和移动式两种。固定式螺旋输送机一般属慢速输送机，可以进行距离不太远的水平输送或低倾角的输送，通常用于车间内。移动式输送机一般属于快速输送机，可以完成高倾角和垂直输送，通常用于物料出库、装卸、灌包等作业。螺旋输送机是由固定的料槽与其中旋转的、具有螺旋叶片和轴组成的旋转体构成。轴由两端轴承和中间的悬挂轴承支撑，螺旋体通过传动轴由电动机驱动。物料由进料口进入机槽以滑动方式作轴向运动，直至从卸料口卸出。

螺旋输送机主要用于输送各种粉状、粒状、小块状物料，并可同时完成混合、搅拌、冷却作业；不宜输送易变质、黏性大、块度大、易结块的物料。

螺旋输送机的优点是结构比较简单，成本比较低，工作可靠，维护管理方便，尺寸紧凑，占地面积小，能实现密封输送。缺点是单位能耗较大，物料在输送中易磨损，螺旋叶片和料槽的磨损也较严重。

（七）气力输送机

气力输送机是由一定速度和压力的空气带动粉粒状物料在管内流动，实现在水平和垂直方向上移动的输送设备，如图 4-28 所示。这种输送机有简单的结构，能保护环境不受污染，被广泛应用于装卸粮食、水泥等物料。

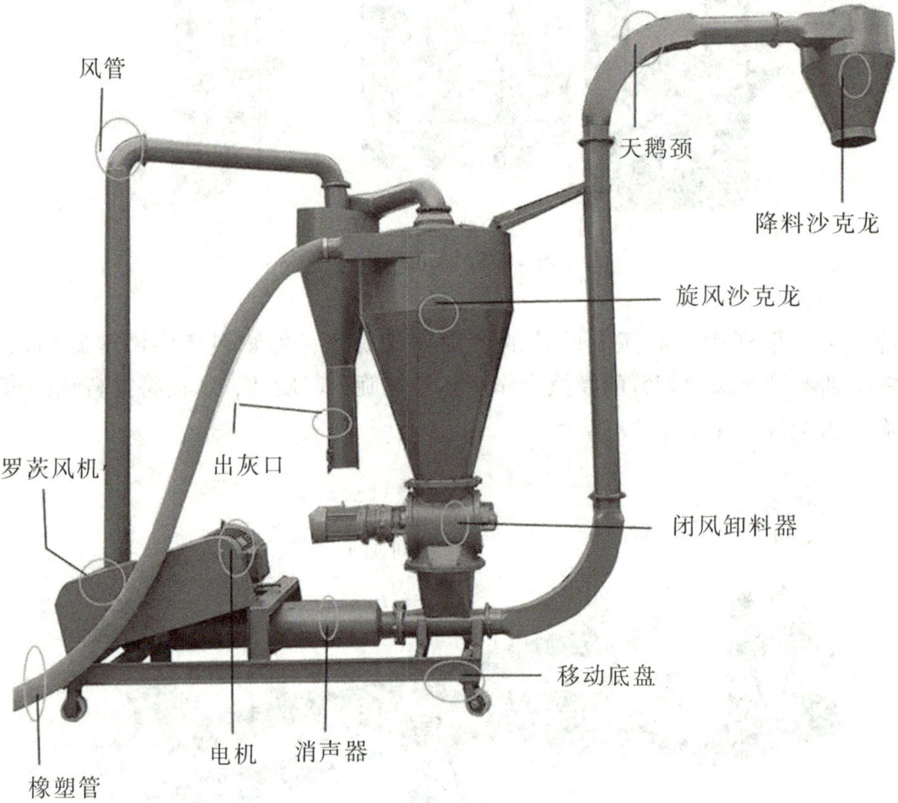

图 4-28　气力输送机

气力输送机按照输送机管路内的空气压力大小可分为吸送式、压送式和混合式三种。吸送式气力输送机是通过鼓风机从整个管路系统中抽气，使管内产生一定的真空度，靠吸力输送物料。吸送式气力输送机的优点在于进料方便，可从多处吸进物料；但由于距离越长，要求真空度越大，空气稀薄，输送力下降，因此物料输送距离不宜过长。

压送式气力输送机不同于吸送式气力输送机，管路内的气压高于大气压，空气经鼓风机压缩后进入管路系统，与从料斗进入的物料混合后，被压送至卸料点，经分离器分离后卸料和放气。压送式气力输送机可实现物料的长距离输送，但供料器结构复杂，须防止供料器将物料送入高压管路时的高压气体反冲。

混合式气力输送机是将吸送式进料方式和压送式长距离输送的优点结合起来，物料从进口至分离器是吸送，从分离器到卸料口是压送，既利用了吸送式气力输送机的进料方便，又保持了压送式气力输送机可长距离输送的特点。

案例 4-3

带式输送机选择输送带时需考虑的因素

随着工业的发展，带式输送机也越来越得到广泛的应用。作为输送机上重要部件之一的输送带，输送机对其也是有一定要求的。接下来就带大家了解带式输送机在选择输送带时需要考虑的一些因素。

首先，要有足够的拉伸强度和弹性模量，以达到在要求的距离范围内输送材料所需要的传输功率，以及在负荷状态下允许最低装时所产生的运转伸长率。其次，要有良好的负重支撑、足够的宽度，以确保满足运输物料时所需要的类型和体积。最后，需要具有柔性，这样就可以在长度方向上围绕滚筒弯曲，如果需要的话，希望在横向形成槽形。

（资料来源：铭成输送带专家. 带式输送机选择输送带时需考虑的因素，https：//www. sohu. com/a/409649829_ 100203048）

案例思考

1. 输送设备之所以在物流活动中应用如此广泛，是因为其有哪些优点？
2. 除了带式输送机，还有哪些常用的输送设备？

任务四　叉车

一、认识叉车

（一）什么是叉车

叉车是工业搬运车辆，是指对成件托盘货物进行装卸、堆垛和短距离运输作业的各种轮式搬运车辆，常被用于仓储大型物件的运输，通常使用燃油机或者电池驱动，广泛应用于港口、车站、机场、货场、工厂车间、仓库、配送中心等场所，在船舱、车厢和集装箱内进行托盘货物的装卸、搬运作业，是托盘运输、集装箱运输中必不可少的设备，如图 4-29 所示。

（二）叉车的基本结构

（1）安全架

安全架是保护操作员免于被掉落的物品击中的护架，当举升的物品超过操作员头部以上的高度时，必须具备安全架。

（2）升降架

升降架是由一个直立的槽钢组合而成的升降装置，采用液压或电动的举升装置。升降架使用一段式、二段式、三段式及四段式等多段式设计，使得叉车整体高度较低，又能达到较大的举升高度。

（3）货叉架

货叉架是用来安装货叉或其他可更换的属具，并带动货物做垂直升降。货叉架由框架、滚轮及挡货板等部分通过钢板焊接而成。挡货板起到防止负载货物倾倒的作用。

（4）货叉

货叉是直接承载货物的叉形构件，通过挂构装在货叉架上，两货叉间的距离可以根据作业需要调整，由定位装置锁定，可搬运不同规格的托盘。

（5）轴距

轴距即前后轮的距离。轴距决定叉车操作及作业的特性，包括负载能力、旋转半径、直角通道宽度及离地高度。

（6）轮胎

叉车轮胎分为硬胎及气胎。硬胎多用于室内，气胎多用于室外，行走速度较快。

（7）动力系统

叉车的动力来源有内燃和电力两种类型。内燃式叉车一般采用柴油、汽油、液化石油气或天然气发动机作为动力，由于燃料补充方便，因此可实现长时间连续作业，而且能胜任在雨天等恶劣的环境下工作，但会产生尾气排放和噪声问题，通常用在堆场、车站等室外作业或其他对尾气排放和噪声没有特殊要求的场所。电力式叉车以电动机为动力，蓄电池为能源，没有污染，噪声小，因此被广泛应用于仓库、配送中心等室内作业和其他对环境要求较高的工况，如医药、食品等行业。

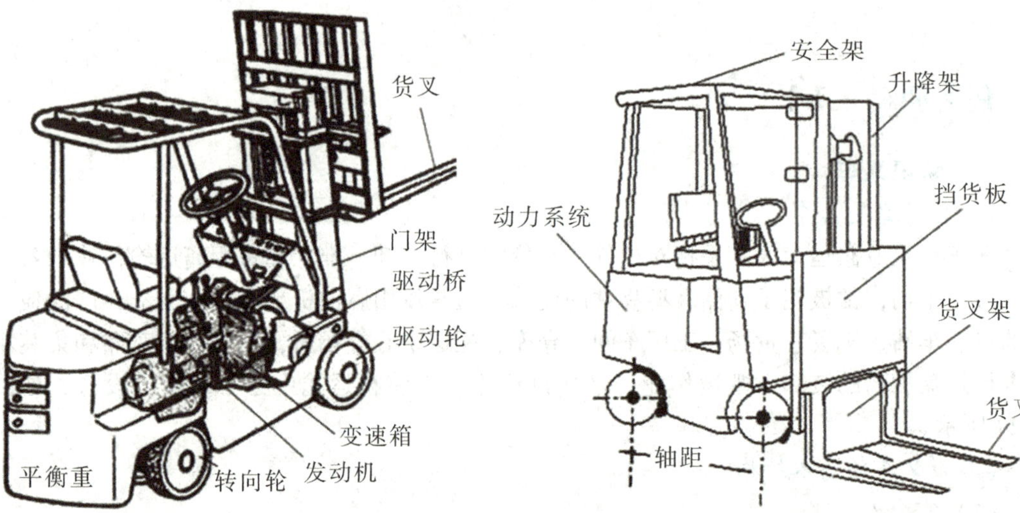

图 4-29 叉车结构

（三）技术参数

1. 额定起重量

叉车的额定起重量是指货物重心至货叉前壁的距离不大于载荷中心距时，允许起升的货物的最大重量。

2. 载荷中心距

载荷中心距是指在货叉上放置标准货物时，货物重心到货叉垂直段前壁的水平距离。

3. 最大起升高度

最大起升高度是指在平坦坚实的地面上，叉车满载货物升至最高位置时，货叉水平段的上表面离叉车所在的水平地面的垂直距离。

4. 门架倾角

门架倾角是指无载的叉车在平坦坚实的地面上，门架相对其垂直位置向前或向后的最大倾角。

5. 最大起升速度

最大起升速度通常是指叉车满载时，货物起升的最大速度。提高最大起升速度，可以提高作业效率，但起升速度过快，容易发生货损和机损事故。

6. 最高行驶速度

最高行驶速度一般指叉车满载时，在干燥、平坦、坚实的地面上行驶的最大速度。提高行驶速度对提高叉车的作业效率有很大影响。

7. 最小转弯半径

当叉车在无载低速行驶、打满方向盘转弯时，车体最外侧和最内侧至转弯中心的最小距离，分别称为最小外侧转弯半径和最小内侧转弯半径。最小外侧转弯半径越小，则叉车转弯时需要的地面面积越小，机动性越好。

8. 最小离地间隙

最小离地间隙是指车轮以外，车体上固定的最低点至地面的距离，它表示叉车无碰撞地越过地面凸起障碍物的能力。最小离地间隙越大，则叉车的通过性越高。

9. 轴距及轮距

叉车轴距是指叉车前后桥中心线的水平距离。轮距是指同一轴上左右轮中心的距离。

10. 直角通道最小宽度

直角通道最小宽度是指供叉车往返行驶的成直角相交的通道的最小宽度。

11. 堆垛通道最小宽度

堆垛通道最小宽度是叉车在正常作业时，通道的最小宽度。

二、常见的叉车

（一）平衡重式叉车

平衡重式叉车是车体前方装有升降货叉、车体尾部装有平衡重块的起升式叉车，是工业搬运车辆中应用最广泛、数量最多的叉车，可由司机单独操纵完成货物的装卸、运送和堆垛作业，适用于港口、车站和企业内部装卸、堆垛和搬运成件物品，如图 4-30 所示。3 吨以下的平衡重式叉车还可在船舱、火车车厢和集装箱内作业。将货叉换装各种属具后，还可搬运多种货物，如换装铲斗可搬运散状物料等。

平衡重式叉车主要组成部分包括：利用内燃机或蓄电池为叉车提供动力的装置，用以将原动力传递给驱动轮的传动装置，用以控制叉车行驶方向的转向装置，提升货物完成作业的工作装置，为货叉升降及门架倾斜提供动力的液压系统，以及布置在驱动轮上的制动装置。

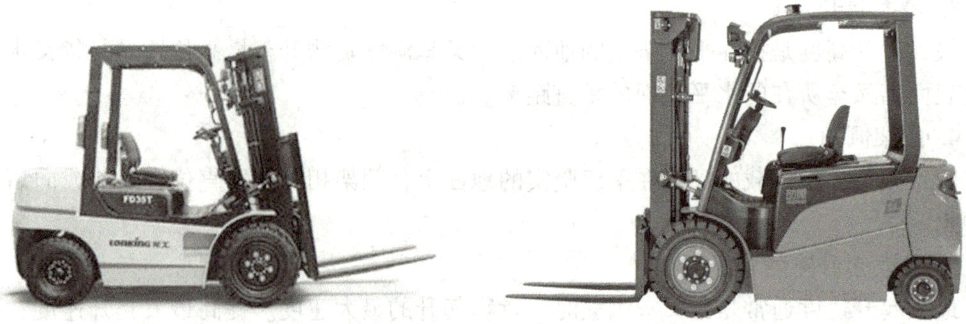

图 4-30 平衡重式叉车

（二）集装箱叉车

集装箱叉车是指集装箱码头和堆场上常用的搬运、装卸集装箱的专用叉车，如图4-31 所示。它既可用门架顶部吊具起吊搬运集装箱，也可用货叉插入集装箱底部叉槽举升搬运集装箱。集装箱叉车主要用于堆垛空集装箱等辅助性作业，也可在集装箱吞吐量不大的综合性码头和堆场进行集装箱装卸，或短距离搬运。

图 4-31 集装箱叉车

集装箱叉车有很多优点，比如，机动灵活，作业范围大；相对其他集装箱机械，设备购置费用低廉；通过更换属具，可用来装卸搬运其他件货，达到一机多用的效果。但它也存在一些缺点：常用的正面集装箱叉车横向尺寸大，所需通道宽度大，且堆码层数较少，堆场面积和高度的利用率低；满载时前轮压大，对码头前沿和堆场通道路面的承载能力要求高；行走时集装箱阻挡视野，对箱作业有一定难度。

（三）侧面式叉车

侧面式叉车的门架、起升机构和货叉位于叉车的中部，可以沿着横向导轨移动，货叉位于叉车的侧面，侧面还有一个货物平台，如图 4-32 所示。当货叉沿着门架上升到大于货物平台高度时，门架沿着导轨缩回，降下货叉，货物便被放在叉车的货物平台上，有利于叉取、搬运条形长尺寸货物，如木条、钢筋等。侧面式叉车的门架和货叉在车体一侧，车体进入通道，货叉面向货架或货垛，装卸作业不必先转弯再作业，因此侧面式叉车适合于窄通道作业。

图 4-32　侧面式叉车

（四）前移式叉车

前移式叉车是指对成件托盘货物进行装卸、堆垛和短距离运输作业的前移轮式搬运车辆，一般用于仓储大型物件的运输，如图 4-33 所示。前移式叉车按操作方式可分为座驾前移式和站驾前移式，起重量较小，往往采用电动机进行驱动。前移式叉车结合了电动堆垛机与平衡重式叉车的优点，具有操作灵活、高载荷的优点，同时体积和自重不会增加很多，能最大限度地节省作业空间，大大提高了仓库空间的利用率，适用于轻工、烟草、纺织、食品、超市等行业的狭窄空间物料搬运和堆垛作业。

图 4-33　前移式叉车

（五）伸缩臂式叉车

伸缩臂式叉车是装有可伸缩的吊臂，将货叉或属具安装在吊臂上，对货物进行吊装或叉装作业的叉车，如图 4-34 所示。伸缩臂式叉车的货叉可跨越障碍、穿越孔口等进行叉装作业，并能在复杂工况下进行多排货物的堆、拆、垛作业。伸缩臂式叉车的前方视野良好，对通道净空高度的要求较低，可以跨越障碍进行货物的堆垛作业，并可通过变换叉车属具进行多种作业。另外，缩臂式叉车整车重心后移，利于提高运行的稳定性，通过臂杆的移动而不需要利用车辆的移动来对准货位，利于提高堆垛的稳定性。

图 4-34 伸缩臂式叉车

（六）三向堆垛叉车

三向堆垛叉车又称窄巷道叉车，通常配备一个三向堆垛头，叉车不需要转向，货叉旋转就可以实现两侧的货物堆垛和取货，完美适合仓库狭窄通道作业。三向堆垛叉车可分为低位驾驶式和高位驾驶式。

低位驾驶式三向堆垛叉车的驾驶室始终在地面不能提高；车升，考虑到操作视野的限制，主要用于提升高度低于 6 米的工况，如图 4-35 所示。

图 4-35 低位驾驶式三向堆垛叉车

高位驾驶式三向堆垛叉车的驾驶室可以提升，驾驶员可以清楚地观察到任何高度的货物，也可以进行拣选作业，如图 4-36 所示。高位驾驶式三向堆垛叉车的效率和各种性能都优于低位驾驶式三向堆垛叉车，因此该车型已经逐步替代低位驾驶式三向堆垛叉车。

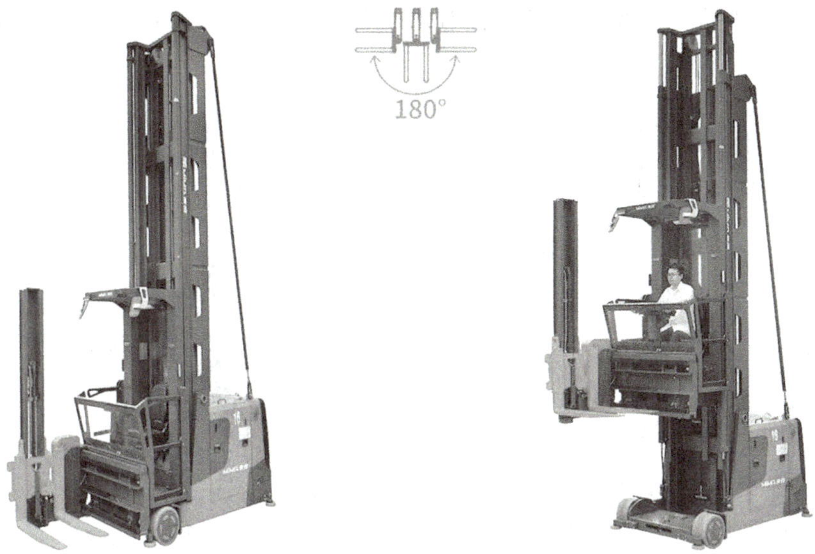

图 4-36　高位驾驶式三向堆垛叉车

（七）仓储叉车

仓储叉车主要是为仓库内货物搬运而设计的叉车。除了少数手动托盘叉车是采用人力驱动，其他都是以电动机驱动，因其车体紧凑、移动灵活、自重轻和环保性能好，在仓储业得到普遍应用。常见的仓储叉车主要有电动托盘搬运车和电动托盘堆垛车。

1. 电动托盘搬运车

电动托盘搬运车是一种在国内外应用广泛且市场潜力巨大的轻小型仓储工业车辆，如图 4-37 所示。它以蓄电池为动力，直流电机驱动，液压工作站提升，操纵手柄集中控制，站立式驾驶。电动托盘搬运车作业方便、平稳、快捷，外形小巧，操作灵活，低噪声、低污染，能在商场、超市、仓库、货场、车间等场所作业，尤其适合食品、纺织、印刷等轻工行业使用。

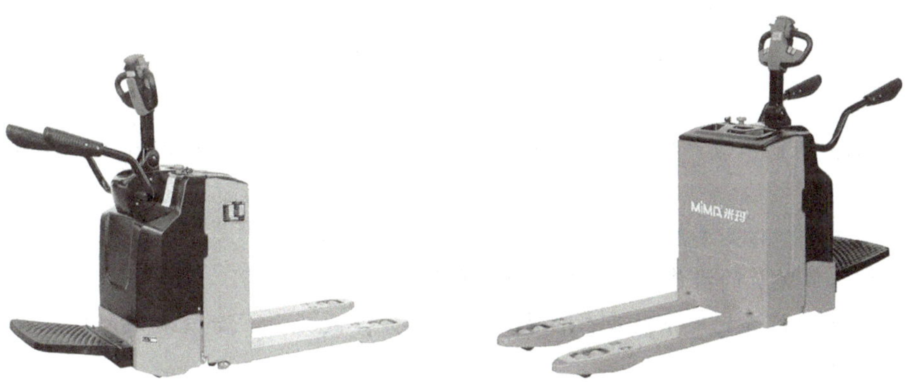

图 4-37　电动托盘搬运车

2. 电动托盘堆垛车

电动托盘堆垛车是高架仓库、超市、车间装卸和堆垛托盘化货物的车辆设备，适用于狭窄通道和有限空间内的作业，如图 4-38 所示。使用电动托盘堆垛车作业，可以极大地提高工作效率，减轻工人的劳动强度，可广泛应用于石油、化工、制药、轻纺、军工等工业，以及港口、铁路、货场、仓库等含有爆炸性混合物的场所进行装卸、堆码和搬运作业。

图 4-38 电动托盘堆垛车

案例 4-4

叉车安全操作规程

一、叉车安全驾驶守则

1. 必须经过相关部门考试合格，取得政府机构颁发的特殊工种操作证，方可驾驶叉车，并严格遵守以下各项安全操作规程。

2. 必须认真学习并严格遵守操作规程，熟悉车辆性能和操作区域道路情况。掌握维护叉车保养基本知识和技能，认真按规定做好车辆的维护保养工作。

3. 严禁带人行驶，严禁酒后驾驶；行驶途中不准饮食和闲谈；不准行驶途中用手机通话。

4. 车辆使用前，应严格检查，严禁带故障出车，不可强行通过有危险或潜在危险的路段。

二、叉车安全作业手册

电动叉车驾驶员的操作必须符合安全规程的要求。

1. 运行前要检查刹车系统有效性和电池电量是不是充足，如发现缺陷就在运行前处理完善后再操作。

2. 搬运货物时不允许用单个货叉运转货物，也不允许用货叉尖端去挑起货物，必须是货叉的全部插入货物下面并使货物均匀地放在货叉上。

3. 平稳起步，转向前一定要先减速，正常行驶速度不要过快，平稳制动停车。

4. 不准在货叉上站人，叉车上不准载人运行。

5. 对于尺寸较大的货物要小心搬运，不要搬运未固定或松散的货物。

6. 定期检查电解液，禁止使用明火照明来检查电池电解液。

7. 停车不用前，要将货叉下降着地并将叉车摆放整齐，停车并断开整车。

8. 电源电量不足时，叉车的电量保护装置自动开启，叉车货叉将拒绝上升操作，禁止继续载货使用，此时应该空车驶到充电机位置给叉车充电。

9. 充电时，先断开叉车工作系统与电池的连接，再将电池与充电机连接，再连接充电机与电源插座，开启充电机。

10. 通常情况下，智能型充电机无须人工干预，非智能充电机，则可以人工干预充电机输出电压与电流值，通常电压输出值比电池标称电压高10%即可，输出电流应该设定为电池额定容量的1/10左右。(例如DC24V/210AH电池，充电机输出电压与电流可设26V，21A)

（资料来源：叉车安全操作规程. https：//baike. baidu. com/item/叉车安全操作规程）

案例思考

1. 叉车在物流过程中有哪些作用？具备哪些技术参数？
2. 常见的叉车有哪些类型？
3. 叉车操作需要注意哪些事项？

任务五　智能搬运设备

一、智能搬运设备概述

制造业的生产过程涉及各种材料的搬运工作，在传统的生产模式中主要是利用人工作业的方式进行搬运，但花费时间长，效率低。因此，为了提高零件的搬运效率，搬运机器应运而生。通过应用物联网技术、RFID技术、信息软件技术等实现搬运过程的高度智能化、自动化操作的设备我们称为智能搬运设备。目前常见的智能搬运设备有穿梭车、搬运机器人（智能AGV）、智能小推车等。

2012年，亚马逊斥资7.75亿美元收购Kiva Systems公司的机器人项目，在作业现场引入Kiva机器人，分拣处理能力提高了近50%，在业内引起轰动。随着国内电商的飞速发展，近年来，电商物流对Kiva机器人的需求日渐增多，带动了智能搬运设备市场的发展，国内海康威视、怡丰、快仓等自动化设备公司仿照Kiva机器人，开发了自已的仓储搬运机器人产品，并且在天猫、京东等公司的仓库内得以应用，取得了良好反响。

二、常见的智能搬运设备

（一）穿梭车

1. 穿梭车系统的定义、功能及发展

穿梭车，顾名思义，是物流系统中一种执行往复输送任务的小车。其基本功能是在物流系统中（平面内）通过轨道上的往复运动完成货物单元（主要是托盘和料箱）的输送。

有别于提升机（垂直输送）、AGV（自动导向、无轨道）及堆垛机（托盘式AS/RS，三维输送），穿梭车因其灵活性广泛应用于物流配送中心和生产物流系统。穿梭车按照输送货物的单元类型可以分为托盘式穿梭车和箱式穿梭车；按照其作业场地不同，可分为输送型穿梭车和存取型穿梭车。此外，从载荷及存储形式看，还有单工位单深度、单工位双深度、单工位多深度、双工位单深度、双工位双深度、双工位多深度，以及多工位的诸多变化，但应用最多的还是单工位单深度和单工位双深度两种形式。相对于输送型穿梭车超过50年的发展历史，存取型穿梭车的历史要短得多。最早的穿梭板和子母车的应用到现在也不过20年历史，而四向穿梭车（见图4-39）的应用是最近10年以内的事情。究其原因，主要是由电池技术和充电技术的限制所致，当然，网络技术和通信技术的发展也是重要原因。随着电池、网络等关键问题的逐步解决，穿梭车技术被迅速应用于物流系统。在我国，最早的穿梭板应用可以回溯到2010年之前，基本采用半自动方式，由叉车进行换巷道和换层作业。穿梭车解决了两大问题：一是密集存储问题，采用穿梭车系统，可以大幅度提升存储密度；二是快速存取问题，其实，目前火热的“货到人”拣选技术的兴起的根本原因在于采用多层穿梭车等技术，彻底解决了快速存取问题。可以说，穿梭车技术的发展，为未来的物流技术发展奠定了基础并指明了方向，开辟了一片新天地。

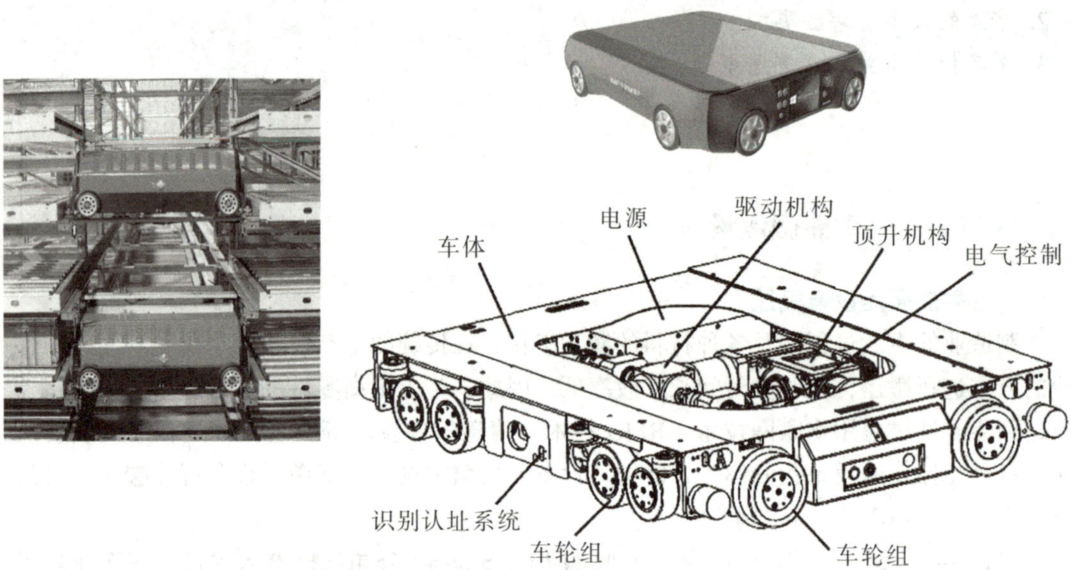

图4-39 四向穿梭车

2. 穿梭车系统的基本构成

穿梭车系统的基本构成多种多样，作为一个独特的物流系统，它与普通的物流自动化系统有许多相似之处，但也有很大的不同。一般情况下，其系统构成如图4-40所示。调度系统是穿梭车系统至关重要的子系统之一，有些功能是其他物流系统没有的。托盘式穿梭车系统主要用于密集存储，其收货系统主要包括输送机（包括提升机）；储存系统则包括货架、穿梭车、提升机等，有些也采用堆垛机（AS/RS）完成穿梭车的换层；发货系统包括输送机及拣选系统等。有些系统比较简单，如穿梭板可以自行构成系统；有些系统则比较复杂，如采用机器人完成入库码垛和出库拆垛等。箱式穿梭车系统主要用于“货到人”拣选系统，其收货系统包括收货换箱工作站和收货输送系统；储存系统包括货架及轨道、穿梭车（包括多层穿梭车、子母车、四向穿梭车等）、提升机等；发货系统则包括拣选工作站、包装工作站和输送系统等，根据其多工位应用实景（见图 4-41），有些系统会更简单或更复杂一些。穿梭车是系统的核心产品，其本身包括车体和移载机构。其中，多层穿梭车只能完成往复运动，有的可以依靠提升机完成换层；四向穿梭车可以完成平面内的 X 方向和 V 方向的运动，换层则通过提升机来完成；还有一种子母车，母车完成巷道内 X 方向的运动，子车可以完成 V 方向的运动。移载机构有很多种形式，其中夹抱式货叉应用比较多。穿梭车采用电池供电，为满足作业需要，要求一次完全充电能够满足 6 小时以上的正常作业，并且能够快速充电；托盘式穿梭车有固定的充电站，箱式穿梭车则采用多种充电形式，如在提升机上充电就是一种快速充电的方式。

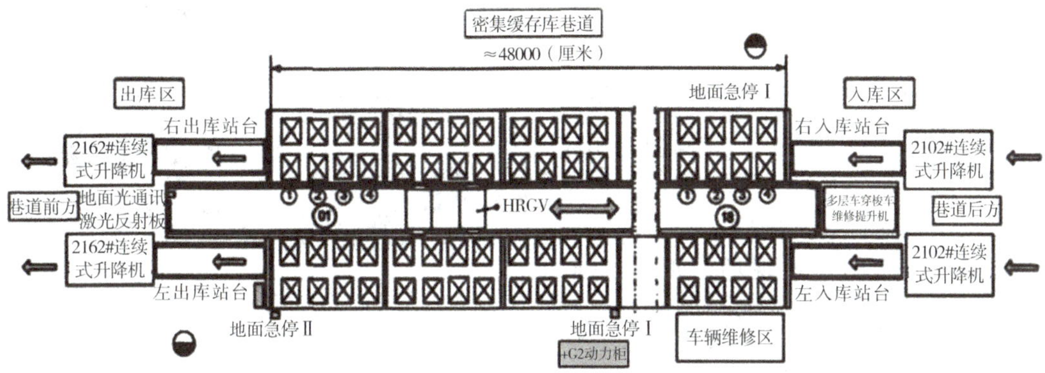

图 4-40　穿梭车系统构成

图 4-41　穿梭车多工位应用实景

（二）搬运机器人

1. 搬运机器人概述。

搬运机器人是一种以充电电池为动力，自动导引的无人驾驶自动化车辆。它能在计算机的监控下按路径规划和作业要求，精确行走并停靠到指定的地点，从而完成一系列的作业任务。

当前最常见的搬运机器人为 AGV 搬运机器人，其功能主要集中在自动物流转运方面。

AGV 搬运机器人是通过特殊地标导航自动将物品运输至指定地点的。其导航方式主要有以下几种。

(1) 磁感应式

也就是我们最常见的磁条导航。通过在地面粘贴磁性胶带，AGV 自动搬运车经过时车底部装有电磁传感器，会感应到地面磁条地标，从而实现自动行驶运输货物，站点定义则需要依靠磁条极性的不同排列组合设置。

(2) 激光感应式

通过激光扫描器识别设置在其活动范围内的若干个定位标志来确定其坐标位置，从而引导 AGV 运行。

(3) RFID 感应式

通过 RFID 标签和读取装备自动检测坐标位置，实现 AGV 小车的自动运行，站点定义通过芯片标签任意定义，即使是最复杂的站点设置也能轻松完成。

图 4-42 搬运机器人的作业现场

搬运机器人的作业现场，如图 4-42 所示。

2. 搬运机器人提升拣选效率

“货到人”拣选，即在物流拣选过程中，人不动，货物被自动输送到拣选人面前供人拣选，与之相对的拣选方式是“人到货”。

“货到人”拣选有超过 40 年的发展历史。最早的“货到人”拣选是由自动化立体仓库完成的，托盘或料箱被自动输送到拣选工作站，剩余的部分仍然自动返回自动立体库中储存，两种拣选模式如图 4-43 所示。在“人到货”模式中，集配拣选人员按照零件排序清单逐项来到各个指定库位进行拣选，当订单密度小时，人员需要频繁地在库位之间走动，导致作业充实度较高。相比之下，集配拣选人员站在指定地点，通过扫描清单或物料

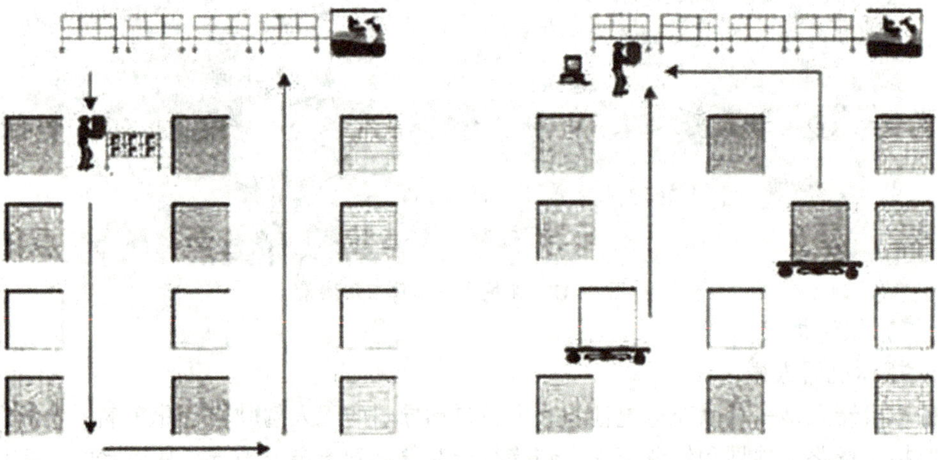

(a) “人到货”模式　　(b) “货到人”模式

图 4-43 两种拣选模式

呼叫等方式向仓储搬运机器人的调度系统传送需求信息，调度系统根据需求信息向仓储搬运机器人下达任务指令，仓储搬运机器人按照指令潜入指定库位台车底部，将台车及其上方容器顶起，转运到集配拣选人员附近。按照这种方式，人员只需要在小范围内走动即可，这极大缩减了行走时间，提高了工作效率。

（三）智能小推车

智能小推车（见图 4-44）的手柄配备了控制器，通过驱动该控制器，可以轻松操控推车，还可以跟在配备信号标记的用户身后自动行走。

图 4-44 智能小推车

这样，不用很多工人，不用多次重复走同一路线就可以完成货物搬运。推车通过利用机器人配备的传感器，可以监控现场，即时侦测与前车的车距。比如，利用加速度传感器，可以掌握推车上的货物是如何被处理的。通过分析什么位置受到了强烈碰撞等，可以了解现场需要做哪些改善及工人有没有粗暴处理货物等。另外，推车结合后端仓储系统，可以做到统一的商品库存管理及更新，能提高仓库和配送中心的拣选操作效率。

（四）智能码垛机器人

智能码垛机器人的手臂是一个吸力夹，主要用来提升和抓取货物，可轻松自如地在仓库中装载、卸载和搬运物品。

智能码垛机器人运作灵活精准、快速高效、稳定性高，在码垛行业有着相当广泛的应用，大大节省了劳动力和空间。

智能码垛机器人通过身上的视觉系统能够帮助寻找货箱和可以用来装载货箱的运货盘。当智能码垛机器人将一个盒子放在托盘上时，它会控制用力将每个盒子紧贴在一起，能在仓库货架之间轻松自如地搬运重量高达 15 千克的箱子，完成精准定位货物位置，搬运时还可以根据货物高度调整腿长和身高，智能码垛机器人的作业现场如图 4-45 所示。

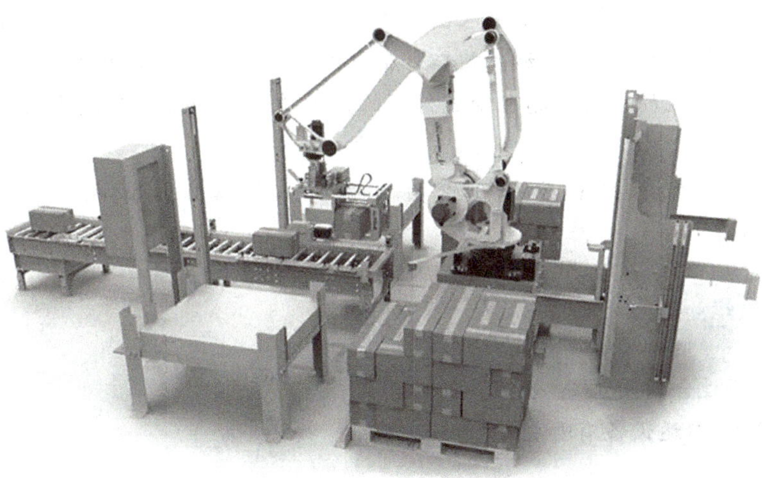

图 4-45 智能码垛机器人的作业现场

案例 4-5

AGV 的发展前景

AGV 分拣指的是基于 AGV（即自动导引小车，也被称为移动机器人）完成自动分拣的一种新型分拣方式。两年前，一套被称为“小黄人”的 AGV 分拣机器人系统在申通分拨中心应用，这种颠覆传统分拣作业模式的新型分拣技术迅速在业内受到广泛的关注。

近几年，随着电商行业的迅猛发展，包裹数量飙升，我们已经进入 10 亿级别的新物流时代，这给电商物流中心、邮政/快递分拨中心等场景下的分拣作业带来了严峻的挑战。一方面，是分拣作业量的陡增；另一方面，是对效率、准确率和体验要求的不断提高。然而，快递物品种类繁多，规格不一，传统分拣系统难以集中化、批量化处理。同时，用工难问题不断凸显，特别是在“618”“双 11”“双 12”等订单业务高峰期，用工荒现象进一步暴露。因此，市场对高效率、低成本、高柔性的分拣解决方案提出了新的要求。

正是在这样的背景下，兼具柔性、效率和成本优势，AGV 分拣机器人应运而生，开始在电商、邮政、快递等行业得到越来越多的应用。在 2018 年“双 11”前，菜鸟网与圆通速递联合宣布启用圆通杭州转运中心超级机器人分拨中心。据悉，350 台 AGV 分拣机器人昼夜作业每天可完成超 50 万件的包裹分拣。北京极智嘉科技有限公司（Geek+）在中国邮政武汉处理中心建立了全邮件、全流程、全系统、全自动的机器人分拣系统解决方案，这是全国快递行业首个全功能智能机器人项目，380 台分拣机器人，作业效率可达到 20000 件/小时。Geek+在 2018 年“双 11”期间的数据也非常亮眼。Geek+的平台式分拣系统在中国邮政武汉分拨中心单日分拣包裹超过 25 万件，落地式分拣系统在某电商平台仓库单日分拣超 15 万件。据介绍，海康威视移动机器人帮助众多电商、快递企业平稳度过各类电商大促期间天量包裹的分拣考验。如在某知名电商位于上海的全球首个全流程无人仓项目 2000 平方米的分拣场中，上下层共有近 400 台海康威视移动机器人投入运行，实现了小件快递和集合包裹的无人分拣、搬运作业，效率可达人工作业的 4 倍以上。为了进一步提高 AGV 分拣系统的效率，快仓开发了具备两条传送皮带，一次可以传送两个包裹的分拣机器人，目前这些机器人已经大量应用在中国邮政等企业的项目中。

快仓分拣机器人的不断创新和高效作业能力体现的不单单是快仓机器人的实力，更意味着 AGV 分拣机器人的应用引起了物流行业的广泛关注，并且正在成为物流智能化发展的新趋势。

（资料来源：浅谈 AGV 分拣在电商仓储的应用前景，https：//zhnanlan. zhihu. com/p/71676984）

案例思考

1. 什么情况下适合采用 AGV 分拣？
2. 常见的 AGV 搬运设备有哪些？

项目实训

实训 1

项目名称：输送设备常见故障调研。

实训目的：通过调研输送设备常见故障和查找排除方法，了解输送设备的常见故障和简单操作方法。

实训器材：计算机、互联网、输送设备。

实训指导：通过互联网搜集输送设备常见故障和排除方法。

实训报告：撰写一份输送设备常见故障及排除的调研报告，要求至少针对某一类型输送设备的三个常见故障。

实训 2

项目名称：装卸桥操作。

实训目的：通过调研码头装卸桥对集装箱的装卸操作，了解集装箱码头的装卸流程和常见起重设备工作过程。

实训器材：计算机、互联网。

实训指导：通过计算机、网络和视频资料查看码头岸边集装箱起重机对集装箱的装卸操作。

实训报告：撰写集装箱码头的集装箱装卸操作报告，画出装卸桥作业流程图，并总结操作过程中的注意事项。

实训 3

项目名称：叉车堆垛操作。

实训目的：通过叉车完成托盘货物的堆垛作业，掌握叉车的简单操作和作业注意事项。

实训器材：叉车、托盘、箱式货物。

实训指导：按照分好的小组，依次完成托盘箱式货物的堆垛操作，可以设计行进路线，适当增加弯道，提高驾驶叉车的灵活性和稳定性训练。

实训报告：撰写叉车作业操作报告，画出叉车堆垛作业流程图，并总结操作过程中的得失。

项目检测

一、不定项选择题

1. 按照性能和功用，叉车分为很多种，其中应用最为广泛的是（　　）。

A. 平衡重式叉车　　B. 叉腿式叉车

C. 前移式叉车　　D. 高位拣选式叉车

2. 运输量大，但不适用于破碎后品级降低的物料，也不适用于输送容易飞扬的粉尘状物料的输送设备是（　　）。

A. 带式输送机　　B. 斗式提升机

C. 螺旋输送机　　D. 气力输送机

3. 可以在路面不好的情况下作业，稳定性好，但运行速度低，并且容易损坏路面，一般只适合于建筑工地使用的起重机是（　　）。

A. 履带式起重机　　B. 桥式起重机　　C. 汽车起重机　　D. 轮胎起重机

4. 成件货物连续输送机，主要包括（　　）。

A. 辊子输送机　　B. 悬挂式输送机　　C. 链条输送机　　D. 带式输送机

5. 散装货物连续输送机，主要包括（　　）。

A. 刮板输送机　　B. 斗式提升机　　C. 螺旋输送机　　D. 气力输送机

二、填空题

1. 起重设备的工作机构有________、________、________和旋转四大机构。
2. 装卸搬运设备机械化设备中常用的主要有________、________、________。
3. 叉车是装有____________，可自由地插入托盘进行____________和____________作业，依靠液压机构________，可行驶实现货物的________车辆。
4. 带式输送机的主要装置有输送带、________、驱动装置、________、装载和卸载装置、清扫和制动装置。
5. ________叉车装卸作业不必先转弯再作业，适合于窄通道作业。

三、简答题

1. 起重设备的工作过程是怎么样的？
2. 不同类型的输送设备主要适用于哪些货物？
3. 叉车的载荷中心距指的是什么？
4. 输送设备存在着哪些优缺点？
5. 平衡重式叉车的主要结构是什么？

拓展阅读

危险化学品装卸搬运安全要求

危险化学品具有自燃、爆炸、助燃、毒害、腐蚀等危险特性，受到摩擦、震动、撞击，或接触火源、日光暴晒、遇水受潮，或温度、湿度变化，以及性能相抵触等外界因素的影响，会引起燃烧、爆炸、中毒、死亡等灾害性事故，造成重大的破坏和损失。因此，在装卸搬运过程中的安全操作极为重要。对于不同特性的危险化学品，其装卸搬运有各自特殊的要求。作业现场应有统一指挥，有明确固定的指挥信号，以防作业混乱发生事故。作业现场装卸搬运人员和机具操作人员，应严格遵守劳动纪律，服从指挥。非装卸搬运人员，均不准在作业现场逗留。对各种装卸设备，必须制定安全操作规程，并由经过操作训练的专职人员操作，以防发生事故。在装卸搬运危险品操作前，必须严格执行操作规程和有关规定，预先做好准备工作，认真细致检查装卸搬运工具及操作设备。工作完毕后，沾染在工具上面的物质必须清除，防止相互抵触的物质引起化学反应。对操作过氧化剂物品的工具，必须清洗后方可使用。装卸危险品应轻搬轻放，防止撞击摩擦、摔碰震动。液体铁桶包装卸垛，不应用快速溜放法，防止包装破损。对破损包装可以修理者，必须移至安全地点，整修后再搬运。整修时不得使用可能发生火花的工具。

思考：结合所学知识，想一想在工作中遇到危险品的装卸搬运任务，应怎样来完成？你觉得还应注意哪些具体事项？

（资料来源：海川讲安全，危险化学品装卸搬运安全要求，https：//baijiahao. baidu. com/s？id=1643747715830495601）

课程案例

青岛“无人码头”展示“中国速度”

在青岛港前湾港区南岸，一座高效装卸作业的自动化码头里一派忙碌的景象。一个个来自世界各地的集装箱从货轮被运到码头，一个个满载中国货物的集装箱被装到去往世界各地的货轮上，靠的全是机器人在操作。值得一提的是，目前，青岛港自动化码头的平均单机效率已达到 36. 1 自然箱/小时，不断刷新着由自己创造的世界纪录。

这座工作效率全球第一的全自动化集装箱“无人码头”，为世界港口提供了转型升级样本。“无人码头”找不到一个工人的身影。无人驾驶的吊装机将货轮上的集装箱整齐有序地放到无人驾驶的平板车上，再由平板车输送到码头的储存仓，整齐堆放好，一气呵成，如图 4-46 所示。

图 4-46　青岛港无人码头

“我们这是完全拥有自主知识产权、全球领先、亚洲首个真正意义上的全自动化集装箱码头。”青岛新前湾集装箱码头有限责任公司党委副书记栾宝波介绍说，自 2019 年 5 月 11 日投产运营以来，青岛港全自动化集装箱码头用实实在在的数据，交出了一份震惊业内的成绩单：当年投产、当年达产、当年盈利，由开港运营之初的平均单机装卸效率 26. 1 自然箱/小时，在同年 10 月提升到 30 自然箱/小时，全面超过人工码头。

其实，青岛港人工码头装卸效率一直保持在世界先进水平，甚至还创造了振超效率这样让全球领先的工作效率。不过，新使用的自动化码头再次让世人刮目相看。据统计，目前，青岛港自动化码头的平均单机效率已达到 36. 1 自然箱/小时，并不断刷新由自己创造的世界纪录。2021 年 12 月 31 日，青岛港“无人码头”创出了单机平均效率 43. 23 自然箱/小时的最新世界纪录。

青岛港“无人码头”的高效优质服务也得到马士基航运、中远海运、以星综合航运、达飞轮船、赫伯罗特等船公司的一致点赞。2021 年 12 月，作为自动化码头的主要客户，世界知名的集装箱航运公司以星综合航运给青岛港发来感谢信，青岛港全自动化码头的作业效率、船舶直靠、计划兑现、综合物流服务等四大指标均排名第一，荣获以星航运 2021 全球港口最佳效率奖、最佳综合服务奖。

当前 5G 时代已经到来。目前，青岛港自动化集装箱码头已完成了基于 5G 连接的自动岸桥吊车的控制操作，实现了通过无线网络抓取和运输集装箱。这是全球首例在实际生产环境下的 5G 远程吊车操作。

2022 年，“智能+”概念首次在政府工作报告中出现。“智能+”将接棒“互联网+”，成为传统行业改造升级新动力。对正发力“智慧港口”建设的青岛港而言，自动化码头提供了让港口行业“智能+”的最佳参考模型。青岛港当前正在加快构建智慧港口建设顶层设计，打造数字时代智能生产新样板，共建共享共用港航物流生态圈，打造一个更加智能、更加注重用户体验的世界一流海洋港口。

（资源来源：现代物流报，单机平均 36.1 自然箱/小时！厉害了青岛港！青岛“无人码头”展示“中国速度”，https：//www. sohu. com/a/327868336_ 120004713）

项目五

包装设备

【项目目标】

知识目标

- 掌握包装的含义、特点及分类；
- 掌握物流包装与销售包装的区别；
- 掌握包装作业在现代物流中的意义和作用；
- 了解常见包装设备的作用、结构及工作特点；
- 了解常见包装设备的选择和简单使用。

能力目标

- 能够区别物流包装与销售包装的不同作用；
- 能够正确选择包装设备和包装方式。

素质目标

- 建立良好的服务意识，不断提高设备管理能力和应用能力；
- 培养爱岗敬业、奉献社会的职业道德及在工作中勇于担当的责任心。

【导入案例】

打包机的市场潜力巨大

20世纪60年代初，随着聚丙烯材料的出现，国外成功研制了聚丙烯塑料带打包机。在许多领域，特别是轻工领域，打包机逐渐代替钢带捆扎，得到了迅速普及。

我国的自动打包机从20世纪80年代中期开始发展，最初在书籍、报刊发行部门获得推广，近年来发展异常迅速，现已广泛应用于轻工、食品、外贸、百货、印刷、医药、化工、邮电、纺织等行业。

打包机通常是指直接将单个或数个包装物用绳、钢带、塑料带捆紧扎牢，以便于运输、保管和装卸的一种包装作业机械。

我国打包机市场发展主要呈现以下特点。

打包机技术含量日趋增加。我国现有的一些打包机产品技术含量不高，而国外已将很多先进技术应用在打包机上，如远距离遥控技术（包括监控）、步进电机技术、自动柔性补偿技术、激光切割技术、信息处理技术等。

打包机市场日趋垄断化。目前，我国除了钢带打包机、气动打包机、小型全自动打包机、半自动打包机有一定规模和优势，其他包装机械几乎不成体系和规模。特别是市场需求量大的一些成套包装生产线，在全球市场上均被几大包装机械企业（集团）所垄断。

打包机零部件生产日趋专业化。国际包装界十分重视提高打包机加工和整个包装系统各部件的兼容性，所以打包机零部件生产专业化是发展的必然趋势。很多零部件不再由打包机生产厂家生产，而是由一些通用的标准件厂生产，某些特殊的零部件由高度专业化的生产厂家生产，真正有名的包装机械厂将可能是组装厂。产品向多功能与单一、高速两极化发展。打包机的作用最终在于提高生产效率和实现产品多样化。

我国打包机技术整体还落后于发达国家，但是我国打包机市场的需求促进了打包机行业的发展，推动生产企业不断进行自我创新，改变落后的经营理念和发展思维。因此，我国打包机行业未来的发展非常乐观，只要企业能够抓住机遇，相信在不久的将来，我国打包机行业的发展水平会“站立”在世界包装行业发展水平的前端。

就发展趋势而言，主要表现为研制用于各种用途的打包机，如压缩打包机，以及研制代替钢带的重型带、聚酯带等，研制适应台式打包机的泡沫带、软带等，提高单机的自动化程度，使包装件从输送装置送进后，打包机能自动定位、捆扎、转位，并且以十字形、井字形等花样捆扎，采用微机控制以实现无人操作的自动捆扎生产线。国外的自动打包机已向40道/分钟至60道/分钟的目标发展。研制捆紧力随机调节的打包机，可以提高自动打包机在带宽、捆包规格、工作台高度、捆扎能力等环节的适应性。

目前，我国某些生产打包机的厂家通过采用国际标准和吸收国外先进技术特点的方式，在标准水平、设计制造技术和产品质量方面都有了较大的提升。

（资料来源：http：//www. chinabgao. com/info/44225. html）

案例思考

打包机广泛应用于哪些行业？

任务一 认识包装设备

一、什么是包装

包装是在流通过程中保护商品，方便储运，促进销售，按一定技术方法而采用的容器、材料及辅助物等的总称，也指为了达到上述目的而采用容器、材料和辅助物的过程施加一定技术方法等的操作活动。

二、包装分类

按其在流通领域的作用，包装分为物流包装和销售包装两大类。

（一）物流包装

物流包装是以满足货物运输、储存等物流作业要求为主要目的的包装。它是为了在商品流通过程中，方便货物的装卸搬运、运输配送和储存保管等工作，提高物流作业效率，保护货物所进行的包装，如图 5-1 所示。物流包装通常不随商品出售，外观上不像销售包装那样讲究，但包装上的标志必须清晰。

其中，集合运输包装是指将若干个单件包装组合成一件大包装或装在一个大的包装容器内，又称为成组运输包装。集合运输包装主要包括集装箱、集装袋和托盘。集合运输包装的主要作用如下。

（1）有利于装卸搬运的机械化、自动化。

（2）有利于提高物流效率及服务水平。

（3）可确保物品在物流过程中的安全。

（4）能节约包装材料、降低物流成本。

（5）能实现包装规格标准化。

图 5-1　物流包装

（二）销售包装

销售包装也称为商流包装，如图 5-2 所示。根据我国国家有关标准，其定义为：销售包装是直接接触商品，并随商品进入零售网点，和消费者或客户直接见面的包装。销售包装随同其内装商品一起销售。销售包装的特点有：表面设计和造型新颖、美观，装饰性强，有激发购买欲望的艺术魅力；方便携带和使用；包装单位适于顾客的购买量和商店柜台陈设的要求。

图 5-2 销售包装

三、物流包装与销售包装的区别

物流包装是为了满足运输要求而进行的包装，而销售包装通常是为了促进销售而进行的包装，二者的主要区别如表 5-1 所示。

表 5-1 物流包装与销售包装的区别

包装类型	发生地点	主要作用	最终去向
物流包装	商品流通过程中	保护商品运输	到消费者之前消失
销售包装	商品生产完毕时	提高商品附加值	随产品到消费者手中

四、包装设备的应用

对于包装作业来讲，不管是销售包装还是物流包装，包装质量的好坏，一是取决于技术和包装材料，二是取决于包装设备。目前，我国常用的包装设备状况如表 5-2 所示。

表 5-2 我国常用的包装设备状况

项　目	说　明
包装设备的种类	主要有封口机、装箱机、封箱机、捆扎裹包设备以及包装生产线等
包装设备的应用领域	食品、医药、化工、邮电、出版、机械、电子、纺织、钢铁、冶金以及军工等各个领域
包装设备的作用	①大大提高劳动生产率
	②包装产品质量稳定、卫生、可靠
	③改善劳动条件：免于操作者直接接触，防止污染，使操作者摆脱紧张重复的手工操作以及繁重的体力劳动，大为改善劳动条件
	④提高综合效益：实现了标准化，减少了物料损耗，降低了包装成本，提高了包装的综合效益
包装设备的发展方向	机械化、自动化、智能化

案例 5-1

深圳富润德公司对物流包装有话要说

包装在物流运输环节中，可能不太受大家的重视。但是，深圳富润德公司作为拥有多年经验的供应链管理专家，认为包装在运输中起到了非常重要的作用，特别是在国际货物运输中，运输距离远，周期长，需要使用多种交通运输工具，多次装卸搬运，经过许多中间环节，如转船、改变运输方式等，包装尤为重要。

深圳富润德公司在包装货物方面有自己独到的见解，并且拥有一支具备较强竞争力的专业化运营团队，具有向全国 20 多个省运输配送的能力。包装按层次可以分为三种状态，即个装、内装和外装。个装是货物的小包装单位，是对产品的直接保护形态；内装是把一个或数个个装集中在一个中间容器里；外装则是为了方便储运，采取必要的缓冲、固定、防潮、防水等措施，对整个货物进行保护。经过包装良好的货物，不仅可以在运输过程中，防止因车辆、轮船等的震动、颠簸造成的损害，还能方便货物的存储、装卸搬运，同时能有效地避免货物在装卸搬运时因没有固定牢固而砸伤他人。

（资料来源：深圳富润德供应链管理有限公司. 了解一下，包装对于物流运输的重要性，http：//www. frdscm. com/html/2019/lndustry/vens_ 06241957. htm）

案例思考

1. 包装在物流运输中起到什么作用？
2. 物流包装与商品销售包装有哪些不同？

任务二　常见包装设备

一、打包机概述

（一）打包机简介

打包机又称打带机、捆包机或捆扎机，是使用捆扎带捆扎产品或包装件，然后收紧并将两端通过热效应熔融或使用包扣等材料连接的机械。

打包机的作用在于加固包装物品，使物品在搬运、贮存过程中稳固、美观。常见的打包机主要有手动打包机、半自动打包机、全自动打包机，如图 5-3 至图 5-5 所示。

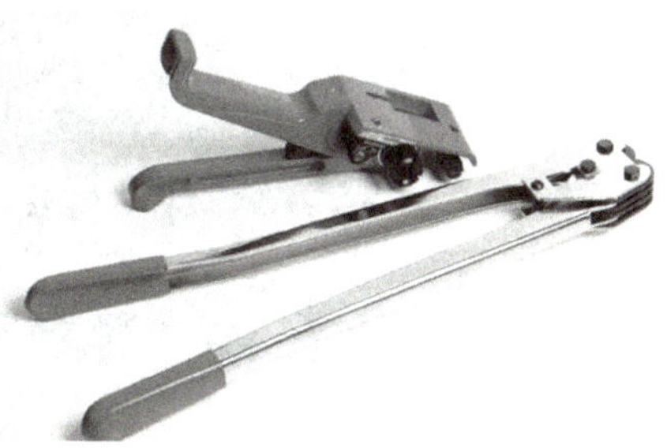

图 5-3　手动打包机

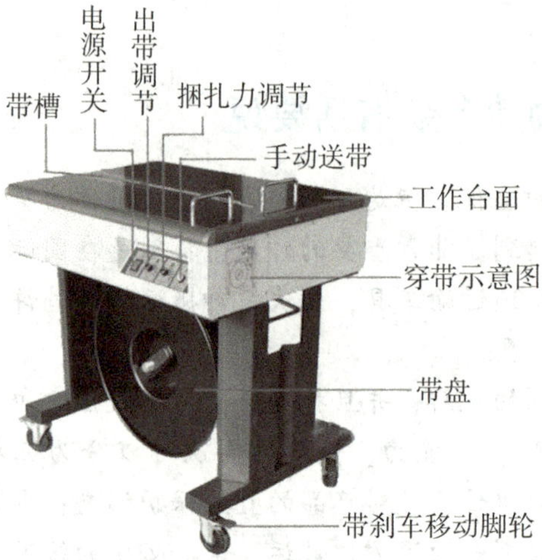

图 5-4 半自动打包机

图 5-5 全自动打包机

（二）打包机的工作原理

打包机主要由送带、退带、接头连接切断装置、传动系统、轨道机架及控制装置等几个主要部件组成。

打包机的功用使塑料带能紧贴于被捆扎包件表面。在打包过程中，打包物体基本处于打包机中间。首先右顶体上升压紧带子的前端，把带子收紧捆在物体上；然后左顶体上升，压在下层带子的适当位置，加热片伸进两带子中间，中顶刀上升，切断带子；最后把下一捆扎带子送到位，完成一个工作循环。

（三）打包机的分类

1. 按用途划分

按用途可分为金属打包机、塑料打包机、棉花打包机、秸秆打包机、废纸打包机（见图 5-6）等。

图 5-6 废纸打包机

2. 按机理划分

按机理可分为全自动水平式打包机、全自动加压穿剑式打包机、全自动穿剑式打包机

（见图 5-7）、全自动加压式打包机、无人化打包机、手提式打包机等。

3. 按性能划分

按性能可分为手动打包机、半自动打包机、全自动打包机、全自动无人化打包机（见图 5-8）等。

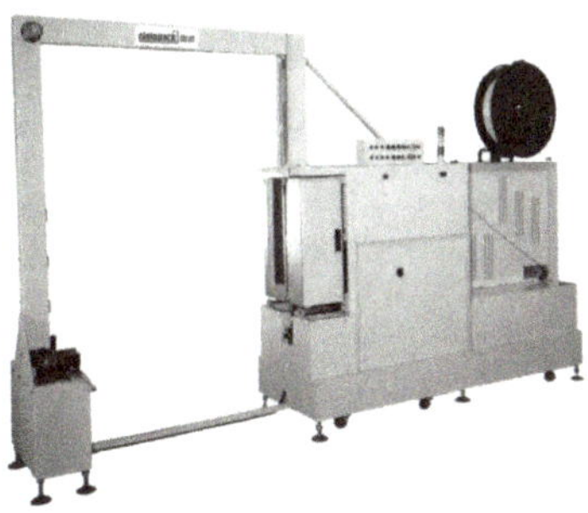

图 5-7　全自动穿剑式打包机

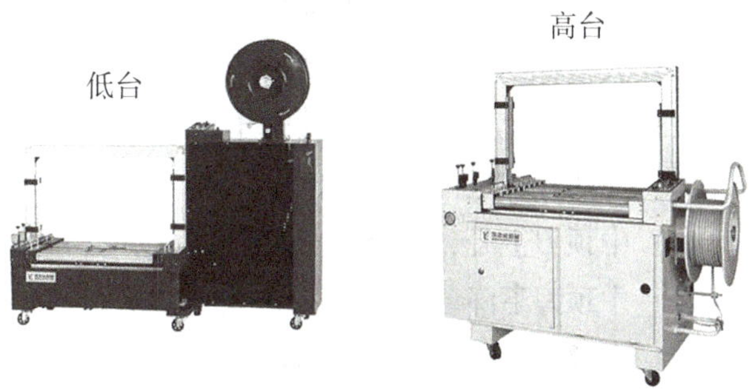

图 5-8　全自动无人化打包机

二、全自动打包机

（一）含义

全自动打包机只需要按动开关就可以自动完成打包，方便快捷。全自动打包机被广泛应用于医药、食品、服装、五金、化工、邮政等行业，适用于包裹信函、纸箱、纸张、五金工具、陶瓷制品、日化用品、汽车配件、文体用品、器材等各种大小货物的自动打包捆扎。

（二）工作原理

全自动打包机在工作时，首先，进行第一压头动作，将塑料带头部压紧；接着由凸轮控制微动开关接通收紧电磁铁，使压轮把塑料带紧压在持续转动的收带轮上，将导轨内的塑料带拉下，捆到包装件上；再由凸轮推动收带摆杆向右摆动，完成最终的捆紧功能。收回的塑料带均退入贮带箱内的上腔中。其次，进行第二压头动作，压住塑料带的另一端，与此同时舌板退出，电热板插入两带之间，随后第三压头上升，剪刀将塑料带剪断。最后，第三压头继续上升，两层塑料带被压与电热板接触，保证接触面能部分熔融，之后压头微降，待电热板退出后，再次上升把两层已局部熔化的塑料带压紧，使之黏合，经适当冷却后第三压头复位，面板退出，处于张紧状态的塑料带紧束在包装件上，完成捆扎动作。

（三）打包流程

（1）带子送到位。

（2）收到捆扎信号。

（3）制动器放开，主电机启动。

（4）右顶刀上升，顶住右带于滑板处。

（5）导板后退。

(6) 接近开关感应到退带探头。

(7) 主电机停转，制动器吸合。

(8) 退带电机启动，退带 0.35 秒。

(9) 带子收紧捆在物体上。

(10) 主电机二次启动，制动器吸合。

(11) 大摆杆二次拉带，收紧带子。

(12) 左顶体上升，压紧下层带子。

(13) 加热片伸进两带子中间。

(14) 中顶刀上升，切断带子。

(15) 中顶刀下降。

(16) 中顶刀再次上升，使两带子牢固黏合。

(17) 中顶刀下降，左、右顶刀同时下降。

(18) 加热片复位。

(19) 滑板后退。

(20) 导板复位。

(21) 接近开关感应到送带探头。

(22) 送带电机启动，带动带子送带。

(23) 大摆杆复位。

(24) 带子到位，带头顶于导板上。

(25) 接近开关感应到双探头。

(26) 主电机停转，刹车吸合。

(27) 完成一个工作循环。

(四) 分类

1. 按捆扎材料划分

(1) 塑料带打包机：用于中、小重量包装箱的打包，所用塑料带主要是聚丙烯带、聚酯带、尼龙带等。图 5-9 是常见的塑料带打包机。

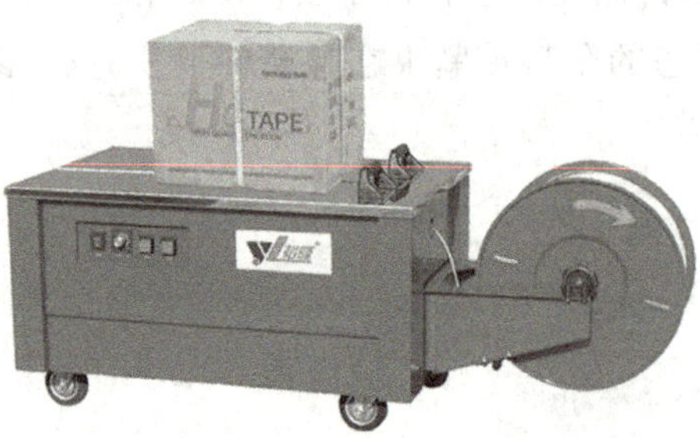

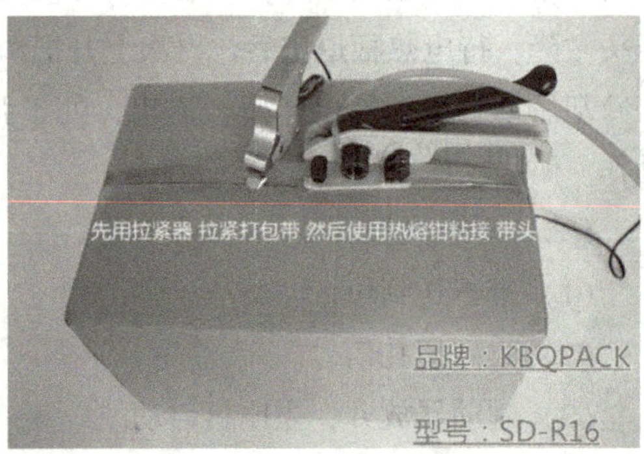

图 5-9 常见的塑料带打包机

（2）钢带打包机：用钢带作为捆扎材料，具有强度高等特点，主要用于沉重、大型包装箱。图 5-10 是常见的钢带打包机。

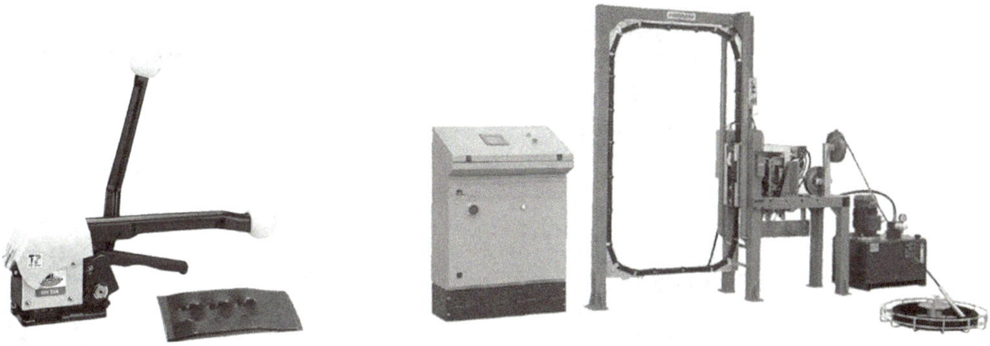

图 5-10　常见的钢带打包机

（3）手提式气动打包机：适用于钢铁、冶金、建材等行业，适合各种 PET 塑钢带。图 5-11 是常见的手提式气动打包机。

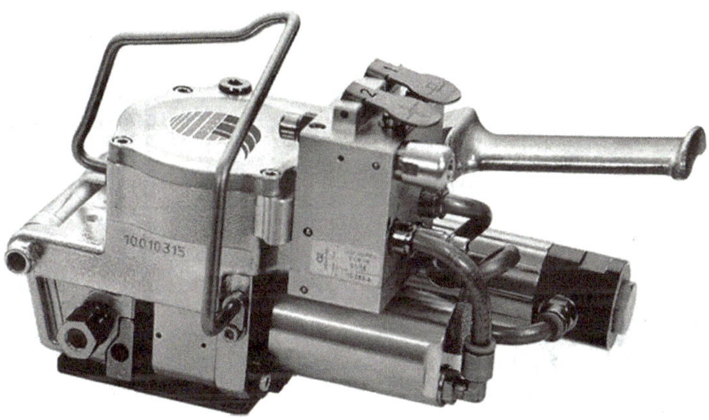

图 5-11　常见的手提式气动打包机

2. 按结构特点划分

（1）基本型打包机：适用于各种行业，其台面高度适合站立操作，多用于捆扎中、小包装件，如纸箱、钙塑箱、书刊等。

（2）侧置式打包机：捆扎带的接头部分在包装件的侧面进行，台面较低，适用于大型或污染性较大的包装件的捆扎。图 5-12 是常见的侧置式打包机。

（3）加压打包机：对于皮革、纸制品、针棉织品等软性、弹性制品，必须先加压，压紧后再捆扎。加压方式主要包括气压和液压两种。图 5-13 是常见的加压打包机。

（4）开合轨道打包机：打包机的带子轨道框架可在水平或垂直方向上开合，便于各种圆筒状或环状包装件的放入，然后轨道闭合捆扎。图 5-14 是常见的开合轨道打包机。

（5）水平轨道打包机：打包机的带子轨道为水平布置，对包装件进行水平方向捆扎，适用于托盘包装件等的横向捆扎。图 5-15 是常见的水平轨道打包机。

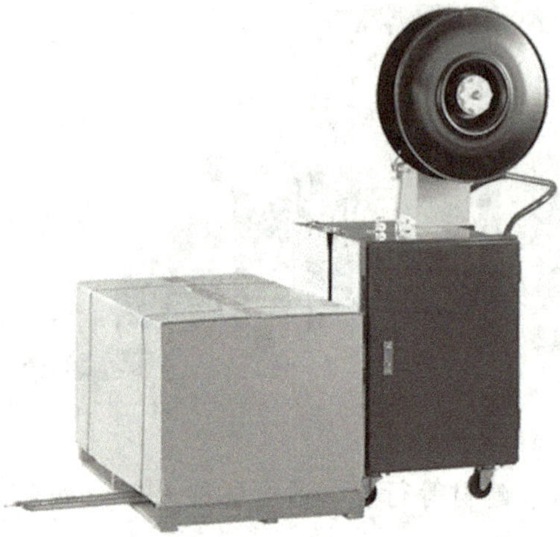

图 5-12 常见的侧置式打包机

图 5-13 常见的加压打包机

图 5-14 常见的开合轨道打包机

图 5-15 常见的水平轨道打包机

(五) 使用过程中的注意事项

1. 一定要做好电源的接地工作，插头上必须有符合要求的接地插脚，这样做是为了避免操作不当而引起触电。

2. 机器在运行过程中或在盖板后，不能用手随意触摸机器的运动部位，以免造成人身伤害。

3. 在具有腐蚀性和粉尘较大的工作环境中应尽量减少机器的使用频率，避免因使用不当而缩短机器使用寿命。

4. 需要特殊打包操作的物品，须在经过机器调试之后再进行工作，如易碎物品和易漏物品。

5. 全自动打包机的操作温度一般在25℃~50℃。

6. 在打包机正常工作期间，如非专业的技术人员，请保持1米以上的距离，技术人员不能随意将头、手伸入环形圈内，以免造成伤害。

7. 使用前必须制定安全操作规程，培训专门的操作人员进行操作，以防止意外的发生。

8. 操作人员在进行操作时，如果出现机器故障，一定要先切断电源再进行维修，或者请专业的技术人员进行维修。

三、裹包包装设备

（一）裹包

1. 裹包的含义

裹包就是在物品外面包上天然或人工制造的柔性材料，通过折叠、扭结、缠绕、黏合、热封、热成型和收缩等裹包操作，使物品被包装材料全部或局部包覆。

2. 裹包的特点

裹包适应了货物集装化储存、运输及机械化装卸作业的包装要求，适用于食品饮料、制灌、造纸、染料、塑胶化工、玻璃陶瓷等产品的包装。“量体裁衣”的贴身式裹包使包装材料最省。因外形紧凑，有利于节省流通运费。裹包既能提高生产效率，又能防止货物在搬运过程中的损坏，并且起到防尘、防潮及保洁作用。

（二）裹包机

完成裹包操作的机器，称为裹包机，如图5-16所示。

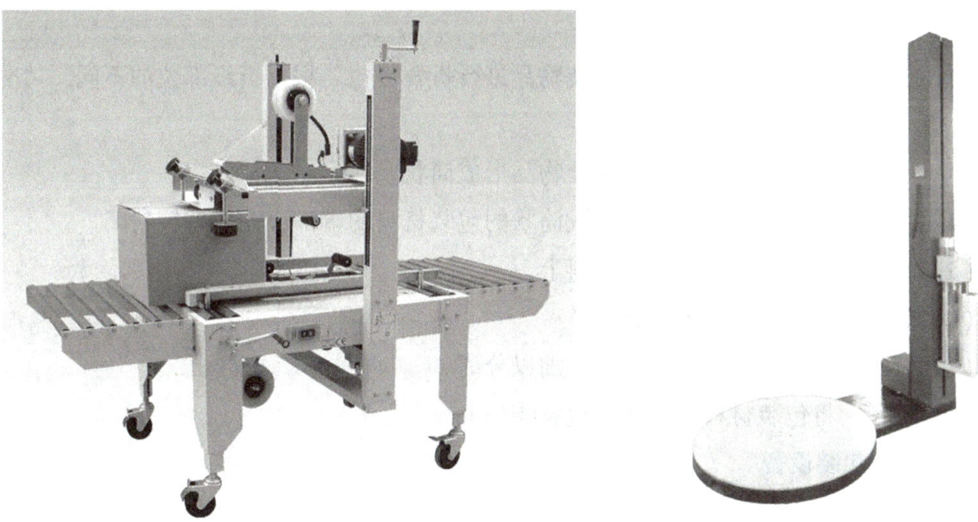

图5-16 裹包机

1. 裹包机的分类

按照包装形式的不同，可分为以下几种。

（1）半裹式裹包机。

（2）全裹式裹包机。全裹式裹包机包括折叠式裹包机、扭结式裹包机、接缝式裹包机和覆盖式裹包机。

（3）缠绕式裹包机。用成卷挠性包装材料多圈缠绕包装产品。

（4）贴体式裹包机。

（5）拉伸式裹包机。利用拉伸薄膜完成对大型商品和货物堆垛的集装式或加固式裹包。

（6）收缩式裹包机。利用收缩薄膜在加热烘道上完成裹包。

常见的裹包形式如图 5-17 所示。

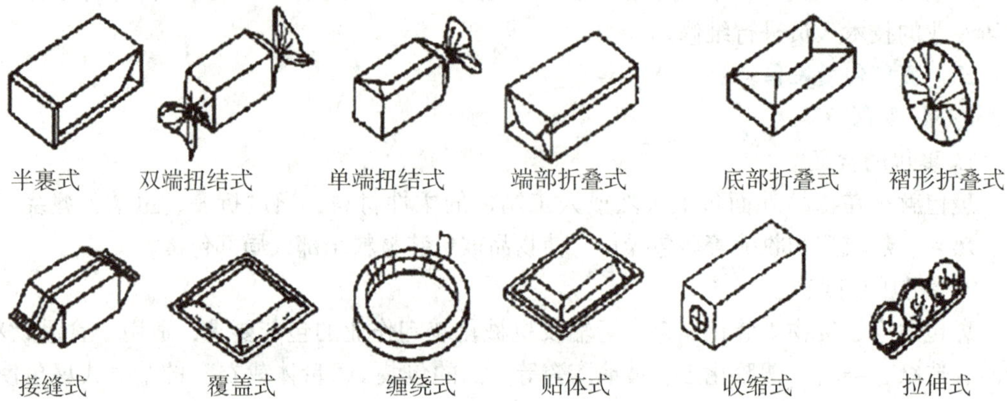

图 5-17 常见的裹包形式

2. 裹包机的主要工作流程

（1）推料，将被包装物品和包装材料移送到包装工位。在移送时，有的还要完成一些折纸工序。

（2）折纸，使包装材料围绕被包装物品进行折叠裹包。根据折纸部位的不同，可分为端部折叠、底部折叠等。

（3）成型，使包装材料围绕被包装物品形成筒状。

（4）扭结，在围绕被包装物品裹成筒状的包装材料的端部，完成扭转封闭。

（5）涂胶，将黏合剂涂在包装材料上。

（6）热封，对包装材料加热封合。

（7）切断，将串联在一起的裹包件加以分离。

（8）缠包，将包装材料缠绕在被包装物品上。

四、封口包装设备

（一）封口机概述

封口机是将充填有包装物的容器进行封口的机械。

在产品装入包装容器后，为了使其得以密封保存，保证产品质量，避免产品变质，需要对包装容器进行封口，完成这种操作的机械就是封口机，如图 5-18 所示。

包装产品被充填入包装容器或直接送到裹包材料片中后，封口就是进入包装工艺中不可缺少的工序。容器封口能有效保护产品，使产品在保质期内不因包装作业影响而损坏变质，还有利于包装产品的储存、运输及销售陈列。

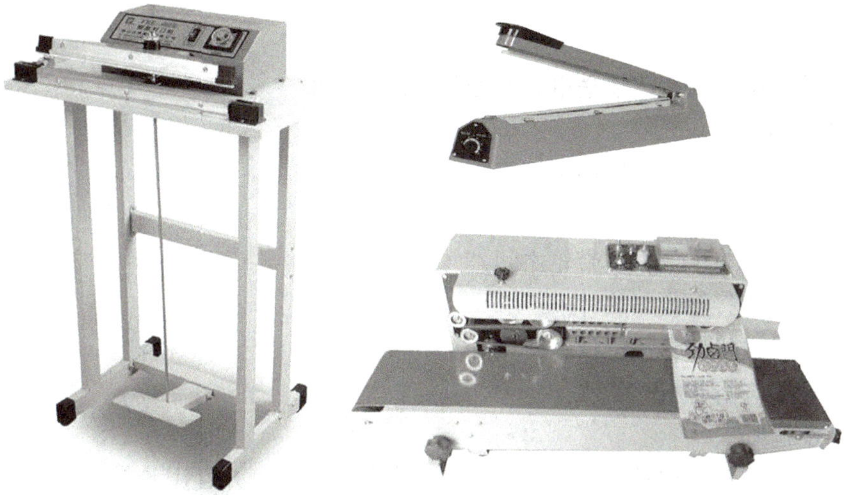

图 5-18 封口机

（二）封口机的工作原理及操作规程

1. 工作原理

封口机属于包装机械，由机架、减速调速传动机构、封口印字机构、输送装置及电器电子控制系统等部件组成。接通电源，各部件开始工作，电热元件通电后加热，使上下加热块急剧升温，并且通过温度控制系统调整到所需温度，压印轮转动，根据需要冷却系统开始冷却，输送带送转并由调速装置调整到所需的速度。

当装有物品的包装放置在输送带上时，封口机的封口部分被自动送入运转中的两根封口带之间，并且带入加热区，加热块的热量通过封口带传输到袋的封口部分，使薄膜受热熔软，再通过冷却区，使薄膜表面温度适当下降，然后经过滚花轮（或印字轮）滚压，使封口部分上下塑料薄膜黏合并压制出网状花纹（或印制标志），再由导向橡胶带与输送带将封好的包装袋送出机外，完成封口作业。

2. 操作规程

封口机的操作规程大同小异，常见的操作规程如下。

（1）开机过程

①开机前应检查各紧固件是否牢固，尤其对传动轮上的螺钉要认真检查，确保紧固。

②接上电源，打开电源开关，绿色指示灯亮起。

③把调速旋钮旋转到零刻度，调速开关打开。

④逐渐旋转调速旋钮，使输送带加速到工艺速度。

⑤把调温旋钮旋转到零刻度，温控开关打开。

⑥逐渐旋转调温旋钮，把温度加热到工艺温度。

⑦待温度和速度分别达到生产工艺要求，就可以放上样品进行试机。观察合格后开始大批生产。

⑧根据包装袋品种不同或工艺要求进行选择。

（2）关机过程

①关闭加热电源。

②待温度冷却后，关闭输送电源及冷却电源。

③关闭总电源。

④长时间停机时，把电源插头拔下。

（3）注意事项

①操作时请勿将手放在皮带轮之间。

②请勿用手直接触摸加热片。

③勿用水冲洗机器，保持设备干燥。

五、开箱机与拆包机

（一）开箱机

开箱机也叫纸箱成型机，是箱子底部按一定程序折合，并且用胶带密封后输送给装箱机的专用设备。现在市场上常见的开箱机基本上都是自动开箱机。开箱机集自动开箱、自动折合下盖、自动密封纸箱底部于一体。

机器大多采用“PLC+人机界面”控制，折底不停留，输送中完成折底、封底，同时完成吸箱、成型，操作方便、维修简单、性能稳定，是自动化规模生产必不可少的流水线设备。

一般而言，开箱机按产品系列可分为纸箱成型机、开箱封底机、自动开箱机、高速开箱机、立式开箱机、装盒机、纸片装箱机、卸箱机等。按机器的自动化程度可分为自动纸箱成型机、全自动纸箱成型机等。

图5-19是自动开箱机，开箱流程如图5-20所示。

图5-19 自动开箱机

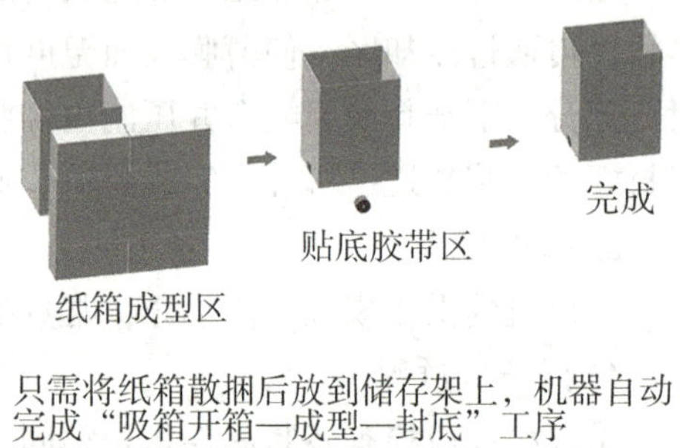

图5-20 开箱流程

（二）拆包机

1. 拆包机概述

拆包机是“真空吸送”的配套设备，用来拆散陶土、煤粉的料包，实现无粉尘作业。不仅具有效率高、体积小、制造方便的优点，而且大大改善了劳动条件，如图5-21所示。

近些年，因为对粉尘控制的要求日趋严格，同时随着劳动力成本和职业健康要求的提高，拆包机逐步在一些企业投入使用。拆包机在欧洲所用的包装袋多数是多层纸袋包装，大批量的投料大多通过罐装车进入筒仓，然后通过风送的方式进入缓冲仓完成投料，因此目前在欧洲，自动拆包机多数为小型化的、针对纸袋的自动拆包投料设备。在国内，拆包机主要应对编织袋、塑料袋、纸袋等各种不同的包装袋，而且单包重量大、投料量大。

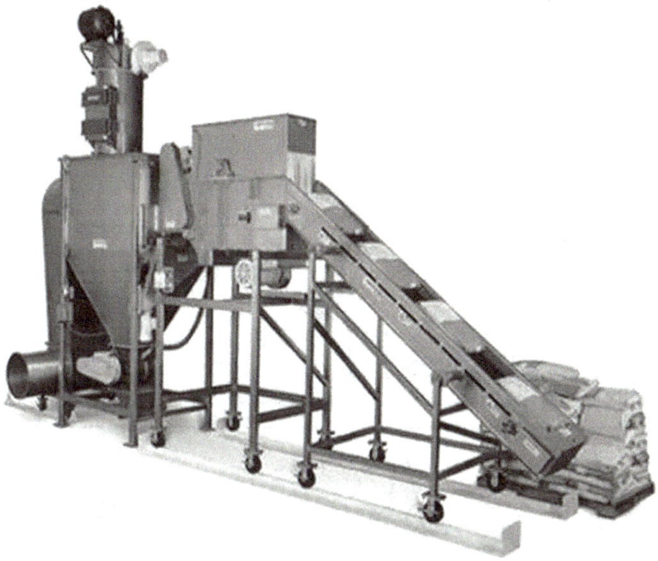

图 5-21　拆包机

2. 拆包机工作原理

拆包机是通过液压柱塞泵向集成油路供油，经过分配手动阀向液压缸传送后，产生动力。

压力可以根据实际情况的不同调到需要的额定值（额定值大小由压力表显示）。拆包机通过液压机械手抓挤压分离，并且通过多次分解拆解包块。

（1）运包

运包由马达通过减速器传到链轮带动皮带运输机转动，将料包立放在皮带运输机上，运到夹包部分。

（2）夹包

夹包由马达通过减速器传到链轮带动两对斜齿轮，使两根三角皮带将皮带运输机运来的料包的上端夹住，向拆包机里运行。

（3）拆包

在夹包运行过程中，由马达直接带动圆盘铁刀从包的下端剖开，包中的物料则落入拆包机中。

（4）除尘

在拆包的同时开动除尘器的发动机，将散发出的粉尘抽去。

3. 拆包机分类

（1）小袋拆包机

由小袋拆包机构建的自动开袋站主要用于袋装粉粒状物料拆袋卸料作业，如图 5-22 所示。在化工、石油、建材、冶金、电力、食品、医药、粮食、环保等领域中的干燥粉状物料自动拆袋卸料作业，如硝石灰、氧化镁、石英砂、石灰石、木屑、蛋白粉、活性炭、奶粉、PVC 粉、尿素、黏土、石膏、水泥、污水处理添加粉料等均可进行自动拆袋卸料作业，它通过皮带机自动给袋，割刀装置自动破袋，振筛自动袋料分离、卸料等步骤物料靠重力落进贮斗中来完成拆袋卸料工作。作业中产生的粉尘被携带的除尘装置滤除，使工人能在清洁的环境中工作。

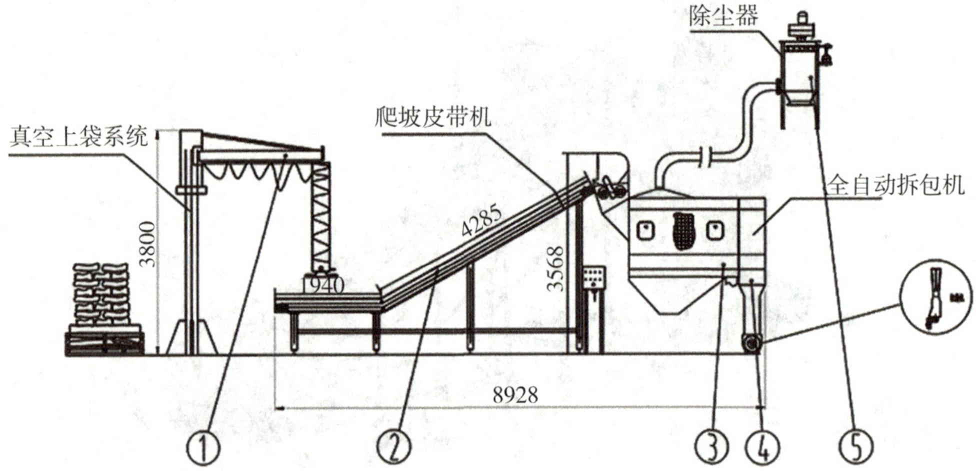

①上料装置 ②输送装置 ③分离装置 ④破袋装置 ⑤除尘装置

图 5-22 小袋自动开袋站

其技术特点如下。

①物料在破袋过程中和物料分离过程均为全封闭进行，而且每个过程都有收尘装置，无粉尘外泄，噪声小，改善了工人的作业环境。

②现场仅需一至两人将包装袋放置皮带输送机上即可，减轻了工人的作业强度。

③设备运行简单、可靠，故障率低，减少了维护工作量。

④设备经过特殊设计，残破包装袋与物料完美分离，不会掺杂到物料中，也不会挂在分离装置里。

⑤设备自动计数，可任意设置上袋量，达到设置的上袋量，设备自动停机。

⑥设备出现故障自动报警，急停，保护设备及避免人员误操作。

⑦破袋、卸料、分离后与其他输送设备配套使用可完成粉体输送储存等功能。

⑧无须对设备进行调整，就可处理不同尺寸的包装袋。

图 5-23 吨袋开袋机

（2）吨袋拆包机

吨袋拆包机适用于袋装粉粒体物料拆袋卸料作业，在化工、塑料、污水处理、基建等行业广泛使用，可对袋装如塑料添加剂、袋装水泥和污水处理澄清剂等干燥的粉粒状物料进行自动拆袋卸料作业。吨袋拆包机具有工作性能可靠、消耗功率低等特点，它特别适用于有毒、易燃、强腐蚀、高粉尘和人员不宜接触的场合，如图 5-23 所示。

拆包机自身配置电动葫芦将物料吊装到拆包机的机架上方，然后缓缓下落，物料袋在缓慢下落过程中由人工拆开下料口或者由十字割刀（选配）将物料袋底部划开，物料靠重力滑落，使吨袋内的粉粒状物料靠重力落进贮斗中来完成卸料工作。该装置能有效保护生产环境，减轻劳动者的工作强度，同时还提高生产效率，解决了大袋在开袋工作中因吸潮导致结块、搭桥不易出料的现象。

拆包机出料口可与螺旋输送机，皮带输送机，提升机及气力输送装置等联用。对易扬尘物料可做全封闭结构，并配置专用除尘器，也可与现场除尘系统连接使用。

六、充填机

（一）充填机概述

充填机是将产品按预定量充填到包装容器内的机器。因为采用机械化充填不仅可以提高劳动生产率，减少产品的损失，保证包装质量，而且可以减少生产环境与被装物料的相互污染。因此，充填机运用范围很广泛，主要运用在液体产品及小颗粒和粉末产品的灌装上，如可乐、啤酒、糖果等。

（二）充填机的分类

1. 容积式充填包装机

将物料按预定的容量充填至包装容器内的充填机叫作容积式充填包装机。该机械结构简单、价格低廉、计量速度快，但精度较低，常用于价格较便宜、密度较稳定、体积要求比质量要求更重要的干料或稠状液态物料的充填。根据物料容积计量的方式不同，容积式充填包装机可分为量杯式包装机、螺杆式包装机、计量泵式包装机、柱塞式包装机、气流式包装机和插管式包装机等。

（1）量杯式充填包装机

量杯式充填机是采用定量的量杯量取物料，并将其充填到包装容器内的机器。适用于颗粒较小且均匀的物料，计量范围一般在200毫升以下为宜，如图5-24所示。

（2）螺杆式充填包装机

螺杆式充填机是通过控制螺杆旋转的转速或时间来量取物料，并将其充填到包装容器内的机器，如图5-25所示。该机械利用螺杆螺旋槽的容腔来计量物料，由于螺杆的每个螺距都有理论容积，因此，只要准确控制螺杆的转数或旋转时间，就能获得较为精确的计量值。该机结构紧凑、无粉尘飞扬并可通过改变螺杆参数来扩大计量范围，应用范围较广。主要用于流动性良好的颗粒状、粉状固体物料，也可用于稠状流体物料，但不宜用于装填易碎的片状物料或密度变化较大的物料。

（3）计量泵式充填包装机

计量泵式充填机是利用计量泵中齿轮的一定转数量取物料，并将其充填到包装容器内的机器。该机械适用于黏性体或流动性好的颗粒或粉状物料的计量。计量泵可以采用常见的齿轮泵，也可以采用转阀式计量泵。

（4）柱塞式充填包装机

柱塞式充填机是采用调节柱塞行程而改变物料容量的柱塞筒量取物料，并将其充填到包装容器内的机器。该机应用范围比较广泛，粉状、颗粒状固体物料及稠状流体物料均可应用。但由于其工作速度较低，故不应用在要求较高速度的工作场合。

(5) 气流式充填包装机

气流式充填机是利用真空吸粉原理量取定量容积的产品，并采用净化压缩空气将产品充填到包装容器内的机器。该机计量精度高，可减少物料的氧化，主要用于医药、化工行业粉料的计量充填。对不同物料，其最佳的真空压力是不同的，因为当真空度过高时，某些物料会被压成粉末；当真空度过低时，物料松散达不到夯实的效果，影响计量精度。

(6) 插管式充填包装机

插管式充填机是将内径较小的插管插入储料斗中，利用粉末之间的附着力上粉，到卸粉工位由顶杆将插管中的粉末充填到包装容器内的机器。

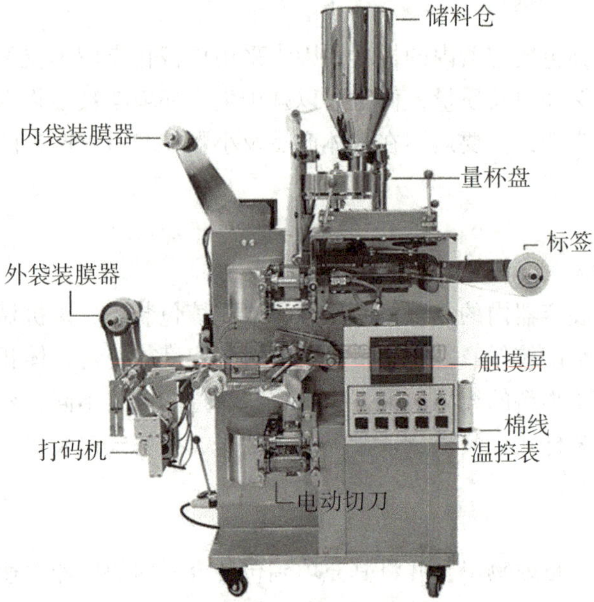

图 5-24 量杯式充填机

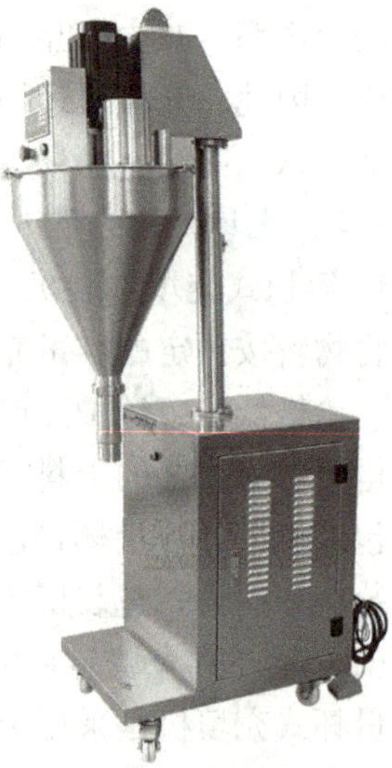

图 5-25 螺杆式充填机

2. 称重式充填包装机

称重式充填机是将物料按预定质量填充到包装容器内的机械。可分为毛重式充填机和净重式充填机。由于容积式填充机计量精度不高，对一些流动性差、密度变化较大或易结块物料的包装，往往效果显得更差。因此，人们对计量精度要求较高的各类物料的包装，就采用称重式充填机，如图 5-26 所示。

图 5-26 电子称重式定量自动充填机

称重式充填机是由供料机构、称量机构、开斗机构构成。由供料机构将待称物料供送到称量机构中，当达到所需要的重量时停止供料，再让开斗机构开斗放料充填，从而完成称重充填工作。

(1) 毛重式充填机

毛重式充填机是指对完成充填作业的物料和包装容器一起称重的机器。其结构简单、价格较低，但包装容器的质量直接影响充填物料的规定质量，所以它不适用于包装容器质量变化较大、物料质量占总体质量比例较小的充填包装。

(2) 净重式充填机

净重式充填机是指对物料称出预定质量后再充填入包装容器的机器。其称量结果不受容器质量的影响，是最精确的称量充填机。该机可分为单秤斗、多秤斗、组合式、连续式和螺旋推进式称量充填机。

3. 计数式充填包装机

计数充填机是将物料按预定数目充填至包装容器内的机器。按计数的方式不同，可分单件计数和多件计数两类。该机可对预先就具有或经过整理后才具有的规则而整齐排列物料的计数充填包装，也可对杂乱无序的物品进行计数充填包装。

案例 5-2

INTPAK 2021 上海国际智能包装工业展览会

国际上领先的包装工业展览会——INTPAK 2021 上海国际智能包装工业展览会是亚太地区专业包装技术及包装机械展览会。INTPAK 立足全球著名的贸易中心上海，辐射整个亚洲，重点关注东南亚、南亚、南美、中东、北非等快速发展的新兴包装市场，预计将吸引逾 6 万名高采购力买家到场，其中海外买家将超 1.85 万名。INTPAK 2021 上海国际智能包装工业展览会新增买家速配计划，锁定核心买家采购需求，将帮助参展商和亚太高采购力企业精准配对，助力参展商突破贸易瓶颈，逆势增长，快速提高市场份额。

由中国展览领导品牌上海禾欣展览服务有限公司主办的 INTPAK 2021 上海国际智能包装工业展览会，无论是展览规模、参展商与观众数量，还是与日俱增的国际影响力，都可谓行业翘楚。INTPAK 2021 上海国际智能包装工业展览会将是全球包装工业的又一行业盛宴。

(资料来源：纸箱网，http：//www. cnzhixiang. com/exh/bit/1/1058. html)

案例思考

在对产品进行包装作业时，会用到哪些包装设备?

项目实训

实训 1

项目名称：日常货物的包装。

实训目的：通过对书本、矿泉水、托盘货物、纸箱货物等日常货物的包装，了解封口机、捆扎机等常见包装作业设备的应用和简单工作流程。

实训器材：日常货物、常见包装设备。

实训指导：通过对日常货物的储存、运输和销售要求，进行包装方式的选择和相应的包装操作。

实训报告：对日常货物进行简单包装操作，总结封口机、捆扎机等常见包装作业设备的工作过程，绘制包装设备的工作流程图，撰写相关设备使用注意事项。

引导问题1：书本类的货物如何进行热收缩包装？

引导问题2：纸箱类货物怎样快速封口和捆扎？

引导问题3：针对实训时货物的封口、裹包、捆扎等操作出现的问题，使用包装设备时应注意哪些事项，更好地完成包装作业？

项目检测

一、单项选择题

1. （　　）是以满足货物运输、储存等物流作业要求为主要目的的包装。

A. 销售包装　B. 物流包装　C. 独立包装　D. 内包装

2. （　　）的作用在于加固包装物品，使物品在搬运、贮存过程中稳固、美观。

A. 开箱机　B. 拆包机　C. 封口机　D. 打包机

3. （　　）可以对于皮革、纸制品、针棉织品等软性、弹性制品，先加压，压紧后再捆扎。

A. 轨道开合打包机　B. 加压打包机　C. 手提式打包机　D. 钢带打包机

4. 下列不属于容积式充填包装机的是（　　）。

A. 量杯式充填包装机　B. 螺杆式充填包装机

C. 气流式充填包装机　D. 计数式充填包装机

5. 下列不属于物流包装作用的是（　　）。

A. 方便货物的装卸搬运　B. 提高物流作业效率

C. 激发顾客购买欲望　D. 保护货物

二、填空题

1. 按其在流通领域的作用，包装分为________和________两大类。

2. 常见的包装设备主要包括________、________、________、________和________。

3. ________是指对完成充填作业的物料和包装容器一起称重的称重式充填机。

4. ________也叫纸箱成型机，是箱子底部按一定程序折合，并且用胶带密封后输送给装箱机的专用设备。

三、简答题

1. 什么是包装？

2. 销售包装和物流包装有什么不同？

3. 拆包机的工作流程主要包括哪几个步骤？

拓展阅读

电商包装出现三大新变化

每个行业都希望拥抱电商，包装行业也不例外。电商包装的市场潜力极大。随着电商的日益发展壮大，电商包装系统和包装标准不再依赖于快递公司提供的现成包装，真正符合电商特性的包装，需要符合定制化、使用新材料、注重用户体验的要求。

（一）变化一：定制化

电商企业对包装有一定的定制要求，要求包装印刷精美，但在数量上不如快递公司多。电商公司依赖于网络而存在，相较传统实体店，电商公司更依赖回头客。为了在顾客心中形成良好的口碑，在自己的包装物料上定制能体现公司实力、产品特色的信息，是非常经济而有效的宣传手段。电商企业定制的物料，往往颜色鲜艳、图案复杂，对印刷提出了更高的要求。

如果一家包装印刷企业拥有可印 8 色的铜版印刷机、柔版印刷机、轮转印刷机，以及经验丰富的生产技术人员，完全能满足电商企业对印刷的需求，就可以为如唯品会、京东、小米、小猪班纳等大企业定制快递袋，因为这些企业都需要印刷高精度图案或人像。众所周知，如果在快递袋封口位置印有油墨的话，就会造成胶水黏性降低，所以很多快递袋封口位置并不印刷。但通过一些技术已能解决这一难题，即市场上推出的满版印刷快递袋就可以在封口位置印刷，不影响封口胶黏性。

针对电商企业需求量小的情况，一些企业推出了小批量定制业务，如市场推广的“封箱胶 40 卷起订”项目，客户只需要定制 40 卷胶带，就可在胶带上加企业信息，由此解决了小电商、微商定制的大难题。

（二）变化二：使用新材料

电商企业更愿意用手感好、形象佳的新材料。如电商企业定制的快递袋、气泡袋一般都愿意采用全新料。全新料相对于再生料、混合料，具有表面光滑、手感好、无异味、形象好、能印刷精美广告等特性，采用全新料往往也能提升包装档次，所以全新料包装产品广受电商企业的欢迎。

近年来，跨境电商发展迅猛，因为涉及空运、跨国运输，所以其对包装材料的轻量化、环保优质有更高的要求。以从我国空运快递到美国为例，重量每降低 1 克，就能减少 7 分钱的运输成本。在快递件重量一定的情况下，只能减轻包装物料的重量。例如，现在可提供的超韧性快递袋，其重量比普通快递袋轻、薄但韧性好，非常适合跨境电商企业使用。

（三）变化三：注重用户体验

电商企业更注重功能性包装，以及用户体验。如京东目前使用的可多次使用快递袋，快递袋封口有裂线，裂线下有手挽孔，客户收到快递后，撕开裂线即可折封快递袋，手挽孔方便客户手提。还有连卷带孔快递袋，不需要封口胶，用机器打包、封口，既节约包装成本又提升包装效率，这些功能性包装备受电商客户的喜爱。

（资料来源：http：//news. pack. cn/show-344693. html）

讨论：

1. 电商包装的三大新变化是什么？
2. 结合身边事，谈谈你所理解的现代化包装。

课程案例

推进快递包装“绿色革命”

近年来，我国快递业务量稳居世界第一，快递包装问题也给环境保护带来一定压力。2020年，我国快递包装废物总量已超1000万吨。2021年，我国快递年业务量首次超过1000亿件，快递包装废弃物还将持续增加。进一步推动快递包装绿色化，变得更加紧迫。

面对这种形势，我国对快递包装的绿色治理也在不断深入。从快递运单电子化到包装减量化，从推广可循环包装产品到加强可循环快递包装基础设施建设等，我国快递包装标准化、绿色化、循环化水平明显提升，正在积极探索规模化取代传统包装的路径。2020年，国务院办公厅转发国家发展改革委、国家邮政局等八部门《关于加快推进快递包装绿色转型的意见》，提出推进快递包装“绿色革命”，明确了2022年和2025年可循环快递包装应用的量化目标。不久前，国家发展改革委、商务部和国家邮政局联合下发通知，决定于2022年1月至2023年12月组织开展可循环快递包装规模化应用试点。

实现可循环快递包装的规模化应用，确实是当务之急。还原到消费场景就会发现，海量快递中可循环包装难觅身影，主动使用的商家仍为少数。有调查报告显示，67.1%的消费者表示未接触过可循环快递包装，不了解也未见过专门的回收网点，一些可循环包装甚至被作为生活垃圾直接丢弃。

围绕包装如何“绿起来”，快递行业已探索出一套技术路径。只不过，无论是回收利用，还是使用环保材料代替，都存在不易克服的成本问题。据统计，如果全部改用可生物降解塑料包装袋、环保胶带，按照2020年业务量计算，全行业将增加187.9亿元成本，占全国快递服务企业业务收入的2.1%左右。有分析认为，使用快递循环箱暂时也没有成本优势，还有附加的社会成本：快递小哥来去匆匆，缺乏时间和意愿承担回收任务，消费者认知水平不同，配合度参差不齐。

推动快递包装绿色转型，需要全链条发力，从各个环节降本增效。比如，引导寄递企业围绕绿色包装等重点领域加强科技创新，从源头上降低成本；也可以在减少回收难度上下功夫，比如，国家邮政局正探索构建邮件快件包装物回收“逆向物流”模式。还应加强政策引导，对绿色包装生产、绿色快递物流和配送体系建设、专业化智能化回收设施建设等项目，在资金、信贷、债券等方面给予支持，促进包装减量和绿色循环的新模式、新业态发展。

此外，要注重激发公众的环保意识，让绿色消费成为生活习惯。有时需要用激励手段。一家邮政快递企业联合电商平台新铺设1.3万个绿色回收箱，2021年“双11”期间每天准备了50万个新鲜鸡蛋，送给参与快递箱回收的消费者。也不妨唤醒价值认同，比如，在网购下单时，可以增加付费使用绿色包装的选项，相信有不少消费者愿意为环保出一份力。

我们倡导的绿色生活方式，有时候不见得是社会成本更低的生活方式，但肯定是更值得追求的生活方式。快递包装的绿色转型，需要做好生产、使用、回收、处置全链条治理，还需要多个环节的商家、行业乃至不同城市、区域之间的协调配合。这不是轻轻松松就能实现的，需要广泛凝聚社会共识。我们为此付出的每一份努力，不仅是在成就一种更有责任感的生活，更是在塑造美好环境、建设美丽中国。

（资料来源：叶琦．人民日报．2022 年 01 月 17 日 05 版，http：//opinion. people. com. cn/n1/2022/0117/c1003-32332475. html）

项目六

集装单元设备

【项目目标】

知识目标

- 掌握集装箱、托盘等设备的定义、特点、分类；
- 掌握集装单元设备的应用。

能力目标

- 能够明确托盘和集装箱的种类、用途及应用情况，完成不同方式的组托；
- 能够正确选择托盘和集装箱。

素质目标

- 展示我国作为港口大国和制造业大国的实力，坚定学生的“四个自信”，增加民族自豪感；
- 建立良好的服务意识，不断提高设备管理能力和应用能力。

【导入案例】

“集装箱之父”麦克莱恩

说到集装箱，就不能不提马尔科姆·麦克莱恩（1915—2001）。20 世纪 40 年代，马尔科姆·麦克莱恩由于改造（不是发明）了集装箱，提高了集装箱的便利性，推动了整个运输行业的巨大变革，而被尊称为“集装箱之父”。那么问题来了：改造蒸汽机也许有些技术含量，但是技术含量连制作罐头都比不上（抽真空和密封技术）的集装箱改造怎么可能有这么大的影响呢？我们知道，工业社会最重要的竞争来自成本节约，如果一项技术可以节省 95% 的成本，那就相当于带来了 20 倍的效率提升。这项技术可以说是颠覆性的，而集装箱就是这样的技术。麦克莱恩在纽约港第一次做的集装箱运输实验就实现了 20 倍的效率提升：使用集装箱运输啤酒，将每吨啤酒的运输成本从 4 美元变成 20 美分。过程是这样的：从啤酒工厂把啤酒装入集装箱开始，通过陆路转海路运输到目的地，省去了工厂到陆路运输再到海洋运输的中间人力搬运过程，因此从工厂到码头的装卸时间大大缩短，由数天压缩到几小时，从而使美国到欧洲的货运时间足足减少了四周，并且集装箱的堆叠使得每艘船的储运量比以前提高了六倍。在传统的运输过程中，货物没有统一的包装标准，这既限制了运输工具的运载量，又增加了货物从陆路运输到海路运输低效的手工搬运作业。集装箱这个标准化的运输单元，为整个运输系统优化中间流转效率提供了一种可能。

（资料来源：https：//www. jianshu. eom/p/59fbea0f54ae）

案例思考

集装箱是如何使每吨啤酒的运输成本从 4 美元变成 20 美分的？

任务一　集装单元设备概述

一、集装单元化的基本概念

（一）集装

集装是将许多大小不同、形状各异的单件物品，通过一定的技术措施组合成尺寸规格相同、重量相近的大型标准化的组合体，这种大型的组合状态被称为集装。

（二）集装化

集装化是指将两个以上的重量轻、体积小的同种或异种货物组成重量和外形都一致的组合体，也称单元化或成组化。

集装化的概念源于装卸搬运方式的演进，古已有之。近代，特别是 20 世纪 50 年代以来，运输业的迅速发展，运输工具的大型化、高速化，使高效运输与低效率装卸成为物流过程中的突出矛盾（严重失衡）。集装化是解决这一矛盾的最有效的途径，因而得到了稳定、快速的发展。目前，集装化已运用于物流全过程的各个环节，发展成包括集装箱化、托盘化、货捆、网袋、框架、滑板、半挂车等多种方式的一种物流形式。

（三）集装单元化技术

集装单元化技术是物流管理硬技术（设备、器具等）与软技术（为完成装卸搬运、储存、运输等作业的一系列方法、程序和制度等）的有机结合。

二、物流集装化的特点

物流集装化的主要特点是集小为大，而这种集小为大是按标准化、通用化的要求进行的，它使中小件散杂货以一定的规模进入市场，进入流通领域，形成规模优势。集装化的效果实际上就是这种规模优势的效果。

三、物流集装化的条件

标准化和批量化是现代化生产的两项基本原则，前者是生产社会化、机械化和自动化的前提，后者是降低生产成本的主要途径。集装化是这两项基本原则在物流过程中的具体运用。在现代生产中，同一产品在本企业甚至全国范围内实现了标准化和批量化，但成千上万种产品同时进入物流系统，对物流系统来说，它们是非标准化的、零星的。通过集装化手段，物流实现了标准化和批量化，物流也就可以像生产一样实现社会化、机械化和自动化，并且物流成本降低。因此，现代的集装化应具备三个条件。

（一）通用化

集装化要与物流全过程的设备与工艺相适应，不同形式的集装化方法之间、同一种集装化方法的不同规格的集装工具之间相协调，以便在物流全过程中畅通无阻。

（二）标准化

从集装化术语的使用，集装工具的外形和重量，集装工具材质、性能、试验方法，装卸搬运加固规则，一直到编号和标志，都必须标准化（包括国家标准和国际标准），以便进行社会和不同地区间的流通和交换。

（三）系统化

集装的概念不单纯指集装工具，而是包括集装工具在内的成套物流设施、设备、工艺和管理的总和，是一个连接生产与生产、生产与消费的动态系统。

四、物流集装技术的优势

物流集装技术的优势主要在于：便于实现装卸、搬运机械化和自动化，提高装卸、运输效率和整个物流系统的作业效率；提高货物运输质量，减少货物在运输过程中的货损和货差；便于堆码，提高单位面积的储存能力；便于物资储存，减少库房需要量；有利于组织联运，加速物资周转，实现“门到门”运输；节省包装费用，降低运输成本；便于清点件数，简化交接手续；装卸托运作业不受气候影响，保证车船正常运输，加快物资周转速度；对散装和液体货物可以减少环境污染；提高托运灵活性，加快物资周转。

五、物流集装化的意义

集装化是物流技术进步和结构创新的一项重大举措，具有重要的经济意义。

（1）为装卸作业机械化、自动化创造了条件，加速了运输工具的周转，缩短了货物送达时间，从总体上提高了运输工具载重量和容积利用率。

（2）节约了包装材料，减少了包装费用，同时减少了物流过程的货损、货差，保证了货物安全。

（3）便于堆码，提高了仓库、货场单位面积的储存能力。

（4）便于清点货件，简化了物流过程各个环节间、不同运输方式间的交接手续，促进了不同运输方式间的联合，实现了“门到门”的一条龙服务。

（5）减轻或完全避免了污秽货物对运输工具和作业场所的污染，改善了环境状态。

任务二 集装箱

一、集装箱的定义

集装箱是指具有一定强度、刚度和规格的专供周转使用的大型装货容器。

使用集装箱转运货物，可直接在发货人的仓库装货，运到收货人的仓库卸货，在中途更换车、船时，无须将货物从箱内取出换装。集装箱最大的成功在于其产品的标准化及由此建立的一整套运输体系。能够让一个载重几十吨的庞然大物实现标准化，并且以此为基础逐步形成全球范围内的船舶、港口、航线、公路、中转站、桥梁、隧道、多式联运相配套的物流系统，这的确称得上是人类有史以来创造的伟大的奇迹之一了。

可以这样理解集装箱的定义：集装箱是满足以下几个方面的一种运输设备。

（1）具有足够的强度，能反复长期使用。

（2）适合一种或多种方式运输，在途中转运时，箱内货物不必换装。

（3）可进行快速的搬运和装卸，对货物有较强的防护、保护能力。

（4）便于货物装满或卸空。

（5）有 1 立方米及以上的容积。

二、集装箱的基本构造

1. 集装箱的基本组成

集装箱的结构根据种类不同而有差异，就一般普通集装箱而言，其基本组成如图 6-1 所示。

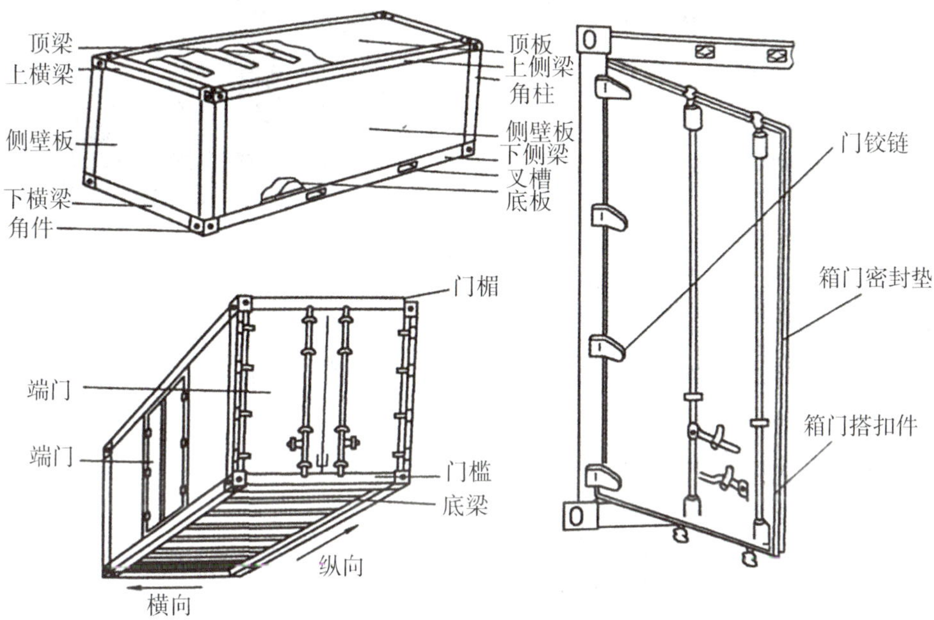

图 6-1　集装箱的基本组成

（1）角配件（Corner Fitting）

角配件位于集装箱八个角端部，用于支承、堆码、装卸和栓固集装箱。角配件在三个面上各有一个长孔，孔的尺寸与集装箱装卸设备上的旋锁相匹配，如图 6-2 所示。

（2）角柱（Corner Post）

位于集装箱四条垂直边，起连接顶部角配件和底部角配件的支柱作用，是集装箱的主要承重部件。

（3）上横梁（Top End Transverse Member）、下横梁（Bottom End Transverse Member）

位于箱体端部，连接顶部（或底部）左、右角配件的横向构件。

（4）上侧梁（Top Side Rail）、下侧梁（Bottom Side Rail）

位于箱体侧壁，连接顶部（或底部）前、后角配件的纵向构件。左面的称左上（下）侧梁，右面的称右上（下）侧梁。

（5）顶板（Roof Sheet）

箱体顶部的板。

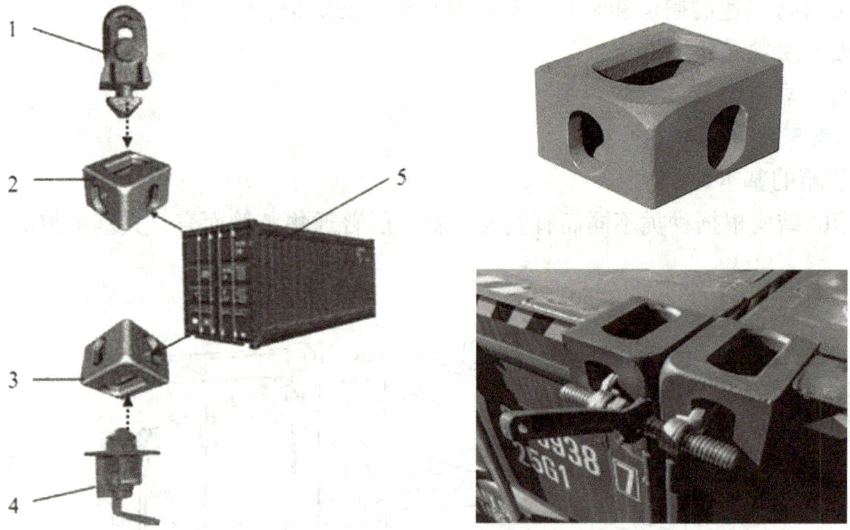

1. 起吊转锁　2. 顶角件　3. 底角件　4. 固定转锁　5. 集装箱

图 6-2　集装箱的结构方位

（6）底板（Floor）

铺在底梁上承托载荷的板。一般由底梁和下端梁支撑，是集装箱的主要承载构件。

（7）顶梁（Roof Bows）

在顶板下，连接上侧梁，用于支承箱顶的横向构件。

（8）底梁（Floor Bearers or Cross Member）

在底板下，连接下侧梁，用于支承底板的横向构件。底梁从箱门起一直排列到端板为止。底梁一般用“C”、“Z”或“T”形型钢制作。

（9）叉槽（Fork Lift Pockets）

横向贯穿箱底结构，供叉车的叉齿插入的槽。通过叉槽一般不能叉实箱，只能叉空箱。

（10）侧壁板（Side Wall）、端壁板（End Wall）

与上下侧（端）梁和角结构相连，形成封闭的板壁。

（11）门楣（Door Header）、门槛（Door Sill）

箱门上（下）方的梁。

（12）端门（End Door）

设在箱端的门，一般通用集装箱前端设端壁，后端设箱门。

（13）侧门（Side Door）

设在箱侧的门。

（14）门铰链（Door hinge）

连接箱门与角柱，以支承箱门，使箱门能够自由转动开闭的零件。

（15）门把手（Doorknob）

开闭箱门的零件，其一端焊接在锁杆上，抓住门把手使锁杆凸轮与锁杆凸轮柱啮合，把箱门锁住。

（16）箱门密封垫（Door Seal Gasket）

指箱门周边为保证密封而设的零件。密封垫的材料一般采用氯丁橡胶。

（17）箱门搭扣件（Door Holder）

进行货物装卸作业时，保证箱门开启状态的零件。设在箱门下方和对应的侧壁上，有采用钩环的，也有采用钩链或绳索。

（18）箱门锁杆（Door Locking Bar or Door Locking Rod）

设在箱门上垂直的轴或杆。

（19）锁杆凸轮（Locking Bar Cams）

设在锁杆端部的门锁件，通过锁件的转动，与门楣上的锁杆凸轮座相啮合，用以锁住箱门。

2. 集装箱的开门形式

集装箱的开门形式包括后端开门（见图 6-3）、两端开门（见图 6-4）、后端及单侧面开门（见图 6-5）、后端及两侧面开门（见图 6-6）四种形式。

图 6-3　后端开门

图 6-4　两端开门

图 6-5　后端及单侧面开门

图 6-6　后端及两侧面开门

三、集装箱的分类

（一）按集装箱的主体部件材料分类

集装箱根据主体部件（侧壁、端壁、箱顶等）材料可分成三种：钢制集装箱、铝合金集装箱、玻璃钢集装箱，此外，还有木集装箱、不锈钢集装箱等。

其中，钢制集装箱用钢材制成，优点是强度大，结构牢，焊接性高，水密性好，价格低廉，缺点是重量大，防腐性差；铝合金集装箱用铝合金材料制成，优点是重量轻，外表美观，防腐蚀，弹性好，加工方便且加工费、修理费低，使用年限长，缺点是造价高，焊接性能差；玻璃钢集装箱用玻璃钢材料制成，优点是强度大，刚性好，内容积大，隔热、防腐、耐化学性好，易清扫，修理简便，缺点是重量大，易老化，拧螺栓处强度降低。

（二）按集装箱装运的货物进行分类

1. 普通集装箱

普通集装箱，又称干货集装箱（Dry Container）以装运件杂货为主，通常用来装运无须控制温度的文化用品、日用百货、医药、纺织品、工艺品、化工制品、五金交电、电子机械、仪器及机器零件等。不受温度变化影响的各类固体散货、颗粒或粉末状的货物都可以由杂货集装箱装运。这种集装箱占集装箱总数的70%~80%。除了冷冻货、活的动物、植物之外，在尺寸、重量等方面适合集装箱运输的货物，均可使用干货集装箱，其使用范围极广，如图6-7所示。

图6-7 杂货集装箱

2. 冷冻集装箱

冷冻集装箱（Reefer Container）分外置和内置式两种。温度可在-60℃~+30℃之间调整。内置式集装箱在运输过程中可随意启动冷冻机，使集装箱保持指定温度；而外置式则必须依靠集装箱专用车、船和专用堆场、车站上配备的冷冻机来制冷。这种箱子适合在夏天运输黄油、巧克力、冷冻鱼肉、炼乳、人造奶油等物品，如图6-8所示。

3. 开顶集装箱

开顶集装箱，又称敞顶集装箱、开顶柜（Open Top Container），这种集装箱没有刚性箱顶，但有可折式顶梁支撑的帆布、塑料布或涂塑布制成的顶篷，可用起重机从箱顶上面装卸货物，开顶箱顶部可开启或无固定项面的集装箱，装运时用防水布覆盖顶部，其水密要求和干货箱一样，如图6-9所示。开顶集装箱适合于装载大型货物和重货，如玻璃板、钢制品、机械、木材等。

图6-8 冷冻集装箱

图6-9 开顶集装箱

4. 框架集装箱

框架集装箱（Flat Rack Container）没有箱顶和两侧，从集装箱侧面进行装卸，如图6-10所示。框架集装箱以超重货物为主要运载对象，还便于装载牲畜，以及钢材之类可以免除外包装的裸装货，便于大型超宽、超高货物的吊装。

5. 牲畜集装箱

牲畜集装箱（Pen Container）是一种专门设计用来装运活牲畜的集装箱，有通风设施，带有喂料和除粪装置，如图6-11所示。

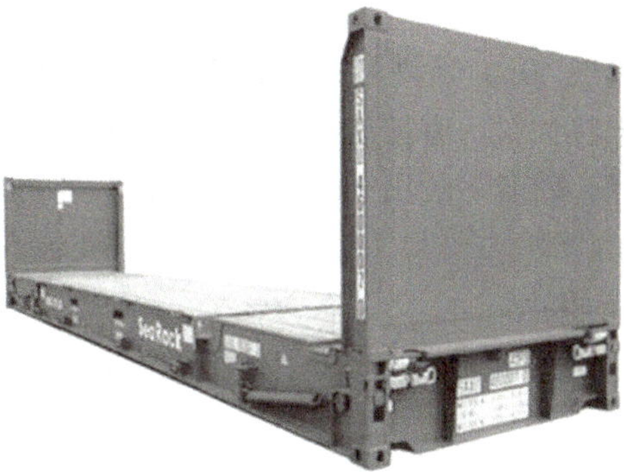

图6-10 框架集装箱

图6-11 牲畜集装箱

6. 罐式集装箱

罐式集装箱（Tank Container）又称液体集装箱，是为运输食品、药品、化工品等液体货物而制造的特殊集装箱。其结构是在一个金属框架内固定上一个液罐，如图6-12所示。国际标准罐是一种安装于紧固外部框架内的不锈钢压力容器。罐体内胆大多采用316不锈钢制造。多数罐箱有蒸气或电加热装置，惰性气体保护装置，减压装置和其他流体运输及装卸所需的可选设备。

7. 平台集装箱

平台集装箱（Platform Container）形状类似铁路平板车，是具有高承载能力的底板而没有箱顶和侧壁的集装箱，如图6-13所示。这种集装箱可以从前后、左右及上方进行装卸作业，其箱底的强度比普通集装箱大，适合装载长大件和重货件，如重型机械、钢材。平台式集装箱没有水密性，不能装运怕水的货物，或者需要用帆布遮盖装运。

图6-12 罐式集装箱

图6-13 平台集装箱

8. 通风集装箱

通风集装箱（Ventilated Container）在端壁和侧壁上设有通风孔的集装箱，内壁涂塑料层，适宜装运水果、蔬菜等不需要冷冻而具有呼吸作用的货物。如将通风口关闭，同样可以作为杂货集装箱使用，如图6-14所示。

图 6-14 通风集装箱

9. 散装货集装箱

散装货集装箱（Bulk Container）一般在顶部设有2~3个小舱口，以便装货，底部有升降架，可升高成40°的倾斜角，以便卸货，如图6-15所示。适宜装载装粮食、水泥等散堆颗粒状、粉末状物料。有玻璃钢制和钢制两种，前者一般用于装载麦芽和化学品等相对密度较大的散货，后者一般用于装载相对密度较小的谷物。如要进行植物检疫，还可在箱内熏舱蒸洗。

10. 散装粉状货集装箱

散装粉状货集装箱（Freeflowing Bulk Material Container）与散装集装箱基本相同，但装卸时使用喷管和吸管，如图6-16所示。

图 6-15 散装货集装箱

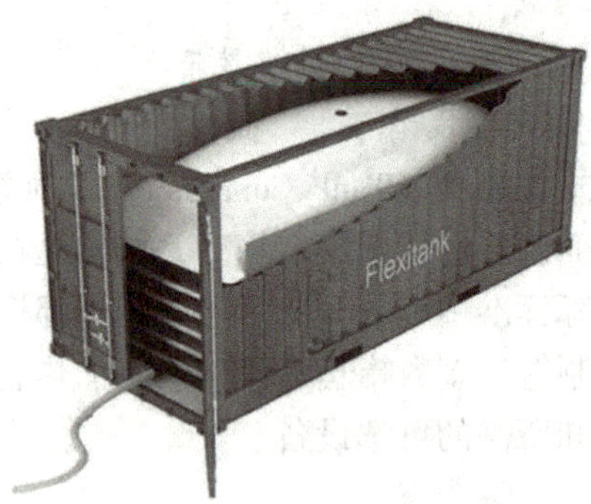

图 6-16 散装粉状货集装箱

11. 挂式集装箱

挂式集装箱（Dress Hanger Container）在箱内上侧梁上装有许多根横杆，每根横杆上垂下若干条皮带扣、尼龙带扣或绳索，如图6-17所示。挂式集装箱适合于装运服装类商品，成衣利用衣架上的钩，直接挂在带扣或绳索上。这种服装装载法属于无包装运输，它不仅节约了包装材料和包装费用，而且减少了人工劳动，提高了服装的运输质量。

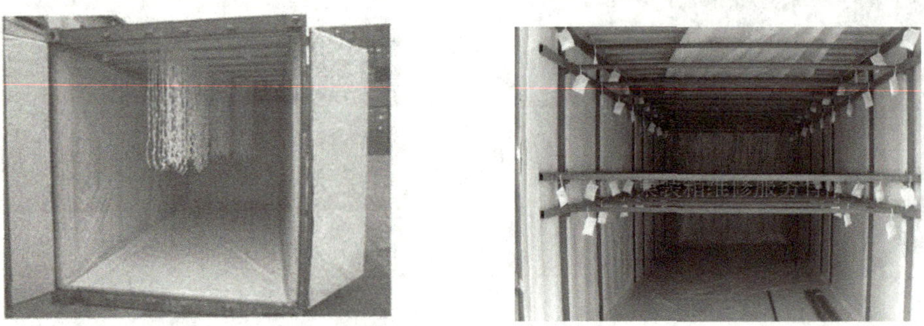

图 6-17 服装集装箱

12. 汽车集装箱

汽车集装箱是一种专门设计用来装运汽车，并且可分为两层装货的集装箱，如图 6-18 所示。

随着国际贸易的发展，商品结构不断变化，今后还会出现各种不同类型的专用或多用集装箱。

图 6-18 汽车集装箱

（三）按集装箱的结构分类

1. 内柱式（Linterior Post Type Container）与外柱式集装箱（Outsider Post Type Container），主要指铝合金集装箱，内柱式集装箱是指侧柱（或端柱）位于倒壁或端壁之内；外柱式集装箱是指侧柱（或端柱）位于倒壁或端壁之外。

2. 折叠式集装箱（Collapside Container），指集装箱的主要部件（侧壁、端壁和箱顶）能简单地折叠或分解，再次使用时可以方便地再组合起来，如图 6-19 所示。

3. 薄壳式集装箱（Monocoque Container），是把所有部件组成一个钢体，它的优点是重量轻，可以适应所发生的扭力而不会引起永久变形。

4. 交换车体集装箱。交换车体集装箱又称箱体交换车体。这种集装箱的箱体结构与普通集装箱相同，但是在其底部配有四个可折叠的支腿，用于集装箱的支撑停放，如图 6-20 所示。

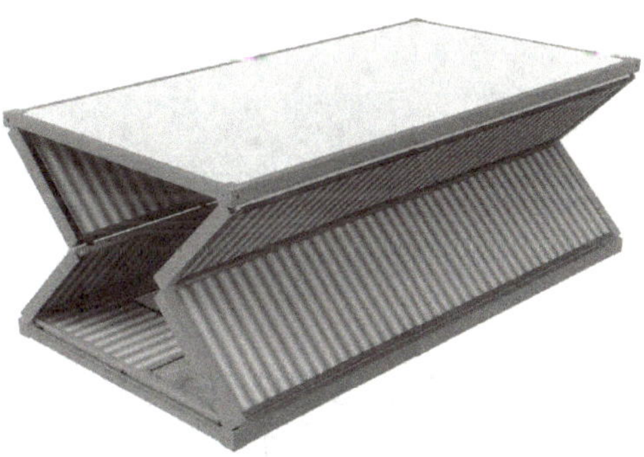

图 6-19 折叠式集装箱

图 6-20 交换车体集装箱

四、集装箱的规格标准

（一）国际标准集装箱的型号和主要参数

外尺寸为 20 英尺×8 英尺×8 英尺 6 吋，简称 20 尺货柜；40 英尺×8 英尺×8 英尺 6 吋，简称 40 尺货柜；40 英尺×8 英尺×9 英尺 6 吋，简称 40 尺高柜（近年较多使用）。各型号集装箱的主要参数如表 6-1 所示。

表 6-1 集装箱主要参数

型　号	内容积	配货毛重	体　积
20 尺柜	5. 69 米×2. 13 米×2. 18 米	17. 5 吨	24~26 立方米

续表

型 号	内容积	配货毛重	体 积
40 尺柜	11.8 米×2.13 米×2.18 米	22 吨	54 立方米
40 尺高柜	11.8 米×2.13 米×2.72 米	22 吨	68 立方米
45 尺高柜	13.58 米×2.34 米×2.71 米	29 吨	86 立方米
20 尺开顶柜	5.89 米×2.32 米×2.31 米	20 吨	31.5 立方米
40 尺开顶柜	12.01 米×2.33 米×2.15 米	30.4 吨	65 立方米
20 尺平底货柜	5.85 米×2.23 米×2.15 米	23 吨	28 立方米
40 尺平底货柜	12.05 米×2.12 米×1.96 米	36 吨	50 立方米

（二）集装箱的计量单位

以长度为 20 英尺的集装箱作为换算标准箱，简称 TEU（Twenty-foot Equivalent Unit），对其他长度的集装箱进行换算，即 20 英尺集装箱为 1TEU，40 英尺集装箱为 2TEU，30 英尺集装箱为 1.5TEU，10 英尺集装箱为 0.5TEU，这样换算得出的集装箱数量称为"标准箱数"，并且用 TEU 作为标准箱数的计量单位。

五、集装箱的标记

国际标准化组织规定的标记有必备标记和自选标记两类。每一类标记中又分识别标记和作业标记。

（一）必备标记

1. 识别标记

它由箱主代号，设备识别代号、顺序号及核对数字组成，如图 6-21 所示。

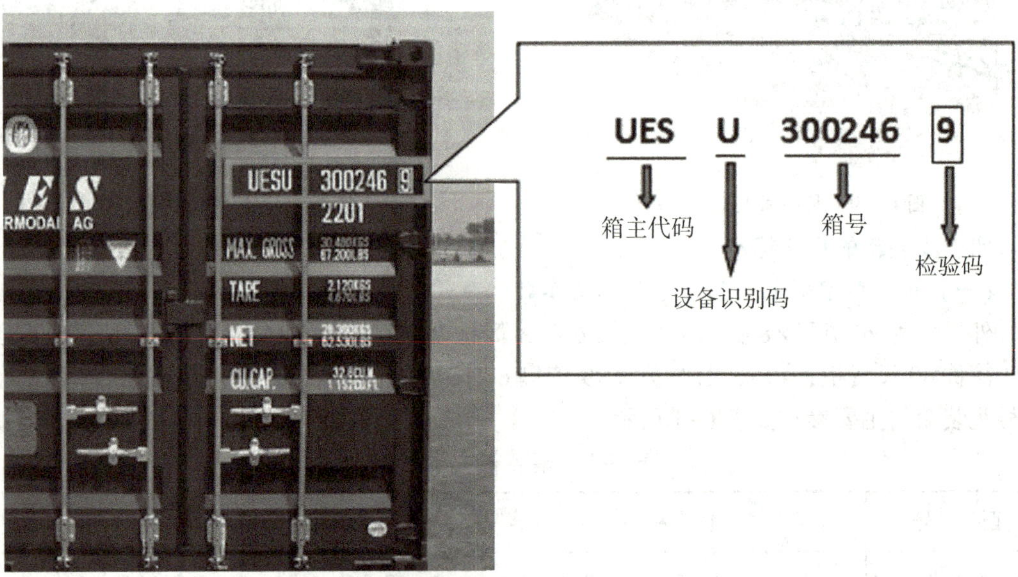

图 6-21 集装箱识别标记

（1）箱主代号（Owner Code），是集装箱所有人向国际集装箱局登记注册的三个大写的拉丁文字母表示，比如马士基集团自有箱的箱主代号之一是“MSK”。

（2）设备识别代号，是紧接着箱主代号的第四位字母，用以表示集装箱的类型，最常见的是“U”，用于表示所有常规的集装箱。另外“J”表示带有可拆卸的集装箱，“Z”表示集装箱的拖车和底盘车。

（3）顺序号，又称“箱号”或“箱体注册码”（Registration Code），由6位阿拉伯字母组成。如有效数字不是6位时，则在有效数字前用“0”补足6位以区别于同一箱主的集装箱，如“053842”。

（4）核对数字，又称“检验码”（Check Digit），核对数字是用来验证箱主代号和顺序号记录是否准确的依据，经计算机处理所得。它位于顺序号后，以一位阿拉伯数字加一方框表示。

核对号是由箱主代号、设备识别号的4位字母与顺序号的6位数字通过一定方式换算而得。具体换算步骤如下。

①将表示箱主代号和设备识别代号的4位字母转换成相应的数字，从表6-2中可看出，去掉了11及其倍数的数字，这是因为后面的计算将以11作为模数。

表6-2 字母等效数值表

字 母	A	B	C	D	E	F	G	H	I	J	K	L	M
等效数值	10	12	13	14	15	16	17	18	19	20	21	23	24
字 母	N	O	P	Q	R	S	T	U	V	W	X	Y	Z
等效数值	25	26	27	28	29	30	31	32	34	35	36	37	38

②将前4位字母对应的数字加上后面顺序号的数字，共计10组数字。例如，以中国远洋运输公司的某箱为例，箱主代号与顺序号为COSU 800121，对应的数字为13-26-30-32-8-0-0-1-2-1。

③采用加权系数进行计算，其计算公式为：

$$S=\sum_{i=1}^{10}C_i\times 2^{(i-1)},\ i=1.2\cdots 10$$

式中，C_i-10组数字中的第i组。

④将S除以模数11，再取余数即为核对数字。仍以*COSU* 800121为例，$S=1721$，除以11后余数为5，故其核对数字为⑤。

$$S=13\times 2^0+26\times 2^1+30\times 2^2+32\times 2^3+8\times 2^4+0\times 2^5+1\times 2^7+2\times 2^8+1\times 2^9=1721$$

核对数字$=S\div 11=156\cdots\cdots 5$

2. 作业标记（如图6-22所示）

（1）额定重量和自定重量标记

额定重量即集装箱总重，自重即集装箱空箱质量（或空箱重量），ISO688规定应以公斤（kg）和磅（lb）同时表示。

(2) 空陆水联运集装箱标记

由于该集装箱的强度仅能堆码两层因而国际标准化组织对该集装箱规定了特殊的标志。该标记为黑色，位于侧壁和端壁的左上角，并规定标记的最小尺寸为：高 127 毫米，长 355 毫米，字母标记的字体高度至少为 76 毫米，见图 6-22 所示。

(3) 登箱顶触电警告标记

该标记为黄色底各色三角形，一般设在罐式集装箱和位于登顶箱顶的扶梯处，以警告登体者有触电危险。

登箱顶触电警告标记

图 6-22 作业标记

(二) 自选标记

1. 识别标记

(1) 国家和地区代号，如中国用 CN；美国用 US。

(2) 尺寸和类型代号（箱型代码）。

8 种常见的集装箱及代码（20 尺为例）如表 6-3 所示。

表 6-3 常见集装箱代码

箱型	箱型代码	95 码	箱型	箱型代码	95 码
干货箱	GP	22G1	冷冻箱	RF	22R1
干货高箱	GH（HC/HQ）	25G1	冷高箱	RH	25R1
挂衣箱	HT	22V1	油罐箱	TK	22T1
开顶箱	OT	22U1	框架箱	FR	22P1

箱型代码中，GP 即 General Purpose Containers，指干货箱；HQ 即 High Cube Containers，指高箱。特种集装箱代码主要包括：冷冻柜（Reffer Container）、挂衣柜（Dress hanger Container）、罐式柜（Tank Container）、开顶柜（Open Top Container）和平板柜（Flat Rack Container）

95 码是联合国 UN/ISO 标准代码库里面所提供的 95 版本的数字—字符型代码。95 码第一位数字为 2 的是 20 英尺，开头为 4 的是 40 英尺，开头为 L 的是 45 英尺。95 码第二位数字为 2 的非高箱（8.5 英尺高）；为 5 的为高箱（9.5 英尺高）。要特别注意，5 并不代表 45 英尺，如 40HQ 的 95 代码为 45G1，这个极易让人误以为是 45HQ 的柜子，其实 45G1 指的是 40HQ。

2. 作业标记

(1) 超高标记，该标记为在黄色底上标出黑色数字和边框，此标记贴在集装箱每侧的左下角，距箱底约 0.6m 处，同时该贴在集装箱主要标记的下方。凡高度超过 2.6m 的集装箱应贴上此标记。

(2) 国际铁路联盟标记。凡符合《国际铁路联盟条例》规定的集装箱，可以获得此标记。该标志是在欧洲铁路上运输集装箱的必要通行标志。

六、集装箱的使用管理

(一) 集装箱类型的选择

主要根据货物特性、货物种类与货名、货物包装尺寸、货物重量与集装箱的运输过程来选择集装箱类型。在选用集装箱时，必须了解以下几方面的问题。

1. 运输要求

货物特性决定了运输要求，如危险品、易碎品、鲜活易腐品等货物特性不一，对箱型的选择也不相同。对一些危险货物来说，还要进一步了解它属于哪一类危险货物，是易爆炸品、易燃品还是腐蚀性货物。此外，还要知道货物有无包装、是什么包装；货物是清洁的还是脏的，有没有气味等。

2. 装箱型号

必须了解货物的包装尺寸，以便选择合适的配置方法，充分利用集装箱的箱容。

3. 载质量

任何集装箱可装货物的质量都不得超过集装箱的载质量，有时货物质量虽小丁载质量，但由于该货物是集中负荷而可能造成箱底强度不足，这时就必须采取措施，利用货垫使集中负荷分散。

4. 集装箱运输过程

集装箱运输过程指在整个物流过程中由哪几种运输工具运送，是否需要转运和换装作业，采用何种作业方式，运输过程中的外界条件如何，是否高温、高湿等。另外，物流过程不同。

5. 集装箱类型选择应遵循的原则

(1) 货物外部尺寸与集装箱内部尺寸相适应，以成公倍数为最佳。

(2) 按照货物比容选择最有利比容的集装箱。

(3) 优先选择自重系数较小的集装箱。

(4) 集装箱外部尺寸与运输工具尺寸相适应，以成公倍数为最佳。

(二) 集装箱的装箱

集装箱货有整箱货和拼箱货之分。整箱货是指货物批量能装满一个集装箱以上的货物，装箱工作原则上由货主进行，货主装箱后将集装箱运到集装箱厂，这种装箱方式称为托运人装箱方式。拼箱货是指货物批量不能装满一个集装箱的零星小批量货，通常由货运站负责装箱。

在装箱前应根据具体条件来考虑其装载方法和固定方法。对于运输时间长、外界运输环境差的货物，要考虑箱内会不会产生水滴而产生水湿事故，固定货物的牢靠程度是否满足运输形式中技术状态的要求。在装载方法上，有时在装箱地由于有较高的技术和良好的机械设备，货物能很顺利地装入箱内，但若在偏僻的地区拆箱卸货，既没有装卸经验，又无装卸设备，则货物难以取出。若强行取出货物，则会损坏集装箱，或者损坏货物。经常发生的情况是，固定货物时，装货地可能很容易固定，但在卸货地却无法拆卸固定用具，在这种情况下，装货时应周密、细致地考虑卸货地的具体条件，即使明知道这样装载和固定货物需要花费很多时间，也要为在卸货时顺利取出货物创造必要的条件。

1. 装载量预算

为使集装箱达到最大的装载量，必须进行精确计算。装载技术会影响装载件数。如果一票货物装完了若干个集装箱，只剩下一小部分时，由于不能将不同卸货港的货物混装在一个集装箱内，因此剩下的货物件数不多，也只好另装一个集装箱，所以，装箱前必须要正确地掌握装载量。

集装箱的装载量就是集装箱的最大载货重量（P），它是集装箱的总重（R）与集装箱的自重（T）之差，即 $P=R-T$。集装箱的总重是一个定值，按国际标准除动物集装箱外，20 ft 型钢质集装箱的总重为 24000 千克，40 ft 为 30480 千克。但集装箱的自重，根据不同集装箱的种类和不同设计，即使是同一种类、同一箱型集装箱，也有一定差别。如上海远洋运输公司的 20 t 钢箱，其自重为 2060 千克到 2360 千克不等，平均为 2210 千克。40 t 钢箱平均自重为 3850 千克，而 20 ft 开顶箱的自重一般为 2520 千克，20 t 台式集装箱一般为 2770 千克。集装箱货大多数属于轻货，容积装满后，通常达不到最大载货质量指标。

2. 货物密度

所谓货物密度是指货物单位容积的质量，简称单位容重。它是货物积载因素（单位质量容积）的倒数。对于集装箱来说，将集装箱的最大载货质量除以集装箱的容积，所得之商就是箱的“单位容重”。若要求集装箱的容积质量都能装满，就要求货物的密度等于集装箱的单位容重。实际上集装箱装货后，箱内容积或多或少会产生空隙，集装箱内实际利用的有效容积为集装箱容积乘以箱容利用系数。利用货物密度与集装箱的单位容重可以判断装箱货物是“重货”还是“轻货”。所谓“重货”是指货物密度大于集装箱的单位容重；反之，则称为“轻货”。

在计算集装箱所需数量之前，先要判定货物是重货还是轻货，再求出一个集装箱的最大装载量和有效容积，就可算出货物所需的集装箱数。如果是轻货，则用货物总体积除以集装箱的有效容积，即可求出所需装箱数量。如果货物密度等于箱的单位容重，则无论按质量计算还是按容积计算，均可得出集装箱的数量。

对于一时尚不能判定是重货还是轻货的货物，则先按容积来计算，求出每个集装箱的最大可能装载件数，用件数乘以每件货物的质量，再与该集装箱的最大载货质量相比较，如果小于集装箱的最大载货质量，则以该质量除该批装箱货物的总质量求出集装箱数。如果箱内所装件数的总质量大于集装箱的最大载货质量，则以集装箱的最大载货质量除该批装箱货物的总质量，求得所需要的集装箱数量。

集装箱装箱流程图如图 6-23 所示。

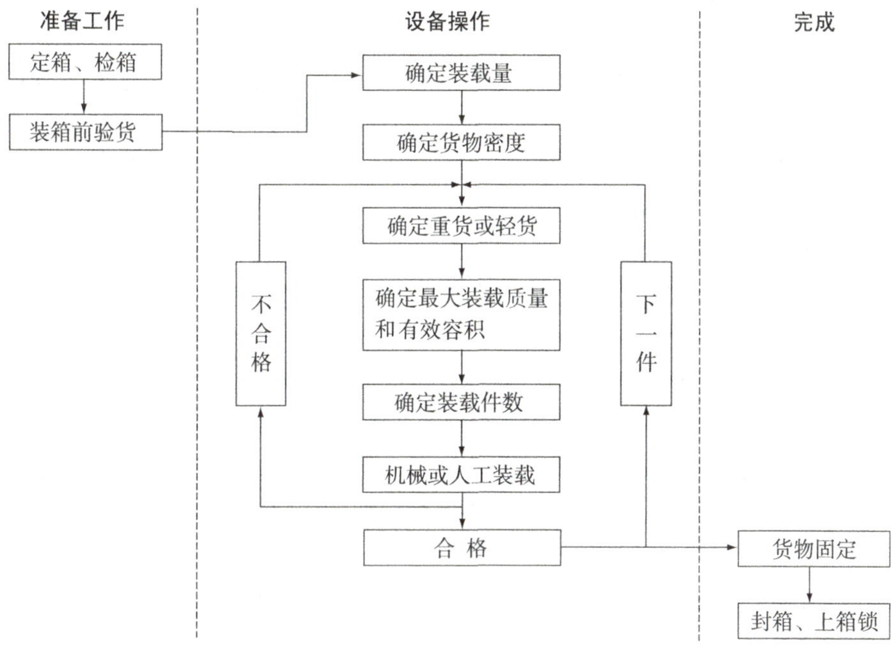

图 6-23　集装箱装箱流程图

（三）常见货物使用的集装箱

①干货集装箱用于装布匹、服装、玻璃、陶瓷、电视机、收录机、钟表仪器、自行车、缝纫机、工艺美术品和书籍等百货与杂货。

②冷藏集装箱主要用于装冷冻鱼肉、冰激凌等冷冻食品，也可用于装胶卷、药品、乳制品、黄油和糖果等需低温放置的货物。

③隔热集装箱用于装水果、蔬菜等需要保持鲜度的货物。

④通风集装箱用于装干鱼、水果、蔬菜等不需要冷冻但有呼吸作用的货物。

⑤罐式集装箱用于装酒、食用油、汽油、柴油、润滑油和化学品类等液体货物。

⑥散货集装箱用于装谷物、煤炭、盐和化学品。

⑦开顶集装箱用于装木材、钢材、大型货物和重物。

⑧汽车集装箱用于装小型轿车。

⑨动物集装箱用于装鸡、鸭、鹅、牛、猪、马和羊等活家畜。

（四）集装箱的管理

为了随时掌握和控制集装箱在周转使用过程中的各种状态，需要采用高效率的集装箱管理信息系统——集装箱编目控制系统进行管理。集装箱编目控制系统将有关集装箱的固定特征，如箱号、箱类、箱型、尺寸、购（租）箱、地点和日期等资料事先储存在计算机中，而集装箱的日常动态信息使用特定的代码随时输入计算机。

集装箱编目控制系统不仅能够掌握及跟踪分布在国内外集装箱码头堆场、集装箱货运站、内陆货站、货主仓库及运输途中的有关集装箱地理位置和使用状态变化的动态信息，而且能够对各个运输环节的集装箱需求情况作出预测，此外，还可以汇总、统计和分析有关集装箱管理方面的各项经营指标。

（五）集装箱装箱的注意事项

1. 重量的配置及货物的先后顺序

集装箱货物装运前要充分考虑卸货的先后顺序，后卸的货物应该先装箱，先卸的货物应该后装箱。装箱时尽可能质量均匀地分布于集装箱底板上。过分的集中负荷或偏心荷重，在装卸集装箱时，有倾斜或翻倒的危险。此外，当货物是重物，难以避免负荷集中分布时，可采用衬垫等方式使负荷分散。

另外，使用大型国际集装箱时，要将叉车驶入集装箱内装卸货物，要求底板有一定的强度，其强度能满足两吨叉车装载两吨货物驶入。质量超过上述情况的设备应避免使用。

2. 货物的固定

因为在运输过程中的颠簸或振动，而使箱内货物容易移位的情况下，要注意固定货物，可采用：固定材料紧固法，用角钢等材料将货物固定；填充紧固法，在货物与货物之间、货物与集装箱之间用角钢等支柱在水平方向上固定，或者在其间插入阻隔物或垫子等方式避免货物移动；捆索法，在集装箱侧壁设置索环，用缆绳或皮带等固定货物。

3. 货物的配装

不同货物在同一集装箱中时，要注意货物的性质、质量或包装对其他货物的有害影响，这是在装货地点应考虑的问题。货重在箱内应均匀分布，不允许偏载。要按货物标定的“不可倒置”“平放”“竖放”等标志装箱。箱内堆垛时，要采用全自动起升叉车在箱内作业。装拼箱货时，要注意轻压重，包装强度弱的压包装强度大的，清洁货压污货，同形状和同包装货放在一起，有异味、潮湿等货物用塑料薄膜包妥后与其他货隔开。有尖角棱刺的货物应另加保护，以免损伤其他货物。

案例 6-1

铁路强化集装箱运输打造货运增运新动能

39 辆车厢满载 2400 吨玉米，47605 次敞顶集装箱货物列车，在中铁联合国际集装箱有限公司大连铁路集装箱中心站缓缓驶出，开往内蒙古通辽市木里图站。18 小时后，这些玉米顺利送抵通辽梅花生物科技有限公司。

这样的场景每天都在中国铁路沈阳局集团有限公司（以下简称沈阳局集团公司）管内各大港口、车站上演。沈阳局集团公司把发展集装箱作为货运增量的主要方向，大力推进焦炭、水泥、粮食等“散改集”业务，打造集装箱班列品牌，促进集装箱装车量稳步增长，不断提高铁路集装箱运输市场份额。据统计，2022 年 7 月 1 日至 25 日，沈阳局集团公司日均发运集装箱货物 5098 标准箱。

依托“管内港口资源丰富、集疏港货源充足”的优势，沈阳局集团公司大力组织开行集装箱铁水联运班列。7 月，以白城至大连开行的“粮食深加工产品”集装箱铁水联运班列为模板，大面积开行了五棵树至鲅鱼圈港、木里图至大连港等粮食深加工班列，大连港至沈阳、大连港至长春等汽车零配件班列，吉林至鲅鱼圈港固体化工班列，长白山至大连港矿泉水班列等共计 11 列，满足企业需求，促进集装箱增量，如图 6-24 所示。

图 6-24 中国铁路集装箱

（资料来源：殷俊红．铁路强化集装箱运输打造货运增运新动能．中国经济网，http：//www. ce. cn/cysc/jtys/tielu/202207/27/t20220727_ 37910747. shtml）

任务三 托盘

一、托盘概述

（一）定义

中国国家标准《物流术语》对托盘的定义是：用于集装、堆放、搬运和运输的放置作为单元负荷的货物和制品的水平平台装置。

作为与集装箱类似的一种集装设备，托盘现已被广泛应用于生产、运输、仓储和流通等领域，被认为是 20 世纪物流产业中的两大关键性创新之一。托盘作为物流运作过程中重要的装卸、储存和运输设备，与叉车配套使用，在现代物流中发挥着巨大的作用。托盘给现代物流业带来的效益主要在于其可以实现物品包装的单元化、规范化和标准化。

（二）托盘的特点

作为一种集装化器具，托盘与集装箱相比主要有以下优点。

（1）托盘自重很小，因而用于装卸搬运和运输所消耗的劳动力较小，无效运输和无效装卸搬运作业量也都很小。

（2）由于造价不高、体积较小，只要组织得当，托盘就比较容易在交易各方之间交换使用，因而可以减少空托盘运输。

（3）托盘返空运输比较容易，而且在返空运输时占用运输设备的载运空间也很少。

（4）托盘使用方便灵活，货物装盘卸盘比较容易，适用的作业场合和货物种类也比较广泛。

托盘的主要缺点是其对货物的保护性差，长途搬运和运输需要进行固定，而且不能露天存放，需要有仓库等配套设施。

（三）托盘在现代物流中的作用

（1）利用托盘将若干零散的单件物品集装成较大规格的装卸搬运单元货件，便于实现装卸搬运作业机械化、自动化，提高装卸作业的速度和效率。

（2）利用托盘进行理货和装卸搬运作业，便于迅速地将货物从一种状态转入另一种状态，从一个物流环节转入另一个物流环节，从而全面提高物流作业的速度。

(3) 以托盘将零散货物集装成一个较大的包装单元，可以简化商品的运输包装，节约包装材料和费用，并且便于货物数量清点及管理，降低货损货差率。

(4) 利用托盘储存货物，便于货物高层堆码或采用高层货架存放货物，实现立体化储存，可充分利用仓库空间，提高仓库容积利用率，并且便于实现机械化、自动化存取作业。

(5) 利用托盘进行货物运输，便于货物快速装卸，便于快速从一种运输方式向另一种运输方式转换，避免单件货物的重复倒装等无效劳动，提高货物中转运输作业速度，加快运输工具的周转速度。

（四）托盘的循环使用管理

托盘共用系统就是指使用符合统一规定的具有互换性的托盘，为众多用户共同服务的组织系统。

一些发达国家的托盘共用系统的运营方式主要有交换制和租赁制。交换制就是在托盘共用系统中，托盘不专属于某个固定用户，不强调每个托盘的归属和返还，可以在全系统内按数量进行广泛的交换使用。租赁制则是由专门的托盘公司统一经营的，托盘用户以租赁等方式在本地托盘经营机构租用托盘，并且交付一定的租金，托盘随货物到达任何地方的最终收货方卸货拆盘后，可以就近交还给当地的相关托盘经营机构，进行循环租用。

二、托盘的类型及应用

（一）平托盘

平托盘是由承载面和一组纵梁相结合构成的平板货盘，其承载面上一般没有辅助结构件，底部设有叉车叉孔，可使用叉车或托盘搬运车等进行集装作业。

平托盘根据承载面的数量和形式可以分为单面型、单面使用型、双面使用型和翼边型等；根据叉车货叉的插入方式可以分为双向进叉型、四向进叉型等，由此组合形成平托盘的基本结构类型，如图 6-25 所示。

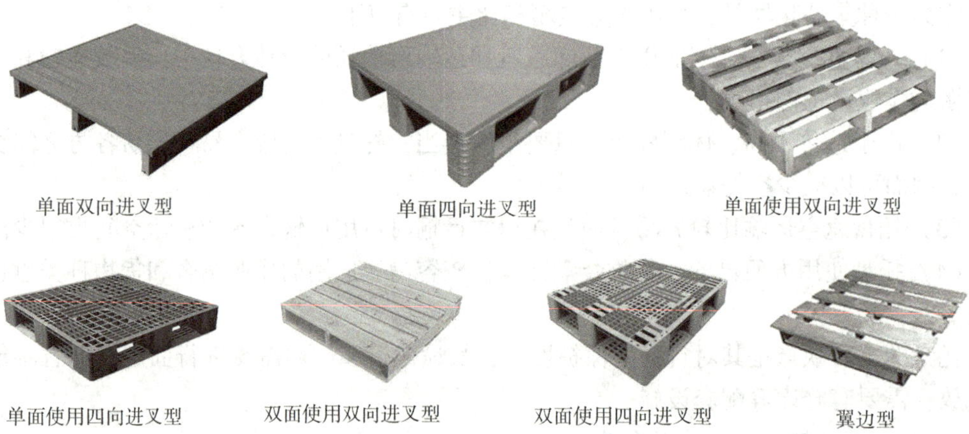

图 6-25 平托盘的基本结构类型

（二）立柱式托盘

立柱式托盘是指带有用于支承堆码货物的立柱的托盘。立柱式托盘的基本结构是在托盘的四个角设置钢制立柱，立柱与托盘之间的连接形式有固定式、折叠式和可拆装式三种。

有的立柱式托盘为了增强立柱的支撑刚度，在立柱之间用横梁相互连接，形成框架式结构，如图 6-26 所示。

图 6-26　立柱式托盘

（三）箱式托盘

箱式托盘就是在四面装有壁板，构成箱形的托盘。箱式托盘的壁板有整板式、密装板式和格栅式等结构形式，壁板与底座之间的连接形式有固定式、折叠式、可拆卸式三种，如图 6-27 所示。

图 6-27　箱式托盘

（四）轮式托盘

轮式托盘是在立柱式托盘或箱式托盘的基础上，在底部装有小型轮子而构成的一种托盘，如图 6-28 所示。

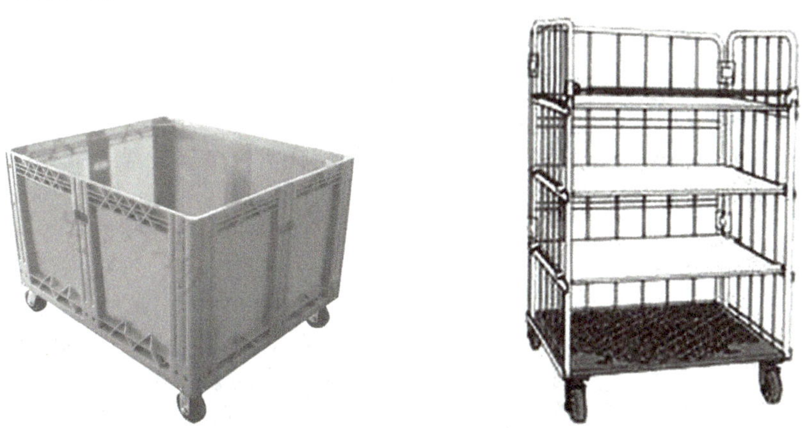

图 6-28　轮式托盘

（五）特种货物专用托盘

1. 平板玻璃专用托盘

能支撑和固定立放的平板玻璃，在装运时，平板玻璃顺着运输方向放置以保持托盘货载的稳定性，如图 6-29 所示。

2. 轮胎专用托盘

轮胎本身有一定的耐水、耐蚀性，在物流过程中无须密闭，且本身很轻，装放于集装箱中不能充分发挥箱的载重能力，但是它的主要问题是储运时怕压、挤，因此采用托盘是一种很好的选择，如图 6-30 所示。

图 6-29 平板玻璃专用托盘

图 6-30 轮胎专用托盘

3. 油桶专用托盘

专门装运标准油桶的异型平托盘，可防止渗漏，如图 6-31 所示。

图 6-31 油桶专用托盘

（六）托盘的材料类型

托盘按照材质的不同大致可以分为木托盘、塑料托盘、金属托盘、纸托盘、塑木托盘及竹托盘等，如图 6-32 至 6-36。

图 6-32 木托盘

图 6-33 塑料托盘

图 6-34　金属托盘

图 6-35　纸托盘

图 6-36　塑木托盘

1. 木托盘

木托盘是以天然木材为原料制造的托盘。木托盘是现在使用最广的托盘。国内制造木托盘的主要材料有松木、铁杉、冷杉等硬木，不同材料制成的托盘的使用性能也不相同。木托盘作为一种常用的物流器具具有以下优点：价格便宜、使用范围广泛、精度高、可以用高强度的螺钉加固以及牢固性好。木托盘的缺点：使用寿命较短，木托盘容易受潮，不宜清洁，回收成本较高，一般是作为一次性使用，造成使用成本增加。

2. 塑料托盘

塑料托盘是使用热塑性塑料，加上一些添加剂，通过注塑、吹塑等加工工艺制造而成的托盘。与木托盘相比，塑料托盘整体性好，卫生洁净，易于清洗消毒，使用寿命是木托盘的 5~7 倍。塑料托盘具有以下优点：四面可插，操作方便；使用寿命长，并且可以循环利用；在搬用、运输过程中物品不会滑落；塑料托盘使用安全卫生，易于清洁消毒。塑料托盘的缺点：购买托盘是一次性投入较大；塑料托盘可修复行很差，一般破损后只能报废不能修复。

3. 金属托盘

金属托盘又叫钢托盘，是采用优质钢板，有高精密冷弯成型机组加工而成的托盘。金属托盘用于出口时，不需要进行高温消毒处理，符合欧美等国家的进口包装材料的要求。金属托盘的优点：比较适合叉车作业，方便存取货物；具有较强的承载强度；环保，可回收再利用；出口时不需高温消毒处理，符合国际包装材料的要求；防潮、耐磨、防水、防锈。金属托盘的缺点：金属托盘容易被腐蚀；比塑料托盘、木托盘价格更高。

4. 纸托盘

纸托盘是以纸浆、纸板为原料加工制造而成的托盘。随着物流业的快速发展，国际市场对包装材料的要求越来越高，为了适应快速物流的要求，托盘生产商研制了更高强度的纸托盘。纸托盘的优点：纸托盘的规格可以按照客户的要求而定制，灵活性比较大；价格比较低。纸托盘的缺点：承载能力较差；防潮、防湿能力较差；使用方式比较落后，不能充分体现其优点；难以与国际规格接轨，不利于物流的国际化。

5. 塑木托盘

塑木托盘是由塑木材料通过组装而成的各种规格、尺寸的托盘、垫板。它综合了木托盘和塑料托盘及钢制托盘的优点而基本摒弃了其不足，价格却低于其他各类托盘；产品具有强度高、韧性好、不变形、不吸潮、不霉蛀、抗腐蚀、耐老化、易加工、低成本、可回收、无污染等优点。

三、托盘规格尺寸

国家质量监督局和国家标准化管理委员会 2007 年颁布的国际标准《联运通用平托盘主要尺寸及公差》(GB/T2934—2007) 规定，自 2008 年 3 月 1 日起，我国推行使用的标准托盘平面尺寸规格为 1200 毫米×1000 毫米和 1100 毫米×1100 毫米两种，如图 6-37 所示，其中，优先推荐 1200 毫米×1000 毫米的托盘，如图 6-37。

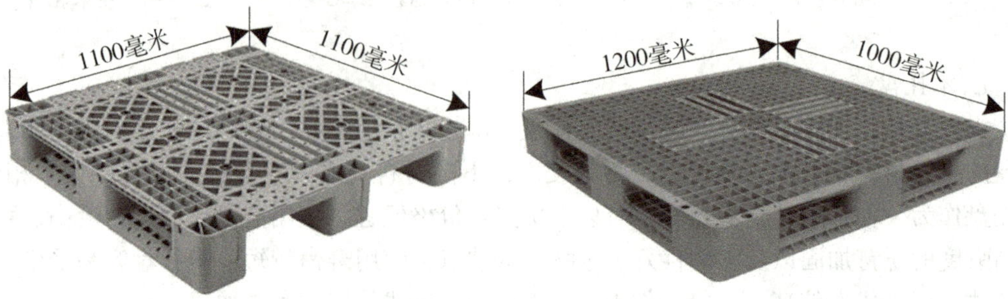

图 6-37 我国标准托盘平面尺寸

ISO 认可的托盘规格如下。

- 欧洲规格为 1200 毫米×800 毫米；
- 加拿大、墨西哥规格为 1200 毫米×l000 毫米；
- 美国规格为 1219 毫米×1016 毫米；
- 亚洲规格为 1100 毫米×1100 毫米。

四、托盘的堆垛方法

(一) 托盘堆垛方式

当在托盘上放装同一形状的立体包装货物时，可采取各种交错咬合的方法堆码，以提高货垛的稳定性。从货物在托盘上堆码时的行列配置来看，有四种基本堆积模型，如图 6-38 所示。

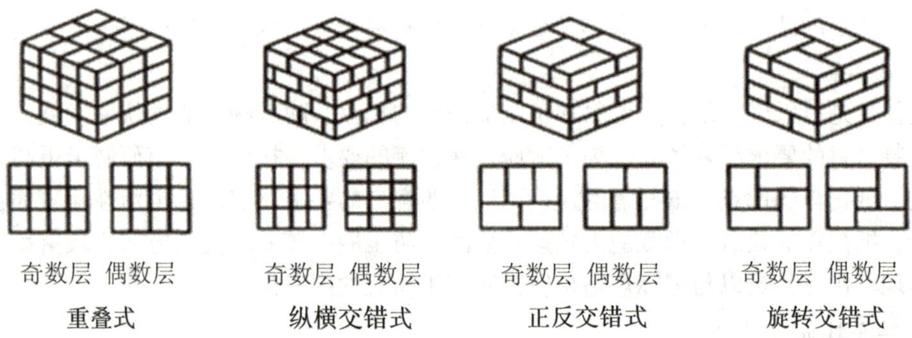

图 6-38 托盘堆码堆积模型

1. 重叠式

即各层码放方式相同，上下对应。

优点：员工操作速度快，各层重叠之后，包装物四个角和边重叠，能承受较大的荷重。

缺点：各层之间缺少啮合作用，稳定性差，容易发生塌跺；在货体底面积较大的情况下，采用这种方式可有足够稳定性。

2. 纵横交错式

相邻两层货物的摆放旋转 90°，一层呈横向放置，另一层呈纵向放置，层间有一定的啮合效果，但啮合强度不高。

这种方式装盘也较简单，如果配以托盘转向器，装完一层之后，利用转向器旋转 90°角，工人则只用同一装盘方式便可实现纵横交错装盘，劳动强度和重叠式相同。

3. 正反交错式

同一层中，不同列的货物以 90°垂直码放，相邻两层的货物码放形式是另一层旋转 180°角的形式。

这种方式类似房屋建筑砖的砌筑方式，不同层间啮合强度较高，相邻层之间不重缝，因而码放后稳定性很高，但操作较为麻烦，且包装体之间不是垂直面互相承受荷载。

4. 旋转交错式

每层相邻两货体呈 90°，两层间的码放又相差 180°。

这种方式咬合交叉稳定，码放难度大，中心有空隙，降低了托盘的装载能力。

（二）托盘货物加固方法

1. 捆扎

捆扎是用绳索、打包带等柔软索具对托盘货体进行捆扎以保证货体稳定的方法，如图 6-39所示。在防止箱形货物（瓦楞纸箱、木箱）散垛时用得较多。捆扎按扎带方式可分为水平、垂直和对角等方式。捆扎打结的方法有结扎、黏合、热融、加卡箍等。该方式的缺点是未扎带部分容易发生货物脱出，且由于多层货物的堆压以及输送中的振动冲击等因素容易使带子变松。

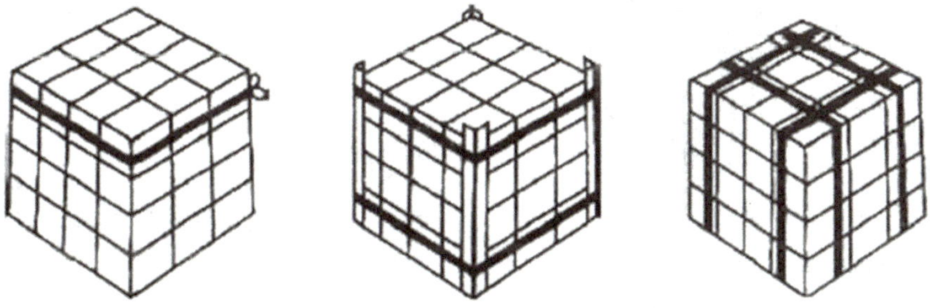

图 6-39　托盘货物捆扎图

2. 黏合紧固

黏合有两种方法：一种是在下一层货箱上涂胶水使上、下货箱黏合；另一种是每层之间贴上双面胶条，将两层通过胶条黏合在一起，防止物流中托盘货物从层间滑落，如图 6-40所示。这种方式对水平方向滑动的抵抗能力强，但在分离托盘的货载时，从垂直方向容易分开。这种方式的主要缺点是胶的黏度会随温度的变化发生变化，在使用时应选择适合温度条件的黏合剂，此外，在使用时必须根据货物的特性（质量、包装形态等）来决定用量和涂布方法。

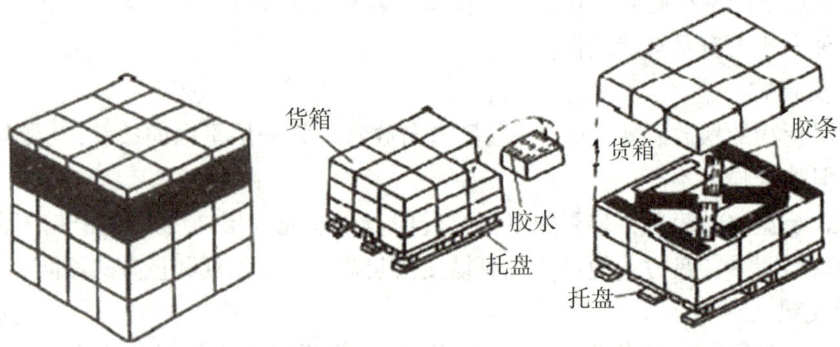

图 6-40 托盘货物黏合紧固图

3. 网罩紧固

网罩紧固主要用于装有同类货物托盘的紧固，多见于航空运输，将航空专用托盘与网罩相结合，就可达到紧固的目的，如图 6-41 所示。将网罩套在托盘货物上，再将网罩下端的金属配件挂在托盘周围固定的金属片上（或将绳网下部缚牢在托盘的边缘上），以防形状不整齐的货物发生倒塌。为了防水，可在网罩下用防水层加以覆盖，网罩一般采用棉绳、布绳或其他纤维绳等制成。

4. 中间夹摩擦材料紧固

将具有防滑性能的纸板夹在各层器具之间，以增加摩擦力，防止水平移动（滑动）或冲击时托盘货物各层间的移位，如图 6-42 所示。防滑片除纸板外，还有软质聚氨酯泡沫塑料等片状物。另外，在包装容器表面涂布二氧化硅溶液防滑剂，也有较好的防滑效果。

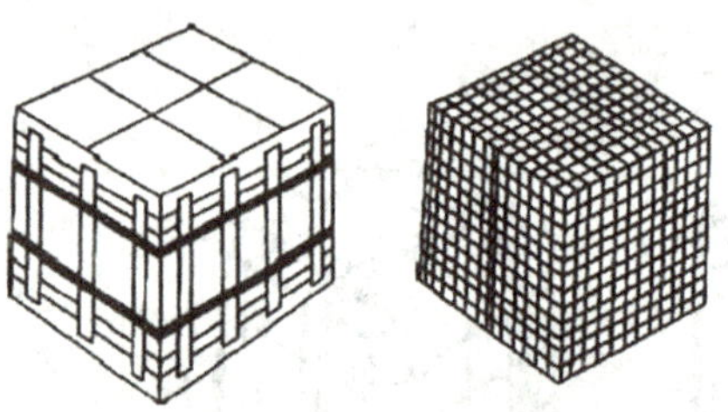

图 6-41 托盘货物网罩紧固图

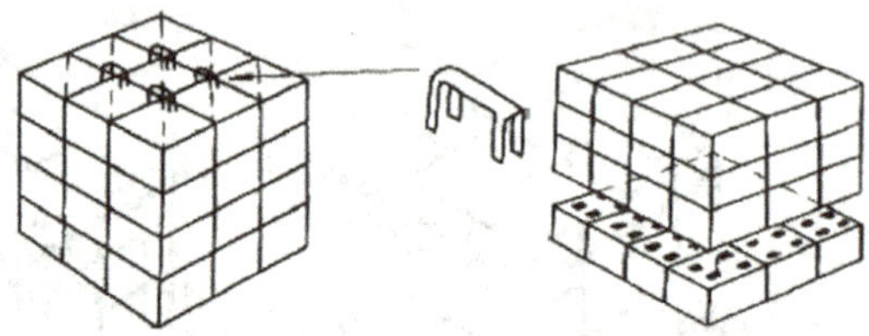

图 6-42 托盘货物中间夹摩擦材料紧固图

5. 拉伸薄膜紧固

拉伸薄膜紧固是用拉伸薄膜将货物和托盘一起缠绕包裹紧固，如图 6-43 所示。此种方法操作简单，特别是在托盘上的货物属于不规则货物时方便作业，而且速度快、成本低，应用范围广泛。

6. 平托盘周边垫高紧固

将平托盘四边稍垫高，货物向中心靠拢，此种方法利用托盘货物本身的质量，使货物能够很好地放置于上面而不致倾倒，如图 6-44 所示。

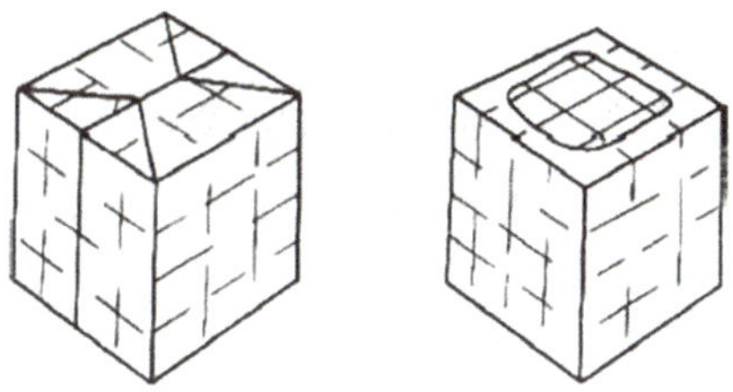

图 6-43　托盘货物拉伸薄膜紧固图

图 6-44　平托盘周边垫高紧固图

案例 6-2

物流托盘化

物流托盘化是把托载商品和货物的托盘准备好，把托盘的尺寸标准化，形成同样的大小。物流托盘化是实现物品装卸、储存等作业机械化、连贯化的基本和必要的前提。托盘经营方式合理与否是提高托盘流通性的关键因素。

物流托盘化包括托盘尺寸规格标准化，托盘制造材料标准化，各种材质托盘质量的标准化，托盘检测方法及鉴定技术标准化，托盘作业标准化，托盘集装单元化和托盘作业一贯化，托盘国内、国际共用化和托盘与物流设施、设备、运输车辆、集装箱等尺寸协调合理化等内容。

托盘标准化是物流托盘化的核心，是物流托盘化的前提和基础，没有托盘标准化，就不可能实现物流托盘化，也就没有快速、高效、低成本的现代物流。

目前，世界范围内多数国家的物流标准化工作还处于初始阶段，但作为物流托盘化基础的托盘标准化却由于托盘使用量大，使用频率高，使用范围广，而有较大进展。据统计，美国拥有 15 亿~20 亿个托盘，日本拥有 7 亿~8 亿个托盘，物流业刚起步不久的我国也拥有上亿个托盘，并且社会生产、流通的大多数行业都不同程度地使用托盘。

国际标准化组织——托盘标准化技术委员会（IO/TC51）是国际托盘标准制、修订的专门机构，在 2003 年颁布的 ISO6780 标准中推出 6 种国际托盘标准规格，其中，欧洲普遍使用 1200 毫米×800 毫米，1200 毫米×1000 毫米两种规格的托盘，美国主要使用的规格为 40 英寸×48 英寸，澳大利亚则以 1140 毫米×1140 毫米、1067 毫米×1067 毫米两种规格为主，亚洲国家，特别是日本、韩国，分别于 1970 年和 1973 年把 1100 毫米×1100 毫米（简称 T11）规格托盘作为国家标准托盘大力推广。目前，澳大利亚标准化托盘使用率最高，为 95%；美国为 55%；欧洲为 70%；日本为亚洲之最，使用率为 35%；韩国为 26.7%。

我国已成立了“中国物流标准化技术委员会”和“中国物流与采购联合会托盘专业委员会”（以下简称两会）。两会成立后，制定了若干物流国家标准，如《数码仓库应用系统规范》《物流企业分类与评价指标》等，还与国际上托盘使用大国，特别是与日本、韩国这两个临近托盘大国进行了广泛深入的交流与合作，为我国托盘事业发展做了大量工作。目前两会制定出我国自己的托盘国家标准 GB/T 2934-2007。我国目前在社会上流通使用的托盘规格有几十种，其中包括 1100 毫米×1100 毫米、1200 毫米×1000 毫米两种规格。

（资料来源：物流托盘化_ 百度百科，https：//baike. baidu. com/item/%E7%89%A9%E6%B5%81%E6%89%98%E7%9B%98%E5%8C%96/12754609？fr=aladdin. com）

案例思考

1. 物流托盘化的前提和基础是什么？
2. 我国现有哪些托盘相关标准？
3. 请分析托盘标准化的意义。

任务四　其他集装单元设备

一、集装袋

集装袋是一种袋式集装容器，也称柔性袋，如图 6-45 所示。集装袋主要用于装运散装的固体颗粒状或粉末状货物，常用于化肥、水泥、砂糖、纯碱、矿砂等货物的运输。

二、液体集装袋

液体集装袋是一种以聚乙烯和聚丙烯等柔性材料制成的装运液体货物的密闭包装袋，如图 6-46 所示，它通常装在 20 英尺通用集装箱内进行载运。因此，液体集装袋也称集装箱液体集装袋或集装箱液袋。

图 6-45　集装袋

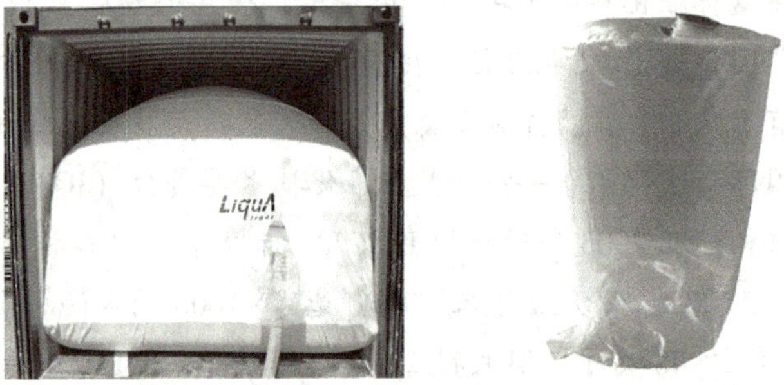

图 6-46　液体集装袋

每个集装箱液袋可正好放置于 20 英尺的集装箱内，其容积为 14~24 立方米。在非危险液体运输上可以代替昂贵的罐箱、铁桶等传统包装，最高容量可达 24 立方米，较桶装多出约 35%。运费以集装箱计算，而非油罐箱、特种箱，运价只需要支付单程运费，没有空箱返运费和清洗费用，并且能有效避免货物的交叉污染，大量减省装卸、包装及物料管理等费用，符合环保及食品包装要求，产品原材料对环境无污染，适合海运、铁路、陆运等运输方式。

三、滑板

（一）滑板概述

滑板是指在一个或多个边上设有翼板的平板，如图 6-47 所示，可将其作为搬运、存储或运输单元载荷形式的货物或产品的底板。滑板实际上是平托盘的一种特殊形式，所以也称为滑板托盘。

图 6-47　滑板

（二）滑板的结构类型

滑板的结构类型主要有单翼板型、对边双翼板型、邻边双翼板型、三翼板型、四翼板型，如图 6-48 所示。

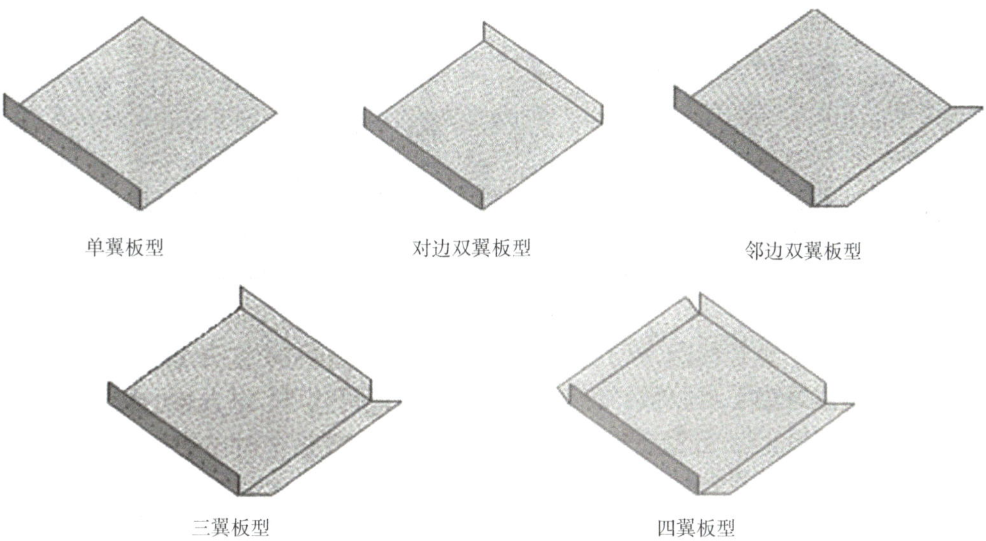

图 6-48　滑板的结构类型

（三）滑板的特点

滑板托只是一片无支撑的薄板，可使叉车的钢叉延滑板滑动插入板底，在不伤毁其他货物的情况下，将滑板连同滑板上的货物一起进行装卸操作。滑板和托盘相比，由于减少了一面盘面和纵梁、垫块，所以无效操作更少。

1. 滑板的优点

（1）滑板的外形如同一张薄纸板，厚度和体积都很小，所以能更好地利用仓储和运输车辆的储运空间。

（2）重量轻，只相当于木质托盘的 1/20，无效装卸搬运和运输作业量小，能节约装卸搬运和运输的费用。

（3）价格便宜，无须修理，所以使用费用低，而且没有周转费用。

（4）可以使用一次性托盘，无须周转管理或循环控制，没有周转费用。

（5）出口使用可以免商检、免熏蒸、免消毒。

（6）滑板结实耐用，有较强的耐水及耐化学侵蚀的性质。

2. 滑板的缺点

滑板其需要与带有推拉器的叉车一起使用，使用条件受到一定限制；强度较低，反复使用寿命较短。

四、集装网

集装网是使用高强纤维材料制成的集装器具，如图 6-49 所示。它的装运方式与集装袋相似。

集装网主要用于装运包装货物和无包装的块状货物，每集装网一次装运 500 ~1500 千克，在装卸中采取吊装方式。它比集装袋更轻，因而无效运输作业量更小，而且价格较低，节省集装费用。集装网的主要缺点是对货物的防护能力差，因而应用范围有较大的限制。

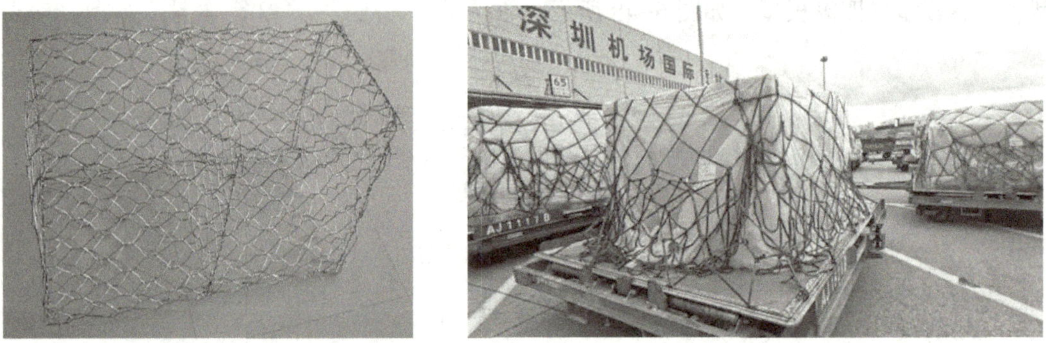

图 6-49 集装网

五、周转箱

周转箱即物流周转箱，也称物流箱，主要是指以聚烯烃塑料为原料，采用注射成型方法生产的塑料周转箱。

（一）周转箱的类型

周转箱的类型包括通用型周转箱（见图 6-50）、折叠型周转箱（见图 6-51）、斜插型周转箱（见图 6-52）三种。

图 6-50 通用型周转箱

图 6-51 折叠型周转箱

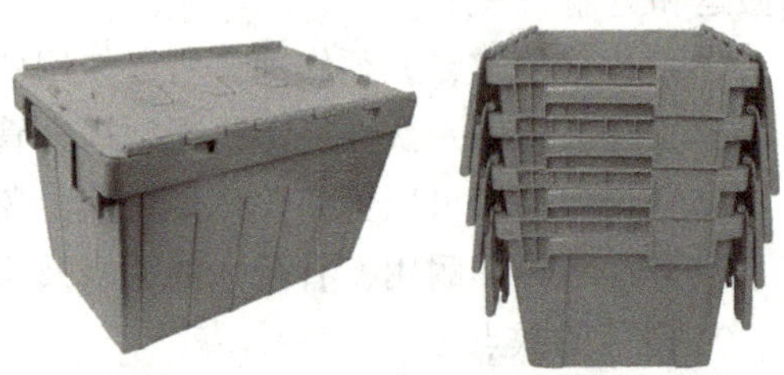

图 6-52 斜插型周转箱

（二）周转箱的规格尺寸系列

我国包装行业标准《塑料物流周转箱》（BB/T0043—2007）规定，标准规格的周转箱规格尺寸（长×宽）优先系列为600毫米×400毫米、400毫米×300毫米、300毫米×200毫米；高度优先系列为120毫米、160毫米、230毫米、290毫米、340毫米。标准规格的周转箱的设计载重量一般为70千克。

六、集装板

如图6-53所示，集装板是一块平面的铝板，货物放置在板上，由货网固定。集装板的四边都有一条轨道插座，货网的插口插入轨道插座将货物网住。

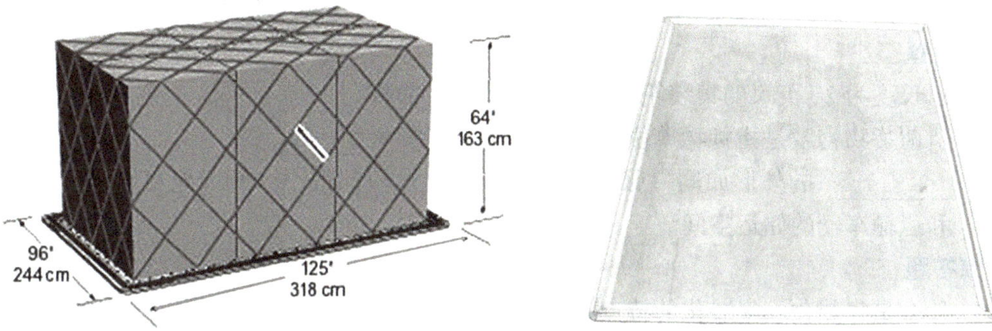

图6-53　航空集装板

项目实训

项目名称：组托方案设计。

实训目的：通过设计储存货物的组托方案，掌握常用货物的堆码、托盘的操作使用和注意事项，为今后实习、就业时在货物储存和搬运过程中托盘的使用和操作打下基础。

实训要求：一位供应商在2020年6月7日送来一车娃哈哈纯净水，送货单上标明数量为36箱，纸箱规格为长460毫米×宽260毫米×高235毫米；要求码放在规格为1200毫米×1000毫米的标准托盘上储存，堆码高度不超过1.2米，分组设计组托方式并绘制组托示意图，包括奇数层俯视图、偶数层俯视图、主视图和俯视图，并确定托盘个数。

实训器材：托盘、纸箱货物、计算机。

实训指导：按照分好的小组，由组长组织讨论，根据实训要求在计算机上进行组托方式设计并绘制组托示意图，最后按照设计方案进行纸箱实际组托操作。

实训报告：绘制货物组托示意图。

项目检测

一、单选题

1.（　　）是指具有一定强度、刚度和规格的专供周转使用的大型装货容器。

A. 托盘　　B. 周转箱　　C. 集装箱　　D. 集装袋

2. 水果、蔬菜等不需要冷冻而具有呼吸作用的货物宜选用（　　）。

A. 杂货集装箱　　B. 冷冻集装箱　　C. 开顶集装箱　　D. 通风集装袋

3. (　　) 是集装箱所有人向国际集装箱局登记注册的三个大写的拉丁文字母表示，比如马士基集团自有箱的箱主代号之一是“MSK”。

A. 箱主代号　　B. 顺序号　　C. 设备识别码　　D. 校验码

4. (　　) 可修复行很差，一般破损后只能报废不能修复。

A. 塑料托盘　　B. 木托盘　　C. 钢托盘　　D. 竹托盘

5. 我国推行使用的标准托盘平面尺寸规格为 1200 毫米×1000 毫米和 (　　) 两种。

A. 1100 毫米×1100 毫米　　B. 1200 毫米×800 毫米

C. 1200 毫米×1200 毫米　　D. 1000 毫米×1000 毫米

二、填空题

1. 以长度为 20 英尺的集装箱作为换算标准箱，简称__________。
2. 所谓货物密度是指货物单位容积的质量，简称__________。
3. __________的外形如同一张薄纸板，厚度和体积都很小，所以能更好地利用仓储和运输车辆的储运空间。

三、简答题

1. 什么是集装化？集装化的特点有哪些？
2. 集装箱分为哪些类型？简述常用集装箱的结构特点和主要用途。
3. 简述托盘的概念和作用。

拓展阅读

我国集装箱化率距发达国家有上升空间

与发达国家相比，我国集装箱物流市场尚存在较大的发展空间。2017 年，美国长滩港、比利时安特卫普港、德国汉堡港和不来梅港等港口的集装箱货物吞吐量占港口一般货物合计吞吐量比例为 50%~80%。2018 年，我国规模以上港口国际标准集装箱吞吐量占规模以上港口货物吞吐量的比例仅为 8.22%，处于较低水平，还有很大的发展空间。自 2002 年 4 月《关于加快发展我国集装箱运输的若干意见》出台以来，国家及各地方政府积极实施一系列“散改集”相关政策及措施。2016 年 6 月，国家发改委发布的《营造良好市场环境推动交通物流融合发展实施方案》进一步提出推广集装化、标准化运输模式，加大运输设备集装化、标准化推广力度。“散改集”以及运输方式集装化的推动使得成箱率大幅提升。

(资料来源：2019 年中国集装箱物流行业发展现状、未来发展趋势及影响行业发展的主要因素分析，https：//www. chyxx. com/industry/202005/866786. html)

思考：结合所学知识和物流发展，分析还应在集装化包装和运输上做哪些改进，才能赶超发达国家的水平？

课程案例

物流标准化的必要性

（一）物流标准化是统一国内物流概念的需要

我国的物流发展借鉴了很多国外的经验，但是由于各国在物流的认识上有着众多的学派，就造成了国内人士对物流的理解存在偏差。物流的发展不单单是学术问题，更重要的是要为国民经济服务、创造更多的实际价值。所以，要弄清物流的概念问题，并对物流涉及的相关内容达成统一的认识，为加快我国物流的发展扫清理论上的障碍。

（二）物流标准化是规范物流公司的需要

随着物流的兴起，目前我国市场上出现了越来越多的物流公司，其中不乏新生企业和从相关行业转行的企业，层出不穷的物流公司使物流队伍良莠不齐。物流业整体水平不高，不同程度地存在着市场定位不准确、服务产品不合格、内部结构不合理、运作经营不规范等问题，影响了物流业的健康发展。建立与物流业相关的国家标准，对已进入物流市场和即将进入物流市场的企业进行规范化、标准化管理，是确保物流业稳步发展的需要。

（三）物流标准化是提高物流效率的需要

物流业是一个综合性的行业，涉及运输、包装、仓储、装卸搬运、流通加工、配送和信息等各个方面。我国的现代物流业是在传统行业的基础上发展起来的，由于传统的物流被人为地割裂为很多阶段，而各个阶段不能很好地衔接和协调，加上信息不能共享，造成物流的效率不高，这在很多小的物流公司表现得尤为明显。物流标准化是以物流作为一个大系统，制定系统内部设施、机械设备、专用工具等各个分系统的技术标准；制定系统内各个分领域如包装、装卸、运输等方面的工作标准；以系统为出发点，研究各分系统与分领域中技术标准与工作标准的配合性，统一整个物流系统的标准；研究物流系统与相关其他系统的配合性，进一步谋求物流大系统的标准统一。所以，物流的标准化是提高物流效率的重要途径。

（四）物流标准化是降低物流成本的需要

狭义的物流成本指产品在包装、装卸、运输、储存、流通加工等各物流活动中所支出的人力、财力、物力之总和。单个物流活动忽略了物流各活动间的衔接，而且假设了所有商品、包装、运输器具的规格统一。正是目前我国各类标准的不规范导致我国物流成本的高态势，致使我国物流业与发达国家差距拉大。因此，标准化是降低物流成本的需要。

（五）物流标准化是国内物流与国际接轨的需要

全球经济一体化的浪潮，使世界各国的跨国公司开始把发展目光集中到了我国。我国加入 WTO 后，物流业将首先受到来自国外的物流公司的冲击。所以，我国的物流业必须全面与国际接轨，接纳最先进的思想、运用最科学的运作和管理方法，改造和武装物流企业，以提高竞争力。从我国目前的情况看，物流的标准化建设是引导我国物流企业与国际物流接轨的最佳途径。

（资料来源：任汐．我国物流标准化实施研究［J］．合作经济与科技．2016，No. 528（01）：97—98.）

项目七

流通加工设备

【项目目标】

知识目标

- 掌握流通加工的含义、特点及分类；
- 理解流通加工与生产加工的区别；
- 掌握流通加工在物流过程中的作用；
- 了解不同行业的流通加工设备及其作用；
- 了解各类流通加工设备的特点及常见流通加工设备的使用。

能力目标

- 能够掌握流通加工设备的简单管理和使用方法；
- 能够正确识别和选择不同行业的流通加工设备。

素质目标

- 建立良好的服务意识，不断提高设备管理能力和应用能力，引导学生学好理论知识和职业技能；
- 具有精益求精的工作观念，爱岗敬业、诚实守信的工作信念；
- 具备良好的身体素质和心理素质。

【导入案例】

700亿斤粮是如何浪费的

收割抛撒损耗、存储火烧霉变、流通搬运抛撒、加工过度抛光……根据有关数据测算，我国每年仅在粮食储存、运输和加工环节造成的损失及浪费就高达700亿斤，接近我国粮食总产量的6%，相当于产粮大省吉林省一年的粮食产量。粮食产后损耗已成为影响我国粮食安全的重要因素。

收割：抛撒损耗

机械化收割在提高农业生产效率的同时，也增加了粮食遗漏数量。黑龙江省的一些农民介绍，以前人工收玉米时都是先把玉米秸秆割倒，然后再把玉米棒逐一掰下来，运到家里后再脱粒。这期间的工作大部分都靠人力，干活仔细，收的过程中损失很少。但机械化收割后有了变化。黑龙江省勃利县勃利镇星华村农民齐云朋说："有时候玉米水分少，玉米粒比较干、脆，收割玉米棒时就容易掉下玉米粒儿；赶上玉米倒伏，还会落下一些玉米棒，每年这样的损失都不少。水稻收割同样如此。"黑龙江省海伦市伦河镇西伦村甄士玖是当地的水稻种植大户，他说："在机械收割水稻的过程中，经常会有稻粒顺着稻草被抛撒出来，这种损耗很难计算，但肯定不少。"如今，机会成本的增加使很多农民不再愿意去理会这些零碎的粮食。一些农民告诉记者，搭上一天时间，在地里找那么一点儿稻谷或玉米棒，不如出去打一天工，更多的钱都挣回来了。

仓储：火烧霉变

记者在吉林省四平市、长春市的部分地区的农村采访时发现，不少农民家里储粮还是采用直接堆放在地上的方式。殊不知这样的储粮方式造成浪费不说，还极易导致霉变。吉林省四平市伊通满族自治县黄岭子镇莽文村农民陈凤东说："对粮食保管，我们也很头疼，老鼠吃、地返潮，再小心都有损失。"记者在广东、山东等地采访了解到，当前农户储粮中都存在着与吉林省类似的情况。时任国家粮食局局长任正晓在接受采访时表示，由于农户家庭储粮装具普遍简陋等原因，农户储粮损失率约为8%，每年仅这一环节的粮食损失就达400亿斤。在粮食仓储环节的损耗，除了农民储粮，"国有粮库"因非正常原因造成的损耗也不容忽视。

流通：搬运撒落

记者在采访中了解到，部分粮食收储企业由于存储设施简陋、运输方式落后，不仅增加了存粮风险，还制约了粮食的中转调运，增加了粮食在流通中的损耗。在吉林省的一些地区，多数粮食仍是包粮运输。业内人士介绍，包粮运输出于成本考虑，都不会用质量好的袋子，在装卸、运输过程中难免会破漏，这个没办法计算，只能是漏多少损失多少了。记者在从吉林省长春市前往四平市的途中，看到一辆运输粮食的汽车尾端不断有玉米粒撒落出来，甚至像水流一样一直不断。目前，东北不少粮食运往南方都要经过多道转运：粮贩从农民手中收粮后，集中运输卖给当地粮库；到了粮库以后，如果走铁路，需要先用汽车运到火车站，运到销区后再倒汽车，才能到市场批发商或者加工商的手里。东莞市南方粮油有限公司经理蔡焕元说："从东北到东莞，走铁路至少有三四次装卸，每装卸一次就多一部分损耗。但具体损耗了多少，每家每次都不一样，不好统计。"

加工：过度抛光

随着经济生活水平的提高，人们在购买大米时，不仅要求口味，还要求卖相。长期研究粮食安全问题的华南师范大学"三农"研究所所长胡靖说，以前大米加工去壳后简单清理就行了，但现在消费者要求"光鲜"，大多数大米都会进行抛光，甚至多次抛光。"大米抛光加工后，看起来的确晶莹剔透，卖相良好。但事实上，抛光一次，大米就减少一层，出米率也就降低了。也就是同样数量的稻谷，抛光越多，产出的大米成品就越少。这事实上是过度加工，变相浪费了粮食。"北大荒米业集团御绿制米有限公司党支部书记李桂英告诉记者，粮食过度加工，不仅降低营养，而且会增加生产成本，从粮食安全和消费者营养的角度来说，得不偿失。

（资料来源：吴涛等．从收割、仓储、流通、加工诸环节细看700亿斤粮是如何浪费的［J］．农村．农业．农民A版，2014（11）：18-19.）

案例思考

粮食在流通加工中存在哪些浪费？

任务一 认识流通加工

一、什么是流通加工

流通加工是物品在从生产地到使用地的过程中，根据需要施加包装、分割、计量、分拣、刷标志、贴标签、组装、商品检验等简单作业的总称。

流通加工是流通中的一种特殊形式，是物流系统的构成要素之一。它使物品发生物理、化学或形状的变化，通过改变物品的形态或性质而创造价值。它可以促进销售、维护产品质量和提高物流效率，是在流通领域对产品进行的简单加工。

二、流通加工与生产加工的区别

一般来说，生产的职能是使一件物品产生某种形态而具有某种使用价值。流通的主要职能是在保持商品的已有形态中完成商品所有权的转移，而不是靠改变商品的形态而创造价值；物流的作用是实现商品的空间移动，在物流体系中的流通加工不是通过“保护”流通对象的原有形态实现这一作用，而是和生产一样，通过改变或完善流通对象的原有形态来实现流通作用。

流通加工和一般的生产加工在加工方法、加工组织、生产管理方面并无显著区别，但在加工对象、加工程度方面差别较大，其差别的主要表现如表7-1所示。

表7-1 流通加工与生产加工的比较

项 目	流通加工	生产加工
加工对象	最终商品	原材料、零配件、半成品
加工程度	简单加工，是一种辅助及补充	复杂加工，完成大部分的加工活动
附加价值	完善其使用价值，提高价值	创造价值及使用价值
加工责任人	商业或物资流通企业	生产企业
加工目的	为了消费（或再生产）所进行的加工	为交换、消费而生产的加工

三、流通加工的作用

流通加工通过改变物品的原有形态实现“桥梁和纽带”的作用，具有重要的意义。

（一）流通加工完善了流通功能

流通加工一方面方便消费者消费，满足了消费者多样化的需求；另一方面有利于产品扩大销路，使流通的媒介功能和作用发挥得更加充分。

（二）流通加工提高了原材料的利用率和最终收益

流通加工是一种低投入、高产出的加工方式，往往是简单的加工带来超值的回报。例如，流通加工通过改变装潢或包装，使商品档次跃升；通过集中下料，提高了商品的利用率。这是采取一般方法提高生产率难以达到的。

（三）流通加工便利了运输，提高了运输效率

有些产品的成品难以远距离运输，而且在途中易损坏，流通加工的存在，可以以半成品的形式运输，在消费地物流中心进行组装，或者散件商品在出库配送前，或到达用户后再组装，以此提高运输工具的装载率和仓库保管效率，既方便了运输，又避免了途中损坏的风险。

（四）流通加工是国民经济中的重要产业形态

流通加工对推动国民经济发展，完善国民经济的产业结构和生产分工具有一定的意义，如图 7-1 所示。

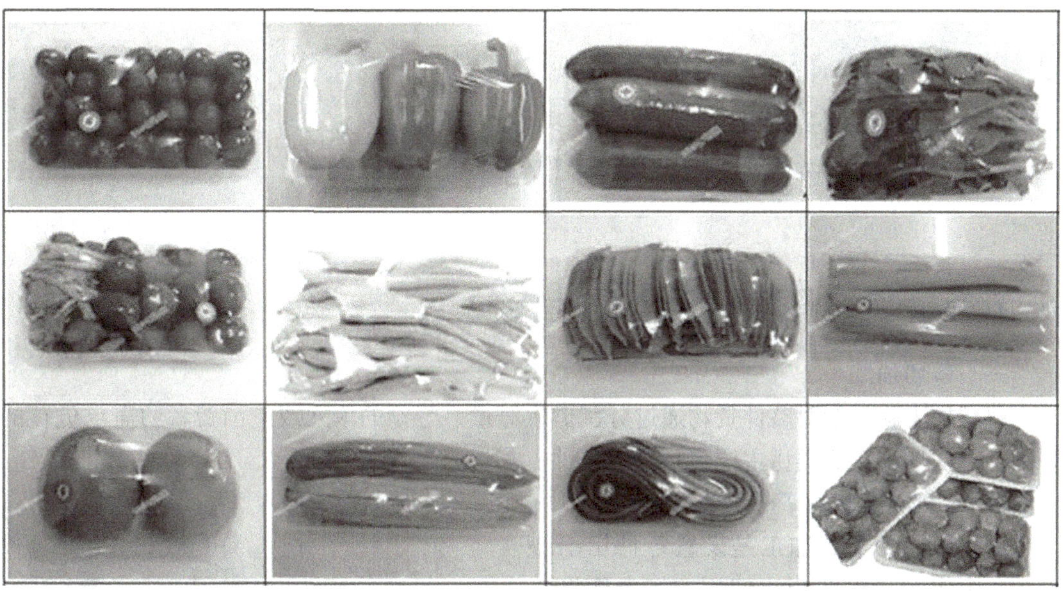

图 7-1　农产品流通加工

案例 7-1

极智冷链，优质即享——冷链一体化解决方案在河南上市

物流过程中，为了保护商品的使用价值，延长商品在生产和使用期间的寿命，防止商品在运输、储存、装卸搬运、包装等过程中遭受损失，可以采取稳固、改装、保鲜、冷冻、涂油等方式。例如，水产品、肉类、蛋类的保鲜、保质的冷冻加工、防腐加工等，

丝、麻、棉织品的防虫、防霉加工等。还有，为防止金属材料的锈蚀而进行的喷漆、涂防锈油等措施，运用手工、机械或化学方法除锈，木材的防腐朽、防干裂加工，煤炭的防高温自燃加工，水泥的防潮、防湿加工等。

2019 年 7 月 23~24 日，福田奥铃智慧冷链一体化解决方案在郑州发布，正式进入河南市场。一方水土养一方人，河南是我国农业大省和农产品加工大省，全省蔬菜、瓜果、肉、水产品、蛋、奶等年总产量超过 1 亿吨，丰富的农副产品资源和加工能力与庞大的人口数量孕育出巨大的冷链市场需求。同时，全省冷库保有量约 649 万平方米，居全国第 4 位，冷藏车保有量 8780 辆，居全国第 2 位。河南发展冷链物流具备得天独厚的区位优势、良好的综合交通优势及完善的平台支撑优势。可以说，河南省冷链物流产业大有可为。越是庞大的市场越需要高效可靠的运输工具保驾护航，本次福田奥铃布局河南市场，以奥铃冷藏车为核心，基于冷链生鲜用户的痛点和需求，打造“产品+金融+服务+货源+运营+二手车”的智慧冷链生鲜一体化解决方案，深度满足用户的用车需求，助力河南冷链物流智慧升级。

（资料来源：中国冷链产业网．极智冷链优质即享．http：//www. lerylian. org. cn/nens/2019/26872. html）

案例思考

1. 什么是流通加工？它与常见的生产加工有什么不同？
2. 使用流通加工设备对商品加工，会带来哪些变化和好处？

任务二 常见流通加工设备

一、剪切加工

剪切加工就是指对整件货物通过分割形成等量、等额的单元或应消费者的需求进行的切割。剪切加工作业类型主要包括以下几种。

（一）钢板剪板及下料加工

钢板剪板及下料加工是设置各种切割设备，为便于运输和用户使用，将大规格钢板裁小或切裁成毛坯运抵销售地点，如图 7-2 所示。

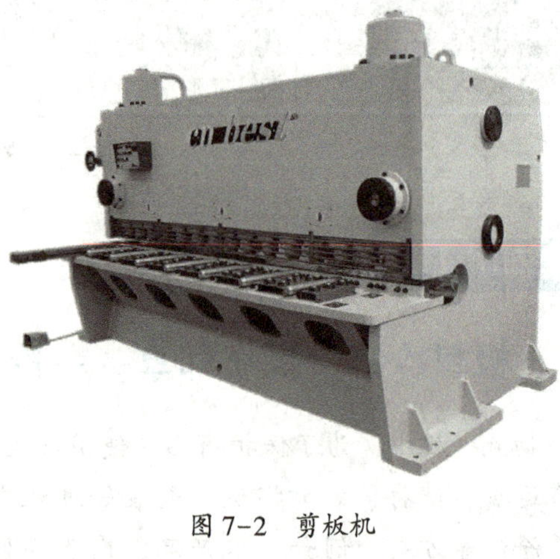

图 7-2 剪板机

热轧钢板和钢带、热轧厚钢板最大交货长度可达 7~12 米，有的是成卷交货，对钢板剪切于使用量不大的企业和多数中小型企业来讲，单设剪板和下料的设备，具有设备闲置时间长、人员浪费大、不容易采用先进方法的缺点。钢板剪板及下料加工可以有效地解决上述弊病。

（二）平板玻璃的剪切加工

平板玻璃的“集中套裁，开片供应”是重要的流通加工方式。这种方式是在城镇中设立若干个玻璃套裁中心，负责按用户提供的图纸统一套裁开片，为用户供应成品，用户可以将其直接安装在采光面上。正是在此基础逐步形成从工厂到套裁中心的稳定的、高效率的、大规模的平板玻璃“干线输送”，以及从套裁中心到用户的小批量、多户头的“二次输送”现代物流模式。玻璃切割机如图 7-3 所示。

（三）木材的流通加工

木材切割机在流通加工点将原木锯截成各种规格的锯材，同时将碎木、碎屑集中加工成各种规格板，甚至还可进行打眼、凿孔等初级加工，如图 7-4 所示。

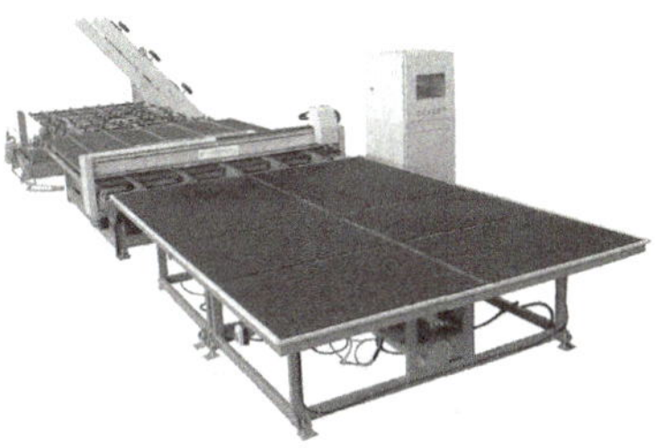

图 7-3 玻璃切割机

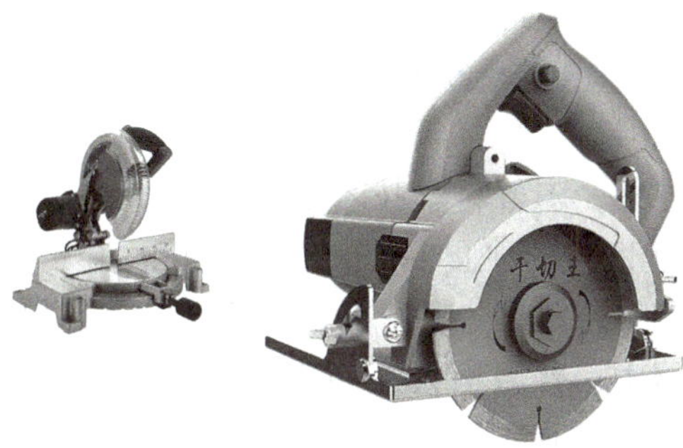

图 7-4 木材切割机

（四）塑料的流通加工

塑料切割机将塑料制成有实用价值的半成品或成品，如图 7-5、7-6 所示，通常包括塑料的一次加工和二次加工。早期的塑料加工多采用橡胶、金属及木材加工中所使用的方法和设备。

塑料一次加工又称塑料成型，包括由各种形式的塑料配混料制成不同形状和尺寸的半成品或成品的加工工艺过程。塑料二次加工又称塑料再加工，包括塑料半成品或成品的再制、组装以及装饰等工艺过程。

（五）橡胶的剪切加工

橡胶的剪切加工是将各种橡胶制品如天然橡胶、合成橡胶及其他塑性材料切割成需要的、小型的胶料制品或者胶料形状，主要使用剪切机进行剪切。橡胶剪切机是专门用于剪切各种橡胶制品、橡胶类材料及其他有一定硬度的非金属材料的剪切设备。

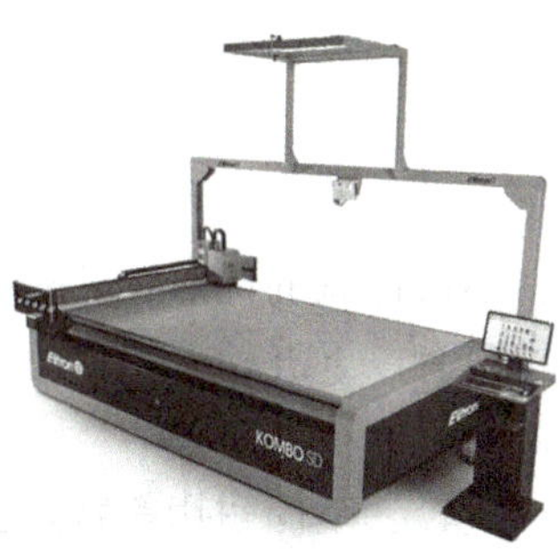

图 7-5 塑料切割机

图 7-6 塑料管切割机

二、冷链设备

（一）冷链的概念

冷链是使易腐物品在加工制作、储藏、运输、分配流通各个环节和过程中，始终处于规定的低温状态，保证产品质量、减少产品损耗的一项系统工程。目前冷链所适用商品范围包括以下三种。

1. 初级农产品

蔬菜、水果；肉、禽、蛋；水产品；花卉产品。

2. 加工食品

速冻食品；禽、肉、水产等包装熟食；冰淇淋和奶制品；快餐原料。

3. 特殊商品

化学原料、药品。

（二）常用冷链设备

1. 冷库

近年来，随着科学技术的不断进步和制冷行业的迅猛发展，在食品、化工、宾馆、制药、电子、蔬菜、鲜花等各种行业的生产、加工、储藏、运销领域中，普遍推崇采用组合冷库，它以全新的建筑理念替代了原有冷库类建造模式及运营方式，如图 7-7 所示。如今，组合冷库的使用范围越来越广，建筑规模也越来越大，已经成为世界冷藏业发展的总趋势，具有远大的发展前途。

图 7-7 冷库

冷库主要有以下三种。

（1）冷冻库

冷冻库主要用于食品、药品、药材、医疗器材、化工原料等物品的冷冻冷藏。

（2）保鲜库（冷藏库）

保鲜库的温度一般为 0℃～5℃，主要用于食品、鲜花、茶叶、药品、药材、医疗器材、化工原料等物品的恒温储藏，对所储藏的果蔬、乳品、鲜蛋、鲜肉等食品起到很好的保鲜作用。食品储藏并非温度越低越好，客户也不应追求过低的储藏温度，温度的降低将直接带来设备初投资和运行费用的增加。

（3）速冻库

速冻库的温度一般为-35℃～-15℃，主要用于食品、药品、药材、化工原料等物品的低温冷冻。

2. 冷藏箱

冷藏箱具有表面光滑，容易清洗，保温效果好，不怕摔碰的优点，针对生活需要设计不同大小，配着重复使用的科技冰袋使用。冷藏箱主要有以下五种分类。

（1）干冰运输箱

干冰运输箱具有价格低、储存损耗率低、箱体重量轻、坚固耐用等特点，广泛应用于干冰制造、储存和配送等各个领域。

（2）-86℃超低温冰箱

这种冷藏箱用于保存病毒、病菌、红细胞、白细胞、皮肤、骨骼、细菌、精液、生物制品、远洋制品、电子器件、特殊材料的低温试验等。适用于血站、医院、防疫站、科研院所、电子化工等企业实验室、生物医学工程研究所、远洋渔业公司。

（3）曲面柜

曲面柜通常适用于超市、便利店、酒店等展示冷藏食品。

（4）医药冷藏运输箱

医药冷藏运输箱适用于医药产品、血液制品等医疗产品的冷藏运输及需要冷藏条件的采样、送样、出诊、运送等。

（5）专用冷藏运输箱

作为疫苗、生物制剂生产销售企业新一代的疫苗生物制剂保温运输工具，冷链疫苗专用冷藏运输箱广泛应用于需要保温配送与储存的各个领域，如图 7-8 所示。

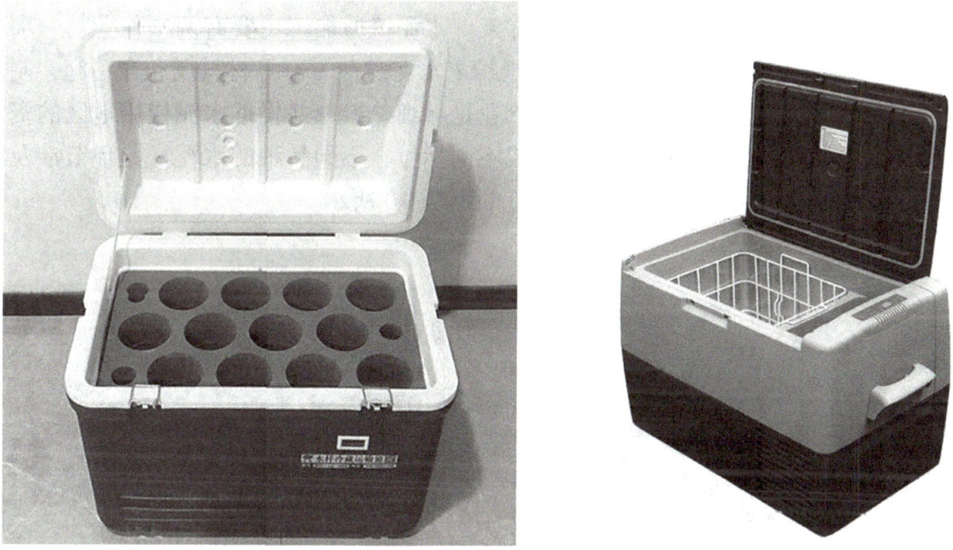

图 7-8　冷藏运输箱

3. 蓄冷箱

蓄冷箱是一种用于对食品等物品进行临时冷藏保温的设备，一般在箱体的中空壁内或者箱体的容纳空间内放置用于吸热、放热的蓄冷部件，主要有蓄冷保温箱、可控双温冷藏箱等，如图 7-9a 所示。

4. 冷藏车

冷藏车是指用来维持冷冻或保鲜的货物温度的封闭式厢式运输车，是装有制冷机组的制冷装置和聚氨酯隔热厢的冷藏专用运输汽车，如图 7-9b 所示。冷藏车常用于运输冷冻食品、奶制品、蔬菜水果、疫苗药品等。

另外还有其他的冷链设备，如冰盒、冰袋、工业冷水机、气调库、车载冰箱、医药冷藏运输箱等。

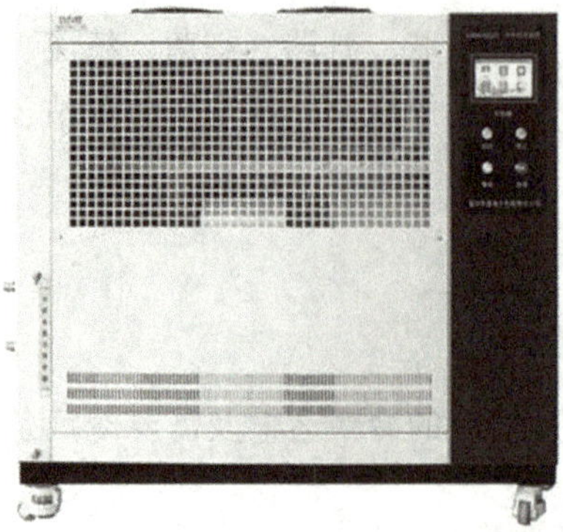

a

b

图 7-9 蓄冷箱和冷藏车

三、建筑行业流通加工设备

建筑行业典型的加工形式是水泥流通加工。水泥流通加工主要有两项作业：一项作业是在搅拌站（流通加工点）按照一定比例把粉末水泥和沙、石等材料搅和在一起，制成混凝土，这是水泥加工的重要内容；另一项作业是磨细熟料，并根据水泥使用地区的资源情况和需要情况掺入混合材料和外加剂，制成不同标号、不同品种的水泥。此环节涉及的设施与设备主要是混凝土搅拌站及运输车辆，如图 7-10 所示。

图 7-10 混凝土搅拌站和混凝土搅拌运输车

（一）混凝土搅拌站

混凝土搅拌站（楼）主要由物料供给系统、称量系统、搅拌主机和控制系统四大部分组成。物料供给系统是指组合成混凝土的水、石、沙、水泥和一些辅料等的堆积和提升。石料的提升一般以悬臂拉铲为主，另有少部分采用装载机上料，配以皮带输送机输送的方式。水泥则以压缩空气吹入散装的水泥筒仓中，辅之以螺旋机给水泥供料。搅拌用水一般用水泵实现压力供水。称量系统中的沙、石一般采用累积计量，水泥一般单独称量，搅拌用水一般采用定量水表计量和用时间继电器控制水泵运作时间实现定量供水两种方式。称量系统的误差应满足一定的精度。搅拌主机的选择决定混凝土搅拌站（楼）的生产率。

（二）混凝土搅拌运输车

混凝土搅拌运输车是通过取力装置将汽车底盘的动力取出，并驱动液压系统的变量泵，把机械能转化为液压能传给定量电动机，电动机再驱动减速机，由减速机驱动搅拌装置，对混凝土进行搅拌。

水泥的加工主要通过集中搅拌供应商品混凝土，改变了以粉状水泥供给用户，由用户在建筑工地现场制拌混凝土的使用方法，而是将粉状水泥输送到使用地区的流通加工据点（集中搅拌混凝土工厂或生混凝土工厂），在那里搅拌成生混凝土，然后供给各个工地或小型构件厂使用。这是水泥流通加工的另一种重要方式，优于直接供应或购买水泥在工地现制混凝土的技术经济效果。

四、流通加工合理化

流通加工合理化是实现流通加工的最优配置，不仅能避免各种不合理，使流通加工有存在的价值，而且能做到最优的选择。为避免各种不合理现象，对是否设置流通加工环节，在什么地点设置，选择什么类型的加工，采用什么样的技术装备等，均需做出正确抉择。实现流通加工合理化主要考虑以下五个方面。

（一）加工和配送结合

这是将流通加工设置在配送点中，一方面按配送需要进行加工，另一方面加工又是配送业务流程中分货、拣货、配货中的一环。加工后的产品直接投入配货作业，无须单独设置一个加工的中间环节，使流通加工有别于独立的生产，与中转流通巧妙地结合在一起。同时，由于配送之前有加工环节，可使配送服务水平大大提高。这是当前对流通加工做合理选择的重要形式，在煤炭、水泥等产品的流通中已表现出较大的优势。

（二）加工和配套结合

在对配套要求较高的流通中，配套的主体来自各个生产单位。但是，完全配套有时无法全部依靠现有的生产单位，进行适当流通加工，可以有效促成配套，大大提高流通的桥梁与纽带的能力。

（三）加工和合理运输结合

流通加工能有效衔接干线运输与支线运输，促进两种运输形式的合理化。利用流通加工，在支线运输转干线运输或干线运输转支线运输这本来就必须停顿的环节，不进行一般的支转干或干转支，而是按干线或支线运输合理的要求进行适当加工，从而大大提高运输及运输转载水平。

（四）加工和合理商流相结合

通过加工有效地促进销售，使商流合理化，也是流通加工合理化的考虑方向之一。加工和配送的结合，提高了配送水平，强化了销售，是加工与合理商流相结合的一个成功的例证。

此外，通过简单地改变包装加工，形成方便的购买量，通过组装加工解决用户使用前进行组装、调试的难处，都是有效促进商流的例子。

（五）加工和节约相结合

节约能源、节约设备、节约人力、节约耗费是流通加工合理化的重要考虑因素，也是目前我国设置流通加工，考虑其合理化的较普遍的形式。

对于流通加工合理化的最终判断，是看其是否能实现社会和企业本身的两个效益。对流通加工企业而言，与一般生产企业的一个重要的不同之处是，流通加工企业更应树立社会效益为第一的观念，只有在补充完善为己任的前提下才有生存的价值。如果只是追求企业的微观效益，不适当地进行加工，甚至与生产企业争利，则会违背流通加工的初衷，或者其本身已不属于流通加工的范畴了。

案例 7-2

“公司+基地+冷链物流+电商”畅通鲜活农产品出甘新路径

近期，在甘肃集华农业科技有限责任公司的农产品种植基地，菜农们忙碌着摘西蓝花，冷链物流保鲜库外的员工们正忙着分拣、包装、装箱，处处洋溢着丰收的欢声笑语。该公司自成立以来，始终坚持以市场需求为导向，在政府相关部门的支持下，大力发展“公司+基地+冷链物流+电商”绿色循环优质高效的特色农业发展模式，进一步建设完善冷链物流保鲜库、农产品交易市场、恒温库“三位一体”产加销一体化发展全链条。据悉，该公司在六坝现代农业示范园区、洪水镇里仁寨村等地流转土地 3800 亩，建成了中药材、果蔬生产基地。同时投资 1.1 亿元，建成占地面积 11932.39 平方米储存量达 1 万吨的三座冷链物流保鲜库及配套批发交易大棚。如今，新建物流配送中心实现年接受量 1.1 万吨，配送达 1.5 万吨，基地种植的新鲜果蔬，通过冷链物流运输，远销至广州、杭州、郑州、西安、虎门、深圳等地，形成了产、储、销一体的产业链条。

（资料来源：张掖市人民政府网．民乐县商务局．“公司+基地+冷链物流+电商”畅通鲜活农产品出甘新路径．www. changye. gov. cn）

案例思考

冷链物流对农产品物流有哪些作用？

项目实训

实训 1

项目名称：农产品从生产地到销售地的流通加工。

实训目的：通过撰写工作实施方案，了解常见流通加工设备的应用和流通加工的方案设计。

实训器材：计算机、互联网。

实训指导：通过互联网，搜集常见流通加工设备的使用和管理维护情况。

实训报告：写一篇农产品流通加工的工作实施方案。为了实现农产品更好地销售，降低损耗和浪费，请结合当地的农产品，从流通加工设备的角度，设计一份流通加工工作实施方案。

引导问题 1：农产品生产地需要用到哪些流通加工设备？

引导问题 2：农产品运输需要哪些流通加工设备？

引导问题 3：农产品销售需要用到哪些流通加工设备？

实训 2

项目名称：流通加工设备操作报告。

实训目的：通过撰写流通加工设备操作报告，了解常用流通加工设备的使用步骤和注意事项。

分组撰写不同行业流通加工设备操作报告，了解不同行业常用流通加工设备的操作、保养情况和注意事项，为今后实习和就业时使用流通加工设备打下基础。

实训器材：计算机、互联网。

实训指导：按照分好的小组，由组长组织，利用手机、电脑等在网上查找不同行业流通加工设备的操作方式进行讨论，最后总结出设备的使用步骤、日常保养和操作注意事项。

实训报告：写一份流通加工设备操作报告。

项目检测

一、不定项选择题

1. 流通加工和生产加工的区别主要体现在（　　）。

A. 加工对象　　B. 加工程度

C. 创造价值　　D. 加工责任人和加工动机

2. 冷库按其使用温度，可以分为（　　）。

A. 冷冻库　　B. 速冻库　　C. 冷藏库　　D. 保鲜库

3. 混凝土搅拌站（楼）主要由（　　）等组成。

A. 物料供给系统　　B. 称量系统　　C. 搅拌主机　　D. 控制系统

二、填空题

1. 流通加工的类型有__________的流通加工、__________的流通加工和__________的流通加工。

2. 现代化仓库常见的流通加工设备主要包括__________、__________和__________。

3. 常见的剪切加工包括钢板剪切、________、________、________和__________。

4. 冷链所适用的商品范围包括________、________和________。

三、简答题

1. 什么是流通加工？与生产加工相比，流通加工有哪些特点？

2. 简述剪切加工及其分类。

3. 什么是冷链？常用冷链设备有哪些？

4. 流通加工合理化应从哪些方面来考虑？

拓展阅读

2021年中国冷链物流行业深度分析

近几年以来，国内冷链物流开始逐渐进入广大用户的视野，伴随着冷链物流热度的持续高涨，不少巨头公司在冷链上动作频频，瑞云冷链迅速崛起。那么冷链物流究竟是什么，当前存在哪些问题或者机会，未来的发展趋势会是怎么样？

一、冷链行业概述

冷链物流是指为保持食品（新鲜或冷冻）的品质或其他产品（医药等）的效能以及减少运输损耗，在其加工、贮藏、运输、分销、零售等环节，货物始终保持一定温度的一种物流运输方式，由预冷处理、冷链加工、冷链储存、冷链运输和配送及冷链销售几方面构成，涉及冷库、冷藏车、保温盒、冷藏陈列柜等设施。

和传统物流相比，冷链物流在每一个环节上对于技术的要求更高，资金投入也更大，已是国家重点扶持的领域。事实上，冷链物流的核心不完全是“冷”，而是“恒温”——不同的产品需要不同的保存温度。

目前，国内冷链物流的运输、仓储、配送等各个环节的衔接尚不完善，因此企业提高综合服务能力，是增强客户黏性的必然之举。冷链物流规模效应极强，投资成本高，投资回报周期长。其中，综合性冷链服务提供商呈现出规模效应和协同效应，有较强的成长空间。

根据中物联冷链委的中国冷链物流百强企业统计数据，2015 年，运输型冷链物流企业数量占比为 43%，而其营收占比仅为 37.8%，而综合型和供应链型占比分别为 25%和 4%，但其营收占比却达到 32.7%和 10.3%。

二、我国冷链物流行业面临的主要问题

目前，我国尚未形成完整独立的冷链物流体系，冷链物流的发展还仅仅停留在运输与冷藏环节，运用先进信息技术的冷链物流管理体系还明显不足，技术装备相对落后；冷链物流的成本相对比较昂贵，主要由运输成本、仓储成本、库存成本和管理成本组成，其中运输成本与仓储成本所占比例较大，存在监控不到位、行业标准不统一等诸多问题。比如：运输过程中关掉制冷机以节省成本；搬运装车过程中操作不当导致温度过高。

1. 冷链运输率低

长期以来，我国初级农产品冷链运输率一直低于欧美发达国家。国外果蔬、肉类、水产品的 80%~90%为冷链运输，而国内冷链运输率仅为 15%、30%和 40%；国内冷链过程断链比例高达 67%、50%和 42%，远远高于发达国家冷链断链比例。

这是由于国内普遍缺乏冷链意识，消费者对生鲜品是否需要冷链保鲜尚没有严格要求，同时我国冷库分布区域性不均衡也导致大量产品的冷链环节出现“断链”现象。在不具备充分冷链流通的情况下，果蔬类食品损耗量高达 15%（发达国家的损耗量约为 5%），损耗价值超过 500 亿元，造成了巨大的浪费。

2. 人均冷库容量偏低、分布不均

根据全球冷链联盟（GCCA）的统计数据，2016 年全球人均冷库容量为 0.2 立方米，印度冷库容量为 1.41 亿立方米，位列全球第一，第二、三名分别为美国与我国，冷库容量分别为 1.10 亿立方米和 1.07 亿立方米，但我国人均冷库容积不到发达国家的 1/2。

由于我国经济发展的地域性特点，我国冷库分布不均匀，华东地区冷库容量已占到全国冷库总容量近 46%，其中山东、上海、江苏发展速度较快，冷库容量居前列；而我国果蔬产地的内陆各省市市场冷库容量仍旧偏低，造成冷链物流在生产源头缺乏预冷，产生源头“断链”。

局部供需的不匹配和冷链运输能力不足导致企业仓储能力未充分发挥，与人口、经济发展并不匹配，这也决定了冷链物流未来成长的空间依然较大。

3. 行业集中度低，利润率低

从竞争格局看，中国冷链物流行业处于较早期阶段，集中度低，企业规模小。根据中物联冷链委统计，2015 年中国百强企业收入总额不足冷链市场的 10%，美国前 5 强冷库企业占市场份额约 63%，而从 2015 年中国冷链物流百强企业排名来看，前 10 家企业总收入占百强企业总收入的 48.5%，前 20 家企业总收入占百强企业总收入的 61.4%。

目前看来，预冷环节缺失、经营分散、运输网络落后、缺乏有效的信息管理是我国冷链成本较高的主要原因。我国常温利润率为 10%，冷链利润率为 8%，而发达国家冷链的利润率可以达到 20%~30%。未来如何做到控制成本，降低商品损耗率是各企业需要思考的问题，相信这将伴着冷链物流的长期发展逐步得到解决。

三、冷链物流行业驱动因素

1. 城镇化进程推动

我国城镇化道路起步较晚，尚处初级阶段，有较大的发展空间。

在联合国开发计划署发布的《2013 中国人类发展报告》中，预计到 2030 年，中国将新增 3.1 亿城市居民，届时中国城市人口总数将超过 10 亿，城镇化率将达 70%。城市居民无法实现农产品等食品的自产自销，进一步带动了肉禽蛋、水产品、乳制品等易腐食品和反季节蔬菜水果的消费总量；城镇化进一步推动了农产品规模化、集中化、区域化生产，因此加大了食品消费需要通过冷链物流方式实现由产地向城市输送的需求。

根据调查结果，70%的中国受访者有特定的饮食需求，82%的人愿意为不含不良成分的食物支付更高价格，两项数据均高于全球平均水平。同时，防腐剂为消费者最厌恶的人工食品添加剂。根据《小康》杂志联合清华大学媒介调查实验室的调查结果，食品安全问题连续 5 年位列“最受关注的十大焦点问题”榜首。

冷链物流能有效保障食品安全，冷链过程中的低温能显著抑制食物中致病性微生物生长防止食物变质腐坏，在一定程度上取代了防腐剂的作用；同时冷链物流品质控制需要配合食品进入流通环节前的质量检测，也有利于监督食品生产厂商严把质量关。

随着我国城镇化道路的不断推进，我国城镇人口持续增加，而在城市地区居民的食品结构中，易腐食品占比较大，储运离不开冷链。2015 年我国人均 GDP 为 7485 美元，我国城镇人口平均可支配收入近 10 年保持快速增长，2015 年达到 3.1 万元，同比增长 8.2%。

依照发达国家经验，人均可支配收入提升到 4000 美元，冷冻、冷藏食品需求将逐步得到释放，并推动冷冻冷藏食品消费和冷链产业的建设发展。

随着城镇化水平的提升、收入的提高、生活节奏的不断加快，人们对于标准化的冷链供应产品需求将不断增加，并推动冷链行业持续稳定发展。

2. 生鲜电商的崛起

生鲜电商近年备受资本和市场青睐，不断涌出，生鲜网络零售额快速增长。同时，根据艾瑞咨询的统计数据，生鲜电商规模从 2012 年的 35.6 亿元，增长到 2015 年的 497.1 亿元，2018 年又增长到 2356.8 亿元，年复合增长率达到 101%。

由于生鲜电商产品冷链运输比例远高于初级农产品整体平均水平，这将是带动总体冷链率上升的关键因素，生鲜电商需求也将支撑冷链物流市场的增长下限。

食品配送对时效性和品质的要求越来越高，而由分销网点向消费者配送的最后一千米还处于蓝海市场阶段，以轻型冷藏设备、生鲜自提设备为代表的冷链终端，是解决需求多样化、配送个性化、食品品质保证的最后一道环节。

3. 无人零售的普及

未来，无人零售店将逐步替代传统便利店，同时，由于成本降低和便利性的提升，无人零售店的铺设规模可能远超传统便利店的数量。

保守预计未来十年，无人零售店新增 20 万家，参考占地 15 平方米的缤果盒子 10 万元造价，无人零售店的投资额将达 200 亿元。假设每个无人零售店配置 5~10 台商用冷链产品设施，无人零售店对于商用冷链终端设施的新增需求就可达到 100 万~200 万台；如果每台冷链产品设施单价 5 000 元，则无人零售店对应的冷链产业链规模将达到 50 亿~100 亿元。

4. 政策支持

近年来，冷链物流产业规划、扶持政策和行业标准频繁出台，政策面的支持是冷链物流行业发展的重要逻辑之一。政府层面对于冷链物流的发展高度重视，开始从政策、法规角度推动物流行业及冷链物流转型升级，支持力度不断加大，提出了健全农产品冷链物流体系，支持冷链物流基础设施建设等要求，督导冷链物流行业的快速完善。

政策支持为冷链物流行业发展提供了有利的环境，降低农产品冷链物流成本，支撑冷链物流基础设施的建设，支持建设全程冷链物流和覆盖农产品收集、加工、运输、销售各环节的冷链物流体系。

四、我国冷链物流产业链深度剖析

冷链物流涵盖冷冻加工，冷藏贮藏，冷链运输和冷链销售全过程，从制冷设备制造、冷库建设，向后延伸至预冷、运输、储藏、分销、配送、消费展示等环节，涉及冷藏车、冷库、商业冷柜等多种设备，其成本较普通物流要高出 40%~60%。

1. 仓储：以冷库建设为核心

冷库是冷链行业的基础，是全程冷链环节中最重要、最根本的装置，在仓储、加工、运输中起到至关重要的作用，其投资在冷链建设的占比中也是最高的，但国内供需有效衔接不足，基础设备短板明显。

从使用功能来看，存储性冷库建设多适合长时间、大容量的储存，不适合短时间暂存，存取不便捷；与冷链物流相适应的流通性冷库建设少，难以满足在大中型城市、交通枢纽、人口众多和商品集中的地区食品流通供应的连续性需求。因此，流通性、温度控制精确、节能高效的冷藏库或是未来发展的方向。

2. 运输：冷藏车为主要载体

作为冷链基础设施，冷藏车发展预期将加速。冷库在发达地区建设逐渐饱和，但是冷藏车整体体量依然较小。

尽管国内冷藏车销量近几年来出现了较快增长，但从冷藏车占货运车的比例来看，和国外相比仍有较大差距。德国占比达到 3%，英国为 2%，美国为 1%，而中国仅为 0.3%。

五、我国冷链物流产业总结

总之，随着中国的消费规模不断扩大、消费结构趋于升级，用户对于冷链流通商品的需求也在持续增加。自2009年以来，中国的冷链物流行业虽然已经有了明显的发展，但仍低于世界平均标准水平。

随着新零售的深入发展，消费者对冷链流通物品的需求也越来越高，冷链物流也愈加专业与细分：无论是在专业仓储或者是运输的各环节、第三方冷链服务，供应链服务以及其他附加服务等都在不断使行业快速发展并趋向成熟。

总之，未来几年，国内的冷链物流行业仍然会以一个较快的速度发展，整个行业仍存在一定的竞争机会。

（资料来源：冷运宝，2021年中国冷链物流行业深度分析，https：//zhuanlan. zhihu. com/p/38898791）

思考：结合所学知识，分析未来还应在哪些方面加以改进，以维持和促进我国冷链行业的进一步发展。

课程案例

政策暖风让绿色冷链“热”起来

冷链物流必须把绿色发展理念贯穿到全链条、各领域，为推动实现碳达峰、碳中和作出应有贡献。

《果蔬冷链物流碳排放测算及控制》披露的数据显示，仅果蔬一个品类，中国冷链物流的碳排放量就已从2007年的321.57万吨增长到2016年的410.10万吨，碳排放量平均每年增长9.84万吨。不难推断，诸如肉类、海产品等对温度要求更高的品类，在冷链运输过程中将排放更多的二氧化碳。

那么，如何进一步推进绿色冷链物流建设？规划明确，要更加注重技术装备研发攻关，更加注重设施设备效能提升，更加注重运输组织模式优化，更加注重发展制度环境保障。

为推动上述工作落地实施，规划提出冷链干线运输规模提升工程、冷链物流设施绿色改造工程、新能源城市配送冷藏车更新工程、冷链物流设备更新工程等重点工程，进一步细化实化相关工作任务，明确责任分工，助力冷链物流实现绿色低碳发展。

在政策支持以及“双碳”目标的推动下，绿色冷链物流正变得“热”起来，一些冷链物流企业也开始向标准化、绿色化发展。

作为已在冷链装备行业深耕20多年的企业，中集集团顺应绿色低碳发展要求，在冷链物流跨境运输业务搭载中集载具循环包装，配合公司自主研发的榴莲包装箱、椰青包装箱，有效降低了水果在运输途中的损耗，大幅减少了一次性纸箱的使用量，具备绿色、环保、保鲜的性能。今年以来，中集在冷链装备研发上持续投入，设立了冷链技术研究院，立项研发冷库冷机、新能源冷藏集装箱、恒温耦合箱、自消杀材料和应用等产品。

除了冷链运输到末端配送低碳化之外，有的企业还改造和开发了一批适合快递业的城市冷链物流配送设备，比如凝胶包温控包装、冷藏托运包装等。在服务手段上，一些企业也在探索各种新模式，比如在收件人临时不在的情况下，可免费将包裹保管于冷冻冷藏库中，之后进行再配送，用户还可指定配送的日期与时间段。

笔者认为，发展绿色冷链物流已是大势所趋。规划的发布将推动绿色冷链物流快速增长，一批骨干企业将进一步强化战略布局，未来绿色冷链物流前景值得期待。

（资料来源：中国商务信息网，政策暖风让绿色冷链“热”起来，https：//haijiahao.baidu. com/s？id=1719629016263294120）

项目八

物流信息技术设备

【项目目标】

知识目标

- 掌握物流信息的含义、特点；
- 了解常见的物流信息技术；
- 理解物流信息技术在现代物流中的意义和作用；
- 掌握常见物流信息技术设备及其应用；
- 了解物流信息技术设备的结构及工作原理；
- 了解常见物流信息技术的简单使用。

能力目标

- 能说出物流信息的特点及作用；
- 能够列举常用的物流信息技术及其应用情况；
- 能够识别不同物流信息技术设备。

素质目标

- 培养社会责任意识和工匠精神；
- 培育和践行社会主义核心价值观，增强职业责任感。

【导入案例】

从时尚到普及：二维码如何走进人们的生活

说起二维码，相信四五十岁的中年人也不会陌生了，它现在已经成为人们日常生活中随处可见的符号。公交地铁、食品饮料、饭店超市、微信支付宝……二维码已经完成了对日常生活的彻底渗透。但倒退七八年，别说扫描二维码，很多人连什么是二维码都不清楚。

所谓二维码（二维条码）是相对于条码（一维条码）而言的，条码诞生已经有数十年，我们小时候能见到的大多数商品就已经印上了条码——超市收银结账时扫描的地方。从条码下面的数字中我们可以获知这件物品的生产国、制造厂家、商品名称、生产日期甚至图书分类号、邮件起止地点等信息，因而它在商品流通、图书管理、邮政管理、银行系统等许多领域都得到了广泛的应用。

二维码是在条码基础上扩展出另一维具有可读性的条码，通常来说用黑白矩形图案表示二进制数据，被特定设备扫描后可获取其中所包含的信息。条码的宽度记载着数据，而其长度没有记载数据。二维码的长度、宽度均记载着数据。二维码有条码没有的“定位点”和“容错机制”。容错机制在即使没有辨识到全部的条码或条码有污损时，也可以正确地还原条码上的信息。这就是为什么我们用手机扫码的时候即使没拍全也能马上识别的原因。

二维码的好处在哪儿呢？首先，就是容量大。如果你愿意，你可以将一条含有 140 个字的微博甚至更多的内容放在一张二维码图片里。当然文字内容越多，二维码就越复杂，识别速度就越慢，但相比条码而言其信息容量已经扩大了数十倍。其次，二维码的编码范围广泛，除了文字，音频、图片等信息也可以编成二维码，这比条码强大太多。

真正令条码在国内被公众了解和认知还是在 2008 年北京奥运会之后。2009 年互联网上已经出现了一些二维码生成器，输入文本内容就可以生成对应的二维码。

真正令二维码火起来的恐怕还是移动支付，自从支付宝、微信先后开通二维码支付功能后，在全国各地的商超饭馆，越来越多的人不使用现金而开始掏出手机打开付款二维码付账。同时，二维码也开始成为广告主们的新舞台：公交地铁上越来越多的广告添加了对应 App 下载的二维码，公众只要扫描便可以轻松下载应用，这让二维码更加普及。不过二维码大肆铺路的同时危机也是有的。正因为生成二维码的门槛实在太低，只要懂电脑的人都可以自创二维码，这就给了一些不法分子可乘之机。譬如前几年危害不小的手机病毒，其传播方式已经从下载 App 转移到了二维码这一领域。一旦扫描这种二维码，用户手机内的重要信息就有被盗用的风险，危害很大。

（资料来源：http：//mobile. zol. com. cn/583/5838028. html）

案例思考

1. 条码技术给我们的生活带来了哪些便利？
2. 条码与二维码有什么不同？

任务一 认识物流信息技术

一、物流信息

（一）什么是物流信息

物流信息是反映物流各种活动内容的知识、资料、图像、数据、文件的总称。从狭义上讲，物流信息是指与物流活动有关的信息，如运输工具的选择、运输路线的确定、在途货物的跟踪、订单管理等。从广义上讲，物流信息不仅指与物流活动有关的信息，而且包括与其他流通活动有关的信息，如商品交易信息、与市场活动有关的信息等。

（二）物流信息的特点

1. 范围广

由于物流是一个大范围内的活动，物流信息源分布范围也大，因此，信息源点多，信息量大。

2. 动态性强

物流信息不断更新，而且更新的速度越来越快。物流信息动态性特别强，信息的价值衰减速度也很快。

3. 信息种类多

物流信息不仅包括企业内部的物流信息，而且包括企业间的物流信息，以及与物流活动有关的基础设施的信息。

二、物流信息技术

（一）什么是物流信息技术

信息技术通常是指以电子计算机和现代通信为主要手段获取信息，加工、传递和利用信息等功能的技术总和。物流信息技术是指运用于物流各环节中的信息技术。

（二）物流信息技术的类型

根据物流的功能以及特点，常见的物流信息技术包括计算机技术、网络技术、数据库技术、信息分类编码技术、条码技术、射频识别（RFID）技术、电子数据交换（EDI）、全球定位系统（GPS）、地理信息系统（GIS）等。

其中，计算机技术、网络技术、数据库技术、信息分类编码技术属于物流信息基础技术，条码技术和RFID技术属于信息采集技术，EDI、GPS、GIS属于信息传递和动态跟踪技术。此外还有AGV、自动化立体仓库等自动化技术和物流机器人等智能化技术。

物流信息技术的应用如图8-1所示。

（三）物流信息技术的作用

物流信息技术通过切入物流企业的业务流程来实现对物流企业各要素的合理组织与高效利用，实现降低经营成本、提高效率、产生经济效益的目的。物流信息技术的作用还体现在以下三个方面：一是完成以内部整合资源和流程为目的的信息采集和交换，将物资空间位移中所进行的运输、仓储、包装、装卸、加工及配送等多个环节整合在一起，实现物流流程通畅、低成本、标准化的目标。二是通过与客户的信息系统对接，形成以供应链为基础的高效、快捷、便利的信息平台，使信息化成为提高整个供应链效率和竞争能力的关键工具。三是以优化决策为目的对整个物流系统进行信息加工、挖掘，把信息变为知识，提供决策支持和依据。

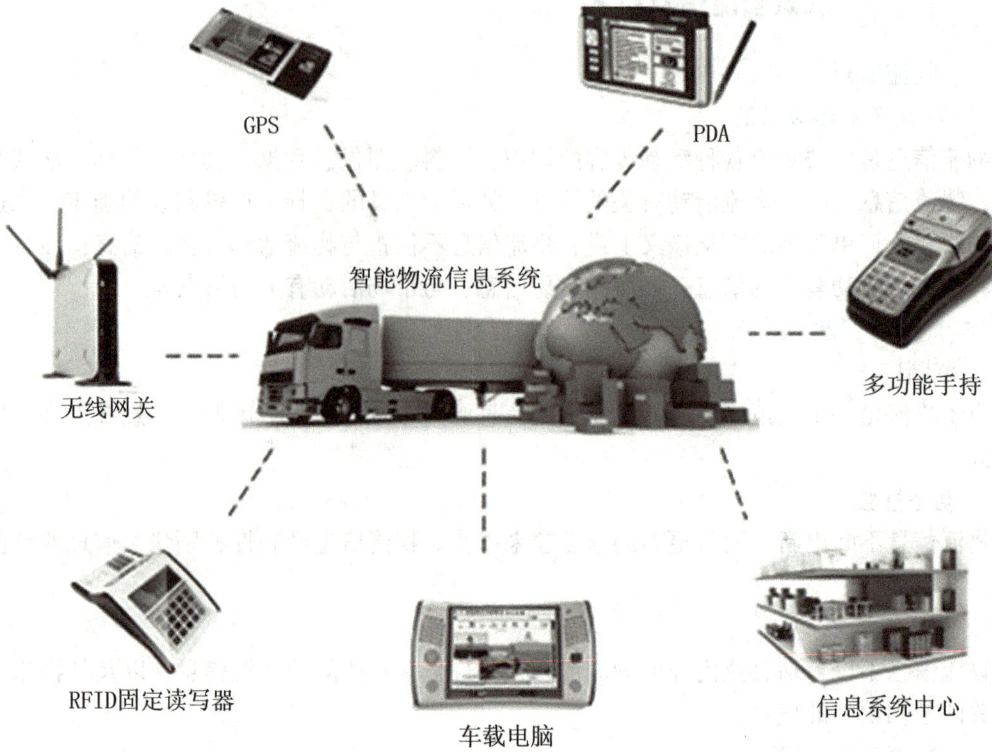

图 8-1 物流信息技术应用

案例 8-1

智慧物流推动物流进一步发展

2018 年 12 月，国家发展改革委在《国家物流枢纽布局和建设规划》中要求顺应现代物流业发展新趋势，加强现代信息技术和智能化、绿色化装备应用，打造绿色智慧型国家物流枢纽。随着大数据、云计算、人工智能、区块链等新技术加快推广应用，建设高效化的物流体系已成为当今物流行业发展的基本要求。智慧物流体系是我国物流产业发展和转型的必由之路，以现代信息技术为标志的智慧物流正步入快速发展阶段。无人机、机器人等技术在近几年来发展迅速，未来将会进一步与物流行业结合，广泛应用在仓储、运输、配送等各个物流环节；大数据、物联网、云计算、智能机器人等新信息技术及设备作为智慧物流发展的根基，越来越广泛地应用于物流产业，在整个智慧物流体系框架中起到关键的支撑作用。通过智能软硬件、物联网、大数据等信息技术手段，实现物流各环节精细化、动态化、可视化管理，智慧物流已经成为提高物流系统智能化分析决策和自动化操作执行能力，提升物流运作效率的现代化物流模式。

（资料来源：中国新闻网，https://www.chinanews.com.cn/cj/2022/01-06/9645236.shtml）

案例思考

1. 信息技术在物流过程中能够发挥哪些作用？
2. 常见的物流信息技术有哪些？

任务二 常见物流信息技术设备

一、条码技术设备

（一）什么是条码

条码是将宽度不等的多个黑条和空白，按照一定的编码规则排列，用以表达一组信息的图形标识符。常见的条码是由反射率相差很大的黑条（简称条）和白条（简称空）排成的平行线图案。条码是迄今为止最经济、实用的一种自动识别技术，具有采集速度快、可靠性高、设备简单、灵活实用、易于制作等优点。

一个完整的条码符号一般由两侧的静区、起始符、数据符、校验符和终止符组成，如图 8-2 所示。

图 8-2 条码符号的结构

（二）二维条码的出现

由于一维条码携带的信息量有限，更多的信息只能依赖商品数据库的支持，所以在一定程度上限制了条码的应用范围，二维条码凭借其庞大的信息携带量，改变了一维条码的这一劣势，可以直接通过阅读条码得到相应的信息，并且还具有错误修正技术及防伪功能，增加了数据的安全性，从而得到了广泛应用。

目前二维条形码主要有 PDF417 码、Code49 码、Code16K 码、Data Matrix 码等，主要分为线性堆叠式和矩阵式两类，如图 8-3 所示。

线性堆叠式二维条形码	01234567
矩阵式二维条形码	Code one 1234567890123456789012 Data Matrix QR Code

图 8-3 二维条码

（三）如何读取条码信息

条码符号是图形化的编码符号。条码符号的识读必须借助一定的专用设备，将条码符号中表示的编码信息转换成计算机可识别的数字信息。条码识读系统由扫描系统、信号整形、译码三个功能部分组成，如图 8-4 所示。

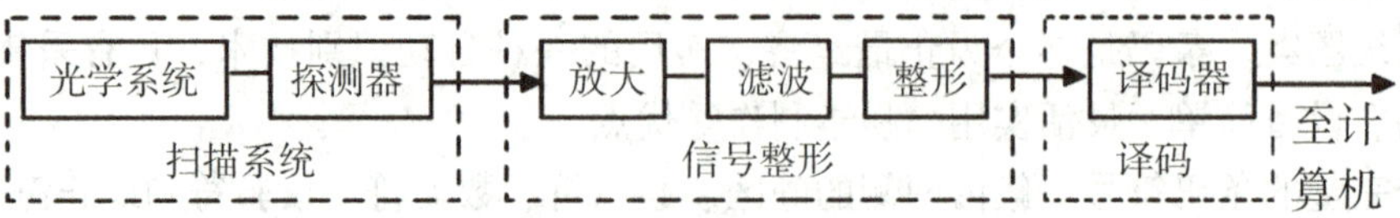

图 8-4 条码识读系统

扫描系统主要完成对条码符号的光学扫描，通过光电转换器将获得的条码符号的光信号转换成为模拟电信号。

信号整形是将扫描系统获得的模拟电信号处理成为标准电位的矩形波信号，即标准的数字脉冲信号，其高低电平的宽度与条码符号的条空尺寸相对应，由信号放大、滤波和整形三部分组成。

译码部分主要完成对获得的条码脉冲数字信号进行译码。译码的结果通过接口电路输出到条码应用系统中的数据终端。

（四）用什么识读条码

条码识读设备一般不需要驱动程序，接上后可直接使用，如同电脑键盘一样。条码扫描设备从原理上可分为 CCD、激光和光笔三类，从形式上有手持式和固定式两种。

1. CCD 扫描器

CCD（charge coupled device）扫描器是利用电荷耦合器件图像传感器，如图 8-5 所示，通常采用发光二极管的固定光束照明整个条形码，将条形码符号反射到光敏元件阵列上，经光电转换，辨识出条形码符号。新型的 CCD 扫描器可以识读常用的一维条码，还能识读线性堆叠式和矩阵式的二维条码。

图 8-5 手持式和固定式 CCD 扫描器

2. 激光扫描器

激光扫描器是以激光为光源的扫描器，如图 8-6 所示。由于扫描光照强，可以远距离扫描且识读的精度和速度比较高，被广泛应用，常见于商业超市收款台。激光扫描器对识读的角度要求较严格，只能识读线性堆叠式二维条码和一维条码。

3. 光笔扫描器

光笔扫描器是最早出现的一种手持接触式条码识读器，也是最为经济的一种条码识读器，如图 8-7 所示。使用时，需将光笔扫描器接触到条码表面，当光笔扫描器发出的光点从左到右划过条形码时，在“空”部分光线被反射，在“条”部分光线将被吸收。经过光电转换，电信号通过放大、整形后用于译码器。光笔扫描器的优点是成本低、耗电低、耐用，适合数据采集，可读较长的条形码符号；缺点是光笔与卡槽式条码扫描器只能识读一维条码，且对条形码有一定的破坏性。

图 8-6　激光扫描器

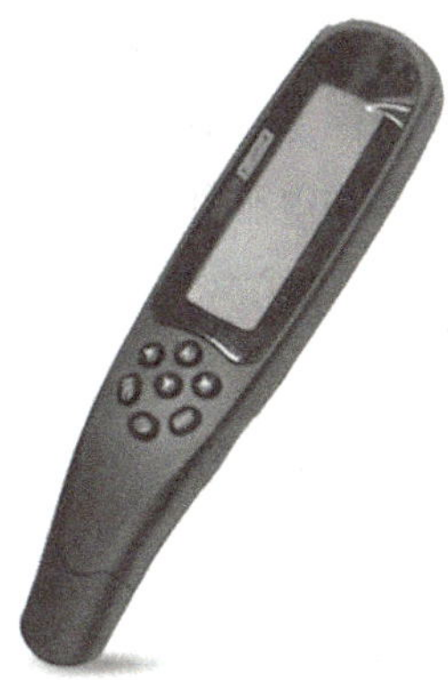

图 8-7　光笔扫描器

（五）用什么制作条码

条码打印机是一种专用的条码打印设备，如图 8-8 所示。条码打印机不同于普通打印机，是以热为基础，以碳带为打印介质（或直接使用热敏纸）完成打印的，这种打印方式可以在无人看管的情况下实现连续、高速打印。条码打印机最重要的部件是打印头，打印头由热敏电阻构成，打印的过程就是热敏电阻发热将碳带上的碳粉转移到纸上的过程。

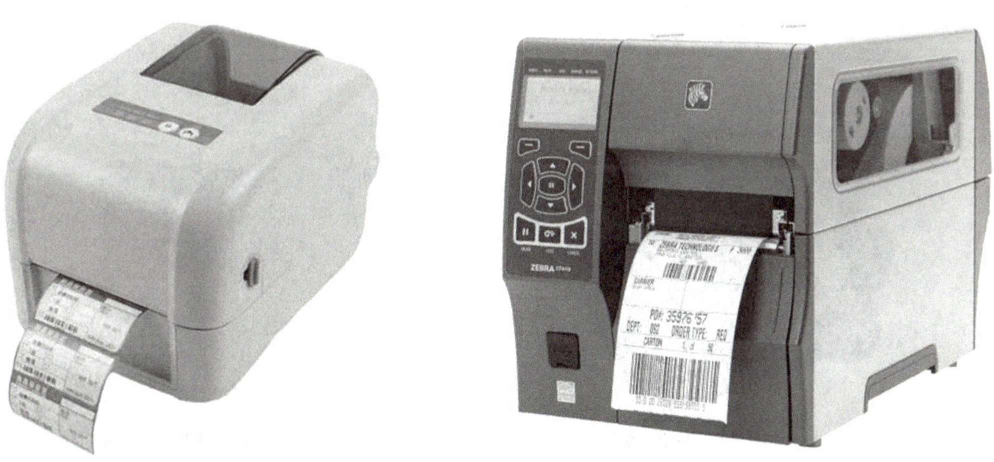

图 8-8　条码打印机

二、射频识别技术设备

射频识别（Radio Frequency Identification，RFID）又称无线射频识别，是自动识别技

术的一种。它是通过无线射频方式进行非接触双向数据通信，利用无线电信号读写标签或射频卡的相关数据，从而达到识别目标和数据交换的目的。

（一）RFID 系统的组成

1. 标签

标签由耦合元件及芯片组成，每个标签具有唯一的电子编码，存储着被测物体的信息，附着在物质上，用来标识目标对象，如图 8-9 所示。标签可分为两种类型：有源标签和无源标签。有源标签通过外接电源供电，本身可以自主发出无线电信号；无源标签可以通过识别器在识别过程中产生的电磁场得到能量。

2. 阅读器

阅读器也被称作读写器，如图 8-10 所示，是读取（有时还可以写入）标签信息的设备。阅读器可以不与标签接触就能读取并识别标签里存储的信息，从而达到自动识别物体的目的。阅读器通常与电脑相连，所读取的标签信息被传送到电脑上进行下一步处理。

图 8-9 RFID 标签

3. 天线

天线是标签与阅读器之间传输数据的发射、接收装置，如图 8-11 所示。阅读器可以连接一个或多个天线，但每次使用时只能激活一个天线。天线的形状和大小会随着工作频率和功能的不同而不同。

RFID 系统的工作频率从低频到微波，范围很广。

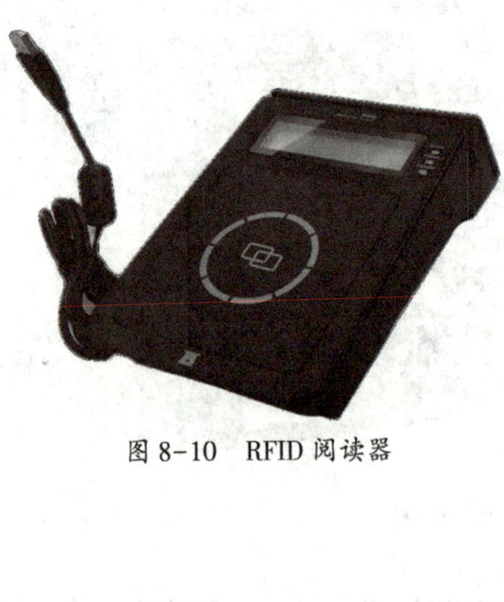

图 8-10 RFID 阅读器

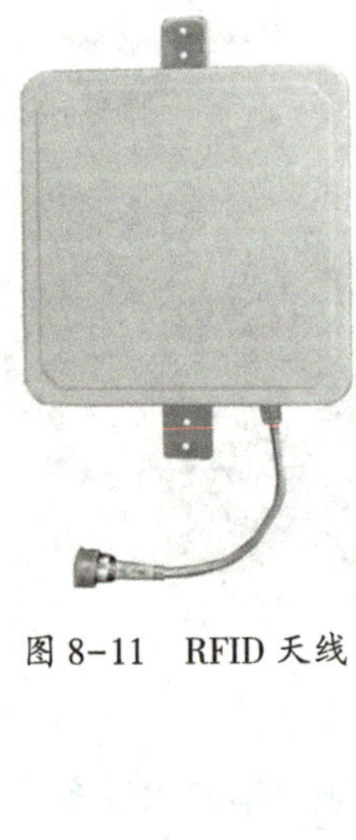

图 8-11 RFID 天线

（二）RFID 是如何完成信息识别的

标签进入阅读器所在电磁场后，接收阅读器发出的射频信号，凭借感应电流所获得的能量发送出存储在芯片中的产品信息（无源标签或被动标签），或者由标签主动发送某一频率的信号（有源标签或主动标签），阅读器读取信息并解码后，送至中央信息系统对有关数据进行处理，如图 8-12 所示。

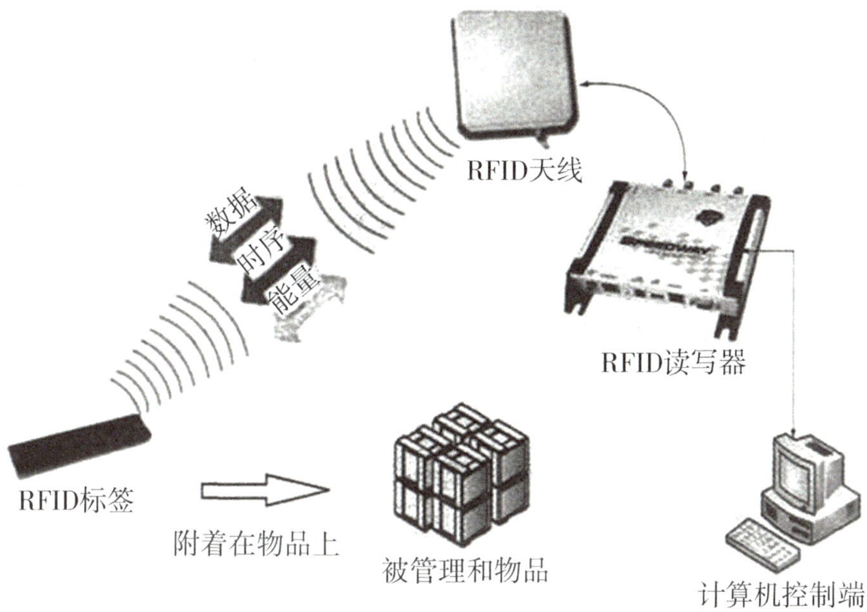

图 8-12　射频识别示意图

（三）RFID 在物流中的应用

1. 仓储管理中的应用

仓储管理引入 RFID 技术，对仓库货物配送、入库、出库、移库、库存盘点等各个作业环节的数据进行自动化的数据采集，保证物流与供应链管理各个环节数据输入的速度和准确性，确保企业及时准确地掌握库存和在途的真实数据，合理保持和控制库存。物资上的 RFID 标签，可以帮助实现对物资的快速自动识别，随时准确地获得产品的相关信息，例如物资种类、供货商、供货时间、有效期、库存量等。

仓储管理与射频识别技术相结合，能够高效地完成各种业务操作，大幅度减少现有模式中查找、定位货位和货物信息的时间，大大加快了出入库单的流转速度，增强了仓储系统的处理能力，提高了人员和设备的利用率，减少了耗费，降低了物流成本。

2. 配送管理中的应用

当贴有 RFID 标签的货物运抵配送中心时，入口处的阅读器将自动识读标签，根据得到的信息，管理系统会自动更新存货清单，同时，根据订单的需要，将相应货品发往正确的地点。这一过程将传统的货物验收入库程序大大简化，省去了烦琐的检验、记录、清点等大量需要人力的工作。在整理货物和补充存货时，如果发现有货物堆放到了错误位置，阅读器将随时向管理中心报警，根据指示，运送车将把这些货物重新堆放到指定的正确位置。

3. 物流运输中的应用

RFID 结合全球卫星定位系统，可以对物流运输过程进行全面可视化跟踪。

4. 集装箱管理中的应用

将记录有集装箱箱号、箱型、装载货物种类、数量等数据的电子标签安装在集装箱上，在经过安装有 RFID 系统的公路、铁路的出入口、码头的检查门时，对集装箱进行动态跟踪。

三、GPS 设备

GPS（Global Positioning System）是全球定位系统的英文简称，是利用 GPS 定位卫星，在全球范围内实时进行定位、导航的系统，是由美国国防部研制建立的一种具有全方位、全天候、全时段、高精度的卫星导航系统，能为全球用户提供低成本、高精度的三维位置、速度和精确定时等导航信息。

（一）GPS 的基本功能

1. 车辆跟踪

利用 GPS 和电子地图可以实时显示出车辆的实际位置，对重要车辆和货物进行运输跟踪。

2. 出行路线规划和导航

提供出行路线规划是汽车上 GPS 的一项重要的辅助功能，包括自动线路规划和人工线路设计。线路规划完毕后，显示器能够在电子地图上显示设计路线，并同时显示汽车运行路径和运行方法。

3. 信息查询

GPS 为用户提供主要物标，如旅游景点、宾馆、医院等数据库，用户能够在电子地图上找到其位置。

4. 紧急援助

通过 GPS 定位和监控管理系统，可以对遇有险情或发生事故的车辆进行紧急援助。

（二）GPS 的构成

GPS 由空间部分、地面监控部分和用户部分三部分构成，如图 8-13 所示。

1. 空间部分

由 24 颗 GPS 工作卫星组成了 GPS 卫星星座，其中 21 颗为可用于导航的卫星，3 颗为活动的备用卫星。卫星的运行周期约为 12 恒星时。每颗 GPS 工作卫星都发出用于导航定位的信号。

2. 地面监控部分

地面监控部分由分布在全球的若干个跟踪站所组成的监控系统构成。根据其作用的不同，这些跟踪站又被分为主控站、监控站和注入站。主控站的作用是根据各监控站 GPS 的观测数据，计算出卫星的星历和卫星钟的改正参数等，并将这些数据通过注入站注入卫星中去。注入站的作用是将主控站计算出的卫星星历和卫星钟的改正数据等注入卫星中去。

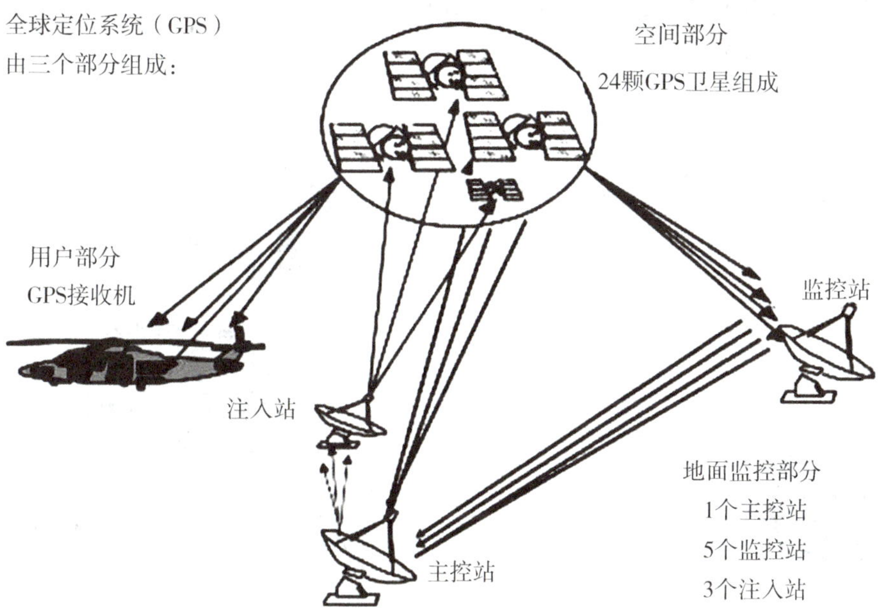

图 8-13　GPS 的构成

3. 用户部分

用户部分由 GPS 接收机、数据处理软件及相应的用户设备，如计算机气象仪器等所组成。它的作用是接收 GPS 卫星发出的信号，利用这些信号完成导航定位等工作。

（三）GPS 在物流中的应用

1. 物流配送

GPS 将车辆的状态信息以及客户的位置信息，快速、准确地反映给物流系统，由区域配送中心统一合理地对该区域内所有车辆作出快速调度。

2. 动态调度

操作人员通过在途信息的反馈，车辆未返回车队前即作好待命计划，提前下达运输任务，减少等待时间，加快车辆周转，以提高重载率，减少空车时间和空车距离。

3. 货物跟踪

通过 GPS 和电子地图系统，实时了解车辆位置和货物状况，真正实现在线监控。

4. 车辆优选

查出在锁定范围内可供调用的车辆，根据系统预先设定的条件判断车辆中哪些是可调用的。

5. 路线优选

GPS 的地理分析功能可以快速地为驾驶人员选择合理的物流路线，并提供这条路线的一些信息。

6. 报警援救

当发生故障和一些意外的情况时，GPS 可以及时地反映发生事故的地点，以便调度中心会尽可能地采取相应的措施来挽回和降低损失。

GPS 在物流中的作用如图 8-14 所示。

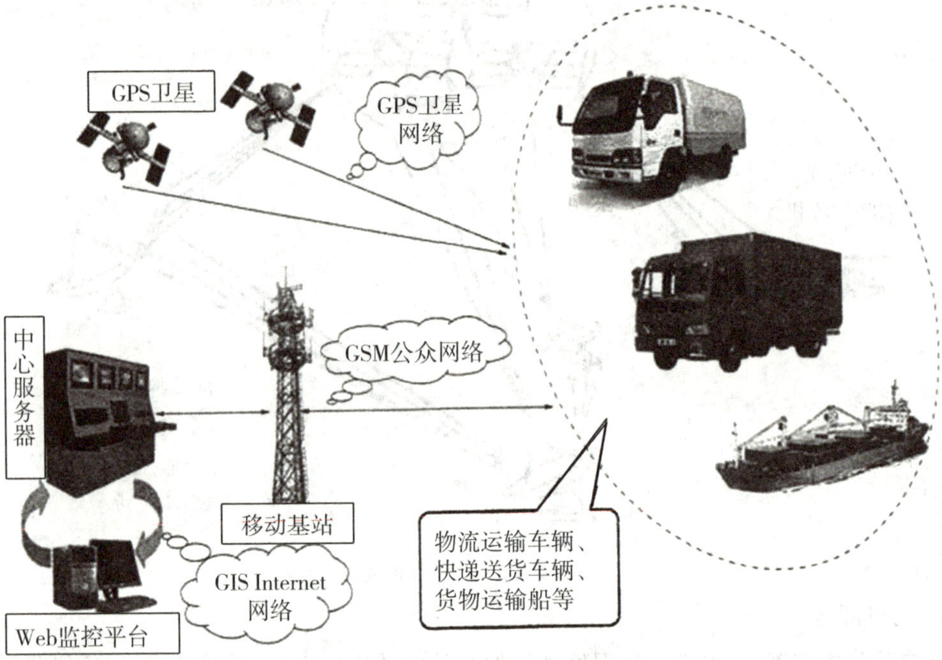

图 8-14 GPS 在物流中的应用

四、GIS 设备

GIS（Geographic Information System）是地理信息系统的英文简称，是在计算机硬、软件系统支持下，对整个或部分地球表层（包括大气层）空间中的有关地理分布数据进行采集、储存、管理、运算、分析、显示和描述的技术系统。

（一）GIS 的基本功能

1. 数据输入

将地图数据、物化遥感数据、统计数据和文字报告等输入、转换成计算机可处理的数字形式。

2. 数据编辑

数据编辑功能包括图形和属性编辑。图形编辑包括拓扑关系建立、图形编辑和整饰、图幅拼接、图形和投影变换、误差校正等。属性编辑与数据库管理结合在一起完成。

3. 数据的存储与管理

各种图形和图像信息都以严密的逻辑结构存放在空间数据库中。

4. 空间查询与分析

空间分析能力是 GIS 的主要功能，从空间物体的空间位置、联系等方面去研究空间事物，以及对空间事物做出定量的描述。

5. 可视化表达与输出

GIS 具有了以人机交互方式来选择显示的对象与形式，不仅可以输出全要素地图，还可以根据用户需要，分层输出各种专题图、统计图、图表及数据等。

（二）GIS 的组成

GIS 的组成如图 8-15 所示，可以分为以下五个部分。

1. 硬件

计算机系统中的实际物理装置的总称，是 GIS 的物理外壳。

2. 软件

软件提供所需的存储、分析和显示地理信息的功能和数据处理的模型或算法等。

3. 人员

人员包括负责系统设计和执行的项目经理、信息管理的技术人员、系统用户化的应用工程师以及最终运行系统的用户。

4. 空间数据

空间数据指以空间位置为参照的自然、社会和人文等空间数据，可以是图形、图像、文字、表格和数字等，是 GIS 所表达的现实世界经过模型抽象的实质性内容。

5. 分析方法

GIS 要求具有好的设计计划和一致的方法来生成正确的可验证的结果。

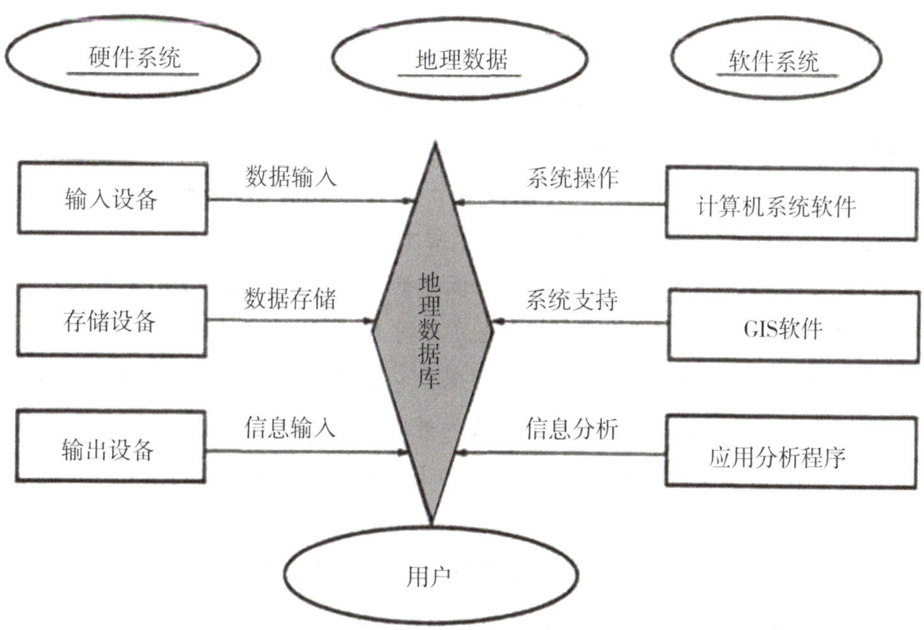

图 8-15 GIS 的组成

（三）GIS在物流中的应用

1. 选址

依靠GIS的空间分析功能，结合选址模型，为物流配送中心、物流网点和仓库位置选址提供实时动态数据。

2. 运输路线的模拟与决策

利用GIS的网络分析模型优化具体运行路径，使资源消耗最小化，以此来建立决策支持系统，可为物流管理提供满足不同要求的最佳路径方案。

3. 车辆和货物跟踪和导航

利用GPS和电子地图可以实时显示出车辆或货物的实际位置，从而对车辆提供导航服务，并能查询出车辆和货物的状态，以便进行合理调度和管理。

4. 配送区域划分

参照GIS地理区域分析，根据各个要素的相似点把同一层上的所有或部分要素分为几个组，用以解决确定服务和销售市场范围等问题。

案例8-2

RFID技术在各大物流公司中的应用

多方云动，RFID物流应用市场显现

2018年的苹果手机新品发布的时候，中国邮政EMS采用全新一代物联网RFID技术提升全流程配送时效，在一小时内发出1.2万件新品；2019年的苹果手机新品再次发布的时候，中国邮政EMS又一次给我们带来了惊喜，1000件订单在3秒内完成收寄，较传统操作效率提升了近300倍，不仅创新了业内首个RFID面单识别准确率达100%的成功案例，而且还为快递行业提供了一套成熟的技术解决方案。

快递行业一直在寻找成熟可行、成本又低廉的技术解决方案，RFID技术在快递行业的试用早在20多年前就已开始了。国际物流公司DHL最早在1998年开始试验RFID技术，随后采用无源和有源技术进行了20次试验，以证实RFID技术可以提高服务效率、降低运营成本，这是DHL用技术开启现代物流的开端。DHL在供应链上进行的RFID试验包括在其寄送的所有物品上添加带有唯一ID号的RFID电子标签，例如在运输的包装盒子上添加RFID电子标签、利用RFID温度标签跟踪运输的药品和化学制品等。

全球快递公司TNT于2003年在全球范围内开始了最大规模的RFID试验，覆盖物流进出口、运输仓储、跨国分销等供应链全流程，涉及科技、汽车、通信、医药等行业。TNT将RFID设备集成于现有的系统中，在获得初期阶段的丰硕成果后，开始了第二阶段与医疗产品和生物科技等企业的合作，并建成了全球第一条投入试用的RFID运输线路，也成为中国首家向外界宣布启用RFID技术的快递企业。

联邦快递 FedEx 在初期阶段并未大批量应用 RFID，在技术进一步成熟、RFID 部署的成本下降之前，FedEx 在跟踪退回邮件和高附加值产品方面进行了小规模的试验，其在一架货物运输机的驾驶舱、货舱、电子设备舱等重要部件上安装有源 RFID 标签，进行了评估测试，并在美国一些集装箱的跟踪方面进行了小范围的 RFID 部署。FedEx 用技术改变物流效率的脚步并未停止，它对 RFID 的多项用途都进行了测试，目前已成功应用于 FedEx 的日常运作中，例如给递送员佩戴的 RFID 腕带可以开启车门和发动引擎、运用 RFID 卷标和扫描仪自动检查报告等候清关货件的状况等。

国际快递公司 UPS 从 1992 年开始就关注 RFID 技术的最新进展，直到 2001 年才开始在 RFID 技术上有所投入，随后在公司内部小范围地进行了 RFID 技术的测试，当时技术成本制约了 UPS 大规模应用 RFID 解决方案，但 UPS 认为 RFID 作为一项颠覆性技术会给物流行业带来极大的改变和提升。在等待技术成熟和产品低成本化的同时，UPS 还进行了技术投资，成为 EPCglobal 的发起人之一，参与到整个 RFID 全球标准的制定当中，从而被称为运输行业的技术型公司。

除了以上几大国际物流公司，其他各国邮政也先后投入资金启动 RFID 项目。例如，美国邮政总局运用 RFID 系统管理机动车辆，跟踪识别车辆驾驶员、及时定位车辆以及检测车辆载重、速度、撞击情况等；英国皇家邮政在邮政设施、资产等方面使用 RFID 技术，跟踪投递流程，以防邮件丢失、被盗、被篡改和受损等，从而提高服务质量，增加邮政收益；芬兰邮政应用 RFID 解决方案，有效监管可重复使用的邮政资产，并逐步扩展到所有的邮局和资产管理上，提高邮政资产可视化和可用率，进而跟踪管理运输物品；意大利邮政应用 RFID 技术解决邮政中心包裹数量庞大和高速分拣的问题，并跟踪管理邮件的递送、转运。

而中国几家快递企业近几年也开始用科技为物流赋能。2018 年菜鸟网络布局智慧物流，推出菜鸟“物流天眼”计划，中通、圆通、申通、德邦、百世、韵达共同加入。菜鸟网络的智慧物流布局涉及 RFID、传感、蓝牙、通信、云计算、边缘计算等几乎所有的物联网技术。

申通快递在 2017 年全面使用内置 RFID 芯片的快递包装袋，又在 2018 年“双 11”期间新增 10 万条芯片环保袋。随着快递业务以及电子面单使用率的增长，申通快递新研发可降解、循环耐用的循环箱，而循环箱与 RFID 的结合将进一步提升可重用资产的回收效率，实现高效透明的循环货物管理跟踪。

圆通快递也在 2017 年启用 RFID 系统，并在其自动化设备中心批量使用 RFID 新型环保袋，实现绿色包装，建立有效的包装回收体系。RFID 环保袋的使用可以追根溯源，记录快件从订单、分拣、出入库到运输、派送等全流程生命周期。

中通快递在 2017 年推出全自动分拣系统，随后在自动分拣线上全部使用可循环帆布袋，一小时最快能处理 18000 件，且分拣准确率高达 99.99%。用带芯片的物流环保袋代替传统的一次性分拣袋，中通快递通过内嵌 RFID 芯片，实现对包裹的智能化分拣和定位跟踪管理。

在推进绿色环保方面，京东物流也推出了循环快递包装袋，利用 RFID 标签建立循环包装袋全流程监管平台，借助 RFID 读写设备完成快件在各流程节点的快速读取。此外京东物流还推出了智能仓储系统，应用 RFID 储物柜和货架，通过 RFID 标签管理和大数据分析，实现快件全程动态跟踪和全链闭合管控。

从以上信息来看，RFID 技术在快递行业的应用大概有三方面内容。一是应用于邮政和快递公司可重用的固定资产和基础设施，如 AGV、托盘、出入口、通道门等；二是利用 RFID 技术实时跟踪管理运输全流程中的包裹或快件，提高服务质量；三是应用于配送中心大批量包裹和快件的高速自动化分拣，降低人力成本和运营成本等。目前随着电商的高速增长、消费者对快递速度和服务质量的高要求以及人力成本的增加，快递行业迎来了新的挑战，各国邮政以及各大快递公司正在寻求更加高效的解决方案，利用物联网、人工智能、大数据、无人机等新兴技术，打造智能仓储、智能分拣系统、无人配送系统，最终实现智慧物流。

（资料来源：盘点丨RFID 技术在各大物流公司中的应用 http：//news. rfidworld. com. cn/2019_ 09/5ef9e1fbd64ecdd3. html）

案例思考

1. 在物流行业应用发展如此快速的 RFID 技术，到底是如何完成工作的？
2. 在物流各环节经常用到的物流信息技术设备还有哪些？

项目实训

实训 1

项目名称：条码的制作和生成。

实训目的：通过货物条码的制作和生成，掌握简单货物条码的制作、打印操作及条码打印机的使用、维护、保养，为今后在实习、就业时使用条码打印机打下基础。

实训要求：通过 Bartender 等条码制作软件或仓储管理软件在计算机上完成货物条码的制作，并利用条码打印机打印出货物条码，最后完成条码打印机的简单的保养维护、故障检查工作。

实训器材：条码打印机、条码打印纸、计算机。

实训指导：按照分好的小组，由组长根据实训要求，组织小组成员在计算机上进行条码结构和格式设计并形成最终的货物条码图形，最后连接条码打印机打印，并对条码打印机进行检查和维护。

实训报告：打印出货物条码，撰写条码制作和条码打印机使用流程记录。

引导问题 1：如何使用条码打印机完成货物条码的制作？

引导问题 2：条码打印机缺纸时，怎样更换打印纸？

引导问题 3：为了保证条码打印机的质量和长久良好的性能，应该对其哪些部件进行清洁保养？如何进行？

实训 2

项目名称：RFID 基本操作。

实训目的：通过 RFID 库存盘点等操作，深入了解 RFID 系统的设备组成和工作原理，掌握 RFID 设备的一些基本操作。

实训要求：完成 RFID 设备的初始化设置，在货物管理中添加货物，对添加的货物进行编码，并将信息写入标签。完成货物的盘点、入库、出库操作过程。（无法提供实训器材或设备条件的实训场所，可组织学生通过网络查找 RFID 设备在仓储管理中的操作过程，熟悉相关设备的使用情况。）

实训器材：RFID 阅读器、RFID 标签、计算机、网线等连接设备、RFID 库存盘点系统等管理软件。

实训指导：按照分好的小组，由组长组织，根据实训要求使用 RFID 设备完成货物的盘点、入库、出库等基本操作。

实训报告：撰写 RFID 设备仓储应用情况报告，要求有操作流程图、使用注意事项、与条码识别技术相比较的总结。

引导问题 1：如何完成 RFID 设备的连接和初始化设置？

引导问题 2：利用 RFID 进行仓储作业，流程上有什么不同？

项目检测

一、不定项选择题

1. 物流信息与其他信息相比具有（　　）特征。

A. 信息量大　　B. 更新快　　C. 来源多样化　　D. 涵盖面广

2. 目前物流行业中使用的关键信息技术包括（　　）等。

A. EDI　　B. CPS　　C. GIS　　D. RFID

3. RFID 由（　　）等设备组成。

A. 标签　　B. 标签生成设备　　C. 阅读器　　D. 天线

4. 全球定位系统具有全球性、全天候、连续性和实时性的（　　）等功能。

A. 导航　　B. 定位　　C. 定时　　D. 报时

5. 条码扫描设备从原理上可分为（　　）。

A. 光笔　　B. CCB　　C. 激光　　D. 夜光

二、填空题

1. 常用物流信息技术包括信息采集技术、________、________和________。
2. 条码的基本组成有起始符、终止符、________和________。
3. 二维条码就编码原理而言，分为堆叠式二维条码和________。
4. ________是物流信息技术的基础和灵魂。
5. GPS 地面监控跟踪站又被分为________、________和________。

三、简答题

1. 什么是物流信息？
2. 条码的识读过程是怎样进行的？
3. RFID 是怎样完成信息识别的？
4. GPS 在物流中有哪些常见应用？
5. GIS 设备在物流中能给我们带来什么帮助？

拓展阅读

EDI 在物流中的应用

EDI 是电子数据交换的英文简称。简单地说，EDI 就是按照商定的协议，将商业文件标准化和格式化，并通过计算机网络，在贸易伙伴的计算机网络系统之间进行数据交换和自动处理。

EDI 最初是由美国企业应用在企业间订货业务活动中的电子数据交换系统，其后 EDI 的应用范围从订货业务向其他业务扩展，如 POS 销售信息传送业务、库存管理业务、发货送货信息和支付信息的传递业务等。

所谓物流 EDI，是指供货方、物流公司以及需求方，通过 EDI 系统进行物流数据交换，并以此为基础实施物流作业活动的办法。由于使用 EDI 可减少甚至消除贸易过程中的纸面文件，因此 EDI 又被人们称为“无纸交易”。总之，EDI 是商业伙伴之间，将按照标准、协议规范和格式化的经济信息通过电子数据网络，在商业贸易伙伴的计算机系统之间进行自动交换和处理的全过程。

（资料来源：知行 EDI、EDI 在物流中的应用，https：//blog. csdn. net/Cara_ EDI_ Consultant/article/details/86012567）

思考：结合所学知识和物流发展，分析 EDI 在物流信息化发展中所发挥的作用。

课程案例

节能环保理光可擦写激光打印设备 LDTR

2021 年 7 月 1 日，理光感热技术（无锡）有限公司正式宣布在中国推出理光可擦写激光打印设备 LDTR，如图 8-16 所示。

当下，“节能减排、低碳环保”成了社会的主流话题。“十四五”期间，关于如何推动节能减排、绿色发展，扎实推进碳达峰和碳中和的工作，理光给出了自己的答案。理光集团一直致力于研发制造节能减排和减少废物处理的产品。LDTR 可擦写激光打印设备就是理光集团的研发成果之一。

LDTR 可擦写激光打印系统是通过使用特殊半导体材质可擦写打印头实现印字和消字，配合专用特殊材质的可擦写标签，无须人工操作自动更改所需打印内容重复进行印字消字 1000 次（来源于本公司自测试验数据），如图 8-17 所示。

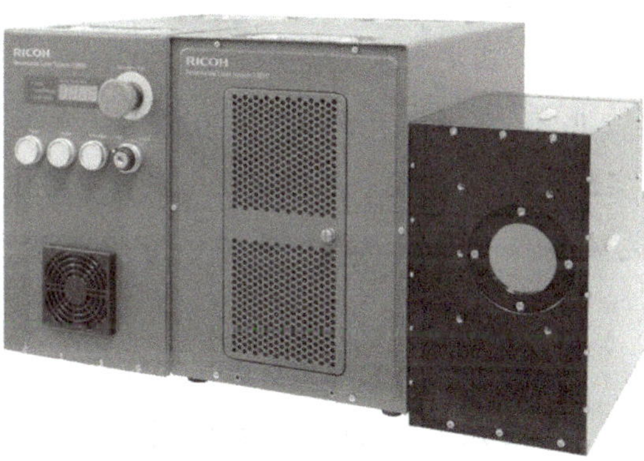

图 8-16　可擦写激光标识设备

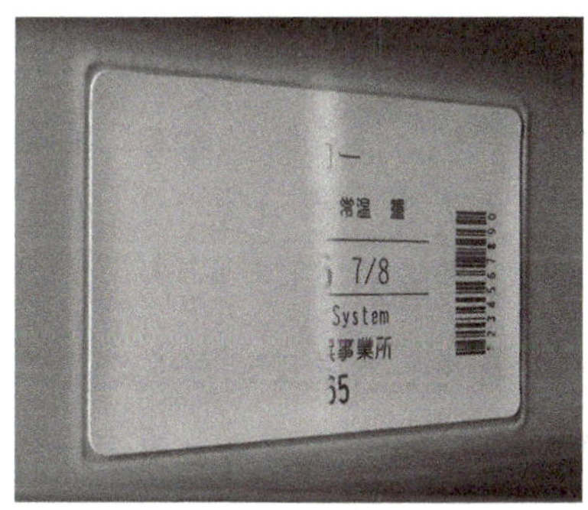

图 8-17　LDTR 打印设备瞬间消字

可擦写专用标签拥有高达 5 年左右的耐光性，因此在需要经常进行户外运输作业的物流行业能够适用。可擦写专用标签可直接粘贴在周转箱上进行反复打印，从而代替以往一次性打印或手写标签，并可在各种循环物流场景中适用，实现创新技术的落地化。从环保角度来看，该技术能大大节省纸张，减少为造纸而被砍伐的树木。

（资料来源：新品首发｜节能环保理光可擦写激光打印设备 LDTR ｜ 理光中国官方网站-Ricoh China 新品首发 https：//www. ricoh. com. cn/new/20210630Ricoh China）

参考文献

[1] 肖生苓. 现代物流设施与设备 [M]. 北京：科学出版社，2017.

[2] 蒋祖星. 物流设施与设备（第4版）[M]. 北京：机械工业出版社，2018.

[3] 王先庆，蔡进，师天良等. 物流设施与设备 [M]. 黑龙江：哈尔滨工业大学出版社，2017.

[4] 邹霞. 智能物流设施与设备 [M]. 北京：电子工业出版社，2020.

[5] 王雅华，朱晓燕，张如云. 物流设施与设备（第2版）[M]. 北京：清华大学出版社，2018.

[6] 徐馥. 物流设施与设备操作实务（第2版）[M]. 北京：电子工业出版社，2018.

[7] 杨扬. 物流设施与设备 [M]. 北京：电子工业出版社，2022.

[8] 史鸽飞，魏波. 物流设施与设备 [M]. 山西：西安交通大学出版社，2021.

[9] 孙颖荪，胡子瑜. 物流设施设备 [M]. 北京：高等教育出版社，2022.

[10] 黎红，陈玉钗. 物流设施设备基础与实训 [M]. 北京：机械工业出版社，2021.

[11] 田长春，邵双全，徐洪波等. 冷链装备与设施 [M]. 北京：清华大学出版社，2021.

[12] 蒋亮. 物流设施与设备（第2版）[M]. 北京：清华大学出版社，2021.

[13] 齐二石，方庆琯，霍艳芳. 物流工程（第2版） [M]. 北京：机械工业出版社，2021.

[14] 冯国壁，邓亦涛. 物流设施与设备 [M]. 北京：北京理工大学出版社，2021.

[15] 戢守峰. 现代设施规划与物流分析（第2版） [M]. 北京：机械工业出版社，2019.

[16] 齐伟，王恒. 物流设施与设备（第2版）[M]. 江苏：南京大学出版社，2019.

[17] 金跃跃. 现代化智能物流装备与技术 [M]. 北京：化学工业出版社，2020.

[18] 彭宏春. 智能物流技术 [M]. 北京：机械工业出版社，2021.

[19] 中国机械工程学会物流工程分会，上海天睿物流咨询有限公司，邱伏生. 智能工厂物流构建——规划、运营与转型升级 [M]. 北京：机械工业出版社，2022.

[20] 刘敏. 物流设备操作实务 [M]. 北京：高等教育出版社，2015.

参考网址

[1] 中华人民共和国交通运输部：https：//www. mot. gov. cn/

[2] 国家铁路局：http：//www. nra. gov. cn/

[3] 中国国家铁路集团有限公司：http：//www. china-railway. com. cn/

[4] 中华人民共和国海关总署：http：//www. customs. gov. cn/

[5] 中国物流与采购网：http：//www. chinawuliu. com. cn/

[6] 中国包装联合会：http：//www. cpf. org. cn/

[7] 货架产业网：http：//www. ehuojia. net/

[8] 托盘产业网：http：//www. etuopan. com/